高中数学名师系列丛书

基于核心素养培育的数学教学设计

沈子兴 编著

华东师范大学出版社
·上海·

图书在版编目（CIP）数据

基于核心素养培育的数学教学设计 / 沈子兴编著
. —上海：华东师范大学出版社，2020
ISBN 978 - 7 - 5760 - 0417 - 5

Ⅰ. ①基… Ⅱ. ①沈… Ⅲ. ①中学数学课—教学设计
—高中 Ⅳ. ①G633.602

中国版本图书馆 CIP 数据核字（2020）第 073020 号

高中数学名师系列丛书

基于核心素养培育的数学教学设计

编　　著　沈子兴
责任编辑　刘祖希
责任校对　许尤俊　时东明
装帧设计　卢晓红

出版发行　华东师范大学出版社
社　　址　上海市中山北路 3663 号　邮编 200062
网　　址　www.ecnupress.com.cn
电　　话　021 - 60821666　行政传真 021 - 62572105
客服电话　021 - 62865537　门市(邮购)电话 021 - 62869887
地　　址　上海市中山北路 3663 号华东师范大学校内先锋路口
网　　店　http://hdsdcbs.tmall.com/

印 刷 者　上海昌鑫龙印务有限公司
开　　本　787毫米×1092毫米　1/16
印　　张　11.75
字　　数　221千字
版　　次　2020年5月第1版
印　　次　2024年3月第4次
书　　号　ISBN 978 - 7 - 5760 - 0417 - 5
定　　价　39.00元

出 版 人　王 焰

前 言

　　随着我国教育事业的不断发展,基础教育进入了新的时代,新一轮的课程改革伴随着高考、中考制度的改革,正在全国如荼如茶地开展。2017 年,教育部公布了高中各门学科的新课程标准,以核心素养的培育作为本次课程改革的主要目标。其中,高中数学课程标准明确提出了高中数学的六大核心素养,包括数学抽象、逻辑推理、数学建模、直观想象、数学运算以及数据分析。作为一名基层教研员,积极推进新课程改革,将国家新课程标准的要求落实到学校,落实到教师的课堂教学中去,这是自己的重要职责。笔者多次来到学校与教师们交流,听取教师们对新课程改革的看法,了解到教师们对新课程实施有许多困惑,强烈的责任心和使命感让笔者必须对数学课程改革进行深入的思考和研究。

　　1952 年,我国教育部公布了《中学数学教学大纲(草案)》,以数学基础知识、基本技能的教学(简称"双基")作为教学目标,要求教师按照教材提供的内容开展教学工作,让学生掌握数学基础知识和基本技能,为社会主义建设事业作出贡献。教师只要能够落实课本上的学习内容就可以达到教学目标。但随着社会的发展,对人才的需求发生了变化,仅靠"双基"已不能满足社会发展的需求,还需要多方面能力的培养以及正确价值观的树立。因此,2001 年教育部启动新课程改革,一个基本标志就是从"双基"走向"三维目标",提出了基础教育新的课程目标:知识与技能、过程与方法、情感态度与价值观,即"三维目标",引导学生在过程中获取知识、掌握方法、形成能力,使素质教育在课堂的落实有了抓手。面对这样的新课程目标,教师们转变观念,改进教法,为之而努力。但随着 21 世纪知识大爆炸时代的到来,社会的飞速发展让人们看到社会对人才要求的变化。学生进入社会后所面对的现实问题,不是依靠某一门学科知识能够解决的,必须要有综合能力的体现;同时基础教育承担着培养未来公民的职责,如果只是让学生掌握几百年前的知识,那么他们长大后如何能够面对一个无法预测的未来呢? 为了适应新形势,于是教育部制定并发布了《普通高中数学课程标准(2017 年版)》,将学科核心素养的培育和发展作为本次课程改革的目标,解决"为谁培养人? 培养什么样的人? 怎么培养人?"等问题。

　　从"双基"到"三维目标",再到学科核心素养,体现了从"教书"到"育人"的发展过程,反映了社会对人的全面发展、对高品质教育的追求。但对一名新课程的实施者而言,困惑很多,如"核心素养"与"三维目标"是什么关系?在课堂教学中如何落实核心素养的培养目标?指向数学核心素养培育的课堂有什么特征?与以往的课堂有何区别?等等。面对教师们的困惑,作为一名教研员,笔者有了研究的冲动,申请了上海市教委教研室的研究项目。经过一年多的探索研究,形成了一定的成果。在此基础上就有了写作本书的想法,将自己对问题的认识,对数学核心素养的学习体会,对数学课堂教学的理解等研究成果,呈现给各位数学老师,为广大高中数学教师教学提供借鉴与参考。

本书《基于核心素养培育的数学教学设计》分为六章,前两章是对高中数学新课程标准及数学核心素养的学习研究,包括对数学核心素养的认识与理解,以及基于数学核心素养的教学设计的研究心得;第三章到第六章针对数学教学中常见的课型:概念课、原理课、习题课、复习课等进行剖析,从理论上阐述这些基本课型的结构,以及在教学进程中可以培养核心素养的教学环节,分析目前教学中的问题,从理论和实践两个方面提出基于核心素养培育的课堂教学策略,构建了在各种课型中培育数学核心素养的指示图,并通过大量课例呈现具体的教学过程,每个课例后面都安排了评析环节,对课堂教学设计进行点评分析,便于读者对课例的阅读和理解。

真心希望本书的出版能给广大数学教师提供一条研究和实践的路径,在数学课堂教学中将新课程理念落到实处;同时为教学研究人员打开一扇窗,为进一步研究基于核心素养的数学课堂教学提供参考。当然,本书只是一孔之见,抛砖引玉,诚挚地希望得到专家及同行的批评指正。

沈子兴

2019 年 12 月

目　录

第3章　基于核心素养的数学概念课教学设计

第4章　基于核心素养的数学原理课教学设计

第5章　基于核心素养的数学习题课教学设计

第6章　基于核心素养的数学复习课教学设计

第 1 章

对数学核心素养的认识

第1章 对数学核心素养的认识

1.1 作为教育任务的数学学科价值

党的十九大报告明确提出："要全面贯彻党的教育方针,落实立德树人根本任务,发展素质教育,推进教育公平,培养德智体美全面发展的社会主义建设者和接班人。"立德树人是教育的根本任务,换句话,即教育的根本问题是培养什么样的人、为谁培养人、怎么培养人的问题。基础教育课程必须体现国家意志。数学作为基础教育的重要学科,在落实立德树人根本任务中发挥关键作用。

1.1.1 数学课程与教学的逻辑结构

从社会学的角度分析,任何一个国家都需要建立一套教育体系,目的在于将"自然人"转化为"社会人"。所谓"社会人"必须具备几个条件:首先,作为一名社会人,必须遵守这个社会的道德规范,认同这个社会的价值观、是非观,明白哪些事情能做、哪些事情不能做,这往往取决于这个社会的文化传承;其次,必须遵守这个社会的法律法规,这是大家共同制定的一种规则;最后,作为该社会的一员,必须能够促进这个社会的发展,即为社会的发展做出贡献。同时,社会的发展又影响人的发展。因此,社会的发展与人的发展是相互作用的,每一个公民必须将自身的发展与社会的进步、国家的发展紧紧结合在一起,相互促进,共同发展。

站在国家的立场,教育的问题主要解决三个问题,即培养什么样的人、为谁培养人、怎么培养人的问题。不同的国家有不同的价值观、世界观,有不同的文化背景,因此不同的国家有不同的培养目标,当然培养的方式、培养的途径也就有所不同,培养的人也是不一样的。我们国家对人的培养目标是:培养德智体美劳全面发展的社会主义建设者和接班人。为了实现教育目标,必须将总目标分解为具体的指标,因此就有了"中国学生全面发展核心素养"框架体系,分为文化基础、自主发展、社会参与等三个方面,再具体细化为国家认同等十八个基本要点,建立了学生全面发展的基本框架。这些指标必须通过具体课程的实施才能够实现,因此必须设置相应的课程,课程的开设必须关注学生认知规律,因此按照年龄划分了不同的学段,如小学、初中、高中、大学等,在每一学段根据学生的认知特点设计相应的课程。而在课程内容的选择上关注两点,一是作为未来公民的自身发展必需的基础知识,长大后要有为社会做贡献的本领;二是社会发展的需要,现在的儿童就是未来的公民,必须为他们准备推动社会进步和发展的知识和能力。比如数学课程,首先从经典的数学知识海洋中挑选所需要的课程内容,学生通过对这一内容的学习,掌握一定的数学知识,同时更重要的是通过学习逐步形成正确的价值观念、必备品格和关键能力,即提高数学素养和数学能力。课程中所选择的内容可能系统性不是那么强、有些内容的逻辑也不一定很严密,但以它们为载体,学生通过学习这个内容,经历过程、参与活动,实现能力提升,达到既定的课程目标。这样,选择合适的内容、明确教学要求和教学目标,形成了数学课程标准,然后根据数学课程标准编写数学教材,最后由广大教师在课堂中实施。由此可以看出,课程标准是国家意志的体现,课程标准与学科教材必须保持高度一致性,而课程理念需要教师在具体的课堂中加以落实。明确了课程与教学的逻辑关系,我们才能够明白数学学习的目的到底是什么,才知道我们该如何教学。

《普通高中数学课程标准(2017年版)》进一步明确了普通高中教育及数学学科的定位。"普通高中教育是在义务教育基础上进一步提高国民素质、面向大众的基础教育,任务是促进学生全面而有个性的发展,为学生适应社会生活、高等教育和职业发展作准备,为学生的终身发展奠基。"数学学科在形成人的理性思维、科学精神和促进个人智力发展的过程中发挥着不可替代的作用,数学素养是现代社会每一个人应该具备的基本素养。数学课程期望能让学生学会用数学的眼光观察现实世界、用数学的思维分析现实世界、用数学的语言表达现实世界。这是数学课程的教育价值。

1.1.2 数学课程的育人价值

《普通高中数学课程标准(2017年版)》明确指出数学学科在培养人的理性思维、科学精神以及发展人的智力方面有着其他学科不可替代的作用。我们将数学的育人价值总结为四个方面:理性思维、科学精神、发展智力及人文情怀。

(1)理性思维。主要包括思维的严密性、客观性和逻辑性等,数学是研究数量关系和空间形式的科学,具有严谨性、逻辑性和抽象性等特点。数学的本质在于其抽象性,通过抽象才能够透过现象看本质、揭示事物背后的一般规律,而数学又是建立在一套公理体系基础之上进行演绎推理,构建了整个数学体系,要说明一个命题是否正确,必须经过严格论证,在论证过程中步步有依据、环环相扣,极大地提高了人的思维的严谨性和逻辑性。

(2)科学精神。主要包括刻苦钻研、百折不挠、追求真理的献身精神,数学教育承载着立德树人的育人功能,而崇尚科学、坚持信念的科学精神不仅使学生掌握现代生活和学习所必需的数学知识、技能、思想和方法,更发挥着数学在培养人的思维能力、创新意识以及形成正确的世界观方面的特有功能。例如,数学中的运算必须按照运算法则进行运算,数学中的定理都是在一定条件下才能够成立的,在解决问题的过程中,必须创造满足定理的条件,才能得出相应的结论,因此数学学习中规则意识非常重要,而在现代社会,遵守规则、按照规则做事、懂规矩、守法律显得尤为重要。通过一些数学家的故事,培养学生面对困难和挫折时坚韧不拔的坚强意志以及为科学献身的精神;通过一些数学史的学习,让学生感受到我国科学家在数学学科方面的成就、为人类做出的贡献,激发学生的爱国热情等。

(3)发展智力。"数学是思维的体操",这是大家的共识。数学是一门使人越来越聪明的学科,这是学习数学的人的共同感悟。通过数学概念的学习,经历了概念的形成过程,让学生能够面对现实世界,发现问题、提出问题,发现事物背后的一般规律性的东西;通过一些原理的学习,使学生面对现实世界时发现其中的一些规律,并能够将这些结论应用于其他的情境之中,解决问题;通过对一些问题的解决过程的体验,让学生知道面对问题如何寻找有用的条件,建立条件与结论之间的关联,编织条件与结论之间的逻辑关系,而这些逻辑关系的建立,依赖于数学知识的链接。通过数学的学习过程,经历解决问题的历程,打开思维,提高思考问题、解决问题的能力,人的智力得到发展。

(4)人文情怀。主要包括感受数学文化、感受数学之美。数学承载着思想和文化,是现代文明的重要组成部分。数学不仅是运算和推理的工具,还是表达和交流的语言。数学具有自身的语言、自身的思维、自身的表达,因此是一种文化。世界上的事物几乎都可以用数学的形式进行表示,通过数学揭示事物内部及事物之间的联系,研究事物发展变化的一般规律,因此数学学习的过程就是学习如何认识世界的过程。同时数学的发展史就是一部社会发展史,比如数的发展史,从自然数到整数、有理数再到实数、复数,随着数集的扩展,伴随着社会的进步,每一次扩展都是在保留原有核心内容的基础上的发展,而不是简单的否定,每一次都是体现了继承与发展的和谐统一,这与整个社会的发展过程是一致的。

现代数学的发展表明,数学与人类生活和社会发展紧密关联。科学研究的目的在于揭示事物背后的一般规律,数学的研究源于对现实世界的抽象,通过基于抽象结构的符号运算、形式推理、一般结论等,理解和表达现实世界中事物的本质、关系与规律。因此,数学不仅是自然科学的重要基础,而且在社会科学中发挥越来越大的作用,数学的应用已渗透到现代社会及人们日常生活的各个方面。随着现代科学技术和计算机科学的迅猛发展,人们获取数据和处理数据的能力都得到大幅度增强,特别是伴随着大数据时代的到来,人们常常需要对网络、文本、声音、图像等反映的信息进行数字化处理,使数学的研究领域与应用领域得到极大拓展,数学直接为社会创造价值,推动社会生产力的发展。

1.2 对数学核心素养的认识

1.2.1 核心素养的提出背景

社会的快速发展使知识更新的周期越来越短,当知识以几何级数增长时,再把知识的学习作为教育的主要目标的教学已经不能适应发展的需要了。曾经有人做过调查,一名大一学生,高考的数学成绩是 120 分,在其入学后,重新让他做几个月前的高考数学试卷,得分只有 80 分。这很有代表性。为什么同一份试卷同一个人测试,成绩却如此悬殊?大多数人会说:"这很正常,忘了呗!""忘了"两个字道出了一个普遍的现象,那就是:我们是靠记忆来获取知识的。

有人说过一段话:"教育无非是将一切已学过的东西都遗忘后所剩下的东西。"遗忘的是所学的具体知识和内容,剩下的就是能力和素养。这段话很好地诠释了教育现状所反映的问题。那就是:教学的根本目的是通过学习知识提升人的素养,而不是掌握知识本身。

国际上多数国家、地区与国际组织都认为,以个人发展和终身学习为主体的核心素养模型,应该取代以学科知识结构为核心的传统课程标准体系。国际上长达 20 多年的研究表明,只有找到人发展的"核心素养体系",才能解决好有限与无限的矛盾;只有找到对学生终生发展有益的 DNA,才能在给学生打下坚实知识技能基础的同时,为未来发展预留足够的空间。

2016 年 9 月在北京师范大学举行的"中国学生发展核心素养研究成果发布会"发布研究成果,对中国学生发展核心素养做了界定(如图 1-1 所示)。在发展学生核心素养的指导下,各学科又制定了学科核心素养。

为什么提出学生全面发展核心素养?原因很多,笔者认为主要从两方面考虑。

(1) 学生进入社会,在解决现实生活中的具体问题时,需要利用怎样的能力解决?

面对社会现实问题,几乎不可能只靠单一的某一门学科知识能够解决,而是多学科知识的整合、多学科能力的整合,在各学科基础知识的基础上,调动头脑中已有的解决问题的经验,形成解决问题的具体策略,对问题加以分析与解决。如"钓鱼"这一现象,要解决这其中的问题,涉及到数学、物理、生物、地理等学科的知识,而不是单一依靠某一门学科知识能够

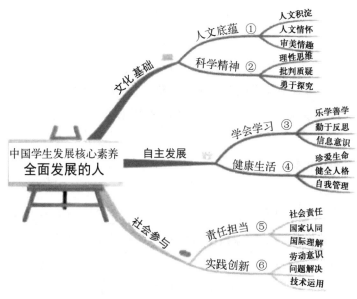

图 1-1 中国学生发展核心素养框架

解决的。要解决其中的问题,不仅需要学科知识,而且需要这些学科的思想方法,这就是我们所讲的"知识之后,剩下的东西",这才是一个人终身有用的东西,即"学科核心素养"。当前我国的教学采用的分科制即分学科进行教学,优点在于学科分类清楚,便于教学、便于各学科知识的分别学习;但这也正是分科教学的缺点,将知识人为割裂,破坏了知识的整体性,看不到其中的相关性。因此,尽管各学科确立了本学科的核心素养,在此基础上进一步形成学生全面发展核心素养,这是我们教育的目标。

(2)面对飞速发展的技术革新,面对无法预测的未来,为了适应这种变化,我们需要怎样的能力?

随着人工智能、大数据及生物技术的发展,社会各行各业都将发生深刻变化,面对飞速发展的技术革新,未来社会的发展走向已经无法预料。面对一个无法预测的未来,现在的学生作为未来的公民,如何才能适应社会的这种变化、适应社会的发展,作为社会的一员又如何促进社会的发展,这是当今每个教育工作者必须思考的问题。我们到底该教给学生什么?如果目的只是给学生传播几百年前的知识,记住数学中的定理公式、会解一些数学题目,这在知识大爆炸的时代、信息化时代已经远远不能适应未来社会发展的需求。在这样的背景下,世界各国都在寻找学生适应未来社会发展所必须的能力,因此学生发展核心素养应运而生。

核心素养是指学生适应未来社会发展,能够适应终身发展和社会发展需要的必备品格和关键能力。核心素养是关于学生知识、技能、情感、态度、价值观等多方面要求的综合表现,是每一名学生获得成功生活、适应个人终生发展和社会发展都需要的、不可或缺的共同素养,其发展是一个持续终身的过程,可教可学,最初在家庭和学校中培养,随后在一生中不断完善。

由此可以看出,教师的职责不只是教学科知识,更重要的是提高学生的能力。知识固然重要,但更重要的是通过教学让学生获得正确的价值观、解决问题的方法与视角和发现问题、提出问题的能力,这种能力才是学生终身受用的且影响他一辈子的东西。

1.2.2 对高中数学核心素养的认识

所谓数学核心素养是指具有数学基本特征、适应个人终身发展和社会发展需要的价值观念、必备品格与关键能力,是数学课程目标的集中体现,它是在数学学习的过程中逐步形成的。《普通高中数学课程标准(2017年版)》确定的高中数学学科核心素养主要包括数学抽象、逻辑推理、数学建模、直观想象、数学运算、数据分析这六个方面,这些数学核心素养既相互独立又相互交融,形成一个有机整体。

发展数学抽象、逻辑推理、数学建模、直观想象、数学运算和数据分析等数学核心素养,学会用数学眼光观察世界,用数学思维分析世界,用数学语言表达世界,这是数学教育的终极目标。

1. 关于"数学抽象"

内涵(过程):数学抽象是指通过对数量关系与空间形式的抽象,得到数学研究对象的素养。主要包括:从数量与数量关系、图形与图形关系中抽象出数学概念及概念之间的关系,从事物的具体背景中抽象出一般规律和结构,并用数学语言予以表征。

学科价值:数学抽象是数学的基本思想,是形成理性思维的重要基础,反映了数学的本质特征,贯穿在数学的产生、发展、应用的过程中。数学抽象使得数学成为高度概括、表达准确、结论一般、有序多级的系统。

育人价值:通过数学抽象素养的培养,学生能够更好地理解数学的概念、命题、方法和体系,形成一般性思考问题的习惯;能够在其他学科的学习中化繁为简,理解该学科的知识结构和本质特征。

2. 关于"逻辑推理"

内涵(过程):逻辑推理是指从一些事实和命题出发,依据规则推出其他命题的素养。主要包括两类:一类是从特殊到一般的推理,推理形式主要有归纳、类比;一类是从一般到特殊推理,推理形式主要有演绎。

学科价值：逻辑推理是得到数学结论、构建数学体系的重要方式，是数学严谨性的基本保证。逻辑推理是数学交流的基本思维品质。

育人价值：通过逻辑推理素养的培养，学生能够发现和提出命题，掌握推理的基本形式和规则，探索和表述论证的过程，理解数学知识之间的联系；能够理解一般结论的来龙去脉、形成举一反三的能力；能够形成有论据、有条理、合乎逻辑的思维习惯和交流能力。

3. 关于"数学建模"

内涵（过程）：数学建模是对现实问题进行抽象，用数学语言表达问题、用数学方法构建模型解决问题的素养。具体表现为：在实际情境中，从数学的视角提出问题、分析问题、表达问题、构建模型、求解结论、验证结果、改进模型，最终得到符合实际的结果。

学科价值：数学模型构建了数学与外部世界的桥梁，是数学应用的重要形式。数学建模是应用数学解决实际问题的基本手段，是推动数学发展的动力。

育人价值：通过数学建模素养的培养，学生能够掌握数学建模的过程，积累用数学的语言表达实际问题的经验，提升应用能力和创新意识。

4. 关于"直观想象"

内涵（过程）：直观想象是指借助几何直观和空间想象感知事物的形态与变化，利用空间形式特别是图形理解和解决数学问题的素养。主要包括：借助空间形式认识事物的位置关系、形态变化与运动规律，利用图形描述、分析数学问题，建立形与数的联系，构建数学问题的直观模型，探索解决问题的思路。

学科价值：直观想象是发现和提出数学命题、分析和解决数学命题、探索和形成论证思路的重要手段，是构建抽象结构和进行逻辑推理的思维基础，是培养创新思维的基本要素。

育人价值：通过直观想象素养的培养，学生能够养成运用几何直观和空间想象思考问题的习惯，提升数形结合的能力，建立良好的数学直觉，理解事物本质和发展规律。

5. 关于"数学运算"

内涵（过程）：数学运算是指在明晰运算对象的基础上，依据运算法则解决数学问题的素养。主要包括：理解运算对象，掌握运算法则，探究运算思路，选择运算方法，设计运算程序，求得运算结果。

学科价值：运算是构成数学抽象结构的基本要素，是演绎推理的重要形式，是得到数学结果的重要手段。数学运算是计算机解决问题的基础。

育人价值：通过数学运算素养的培养，学生能够提高解决实际问题和数学问题的能力，提升逻辑推理的能力,形成规范化思考问题的习惯,养成实事求是、一丝不苟的科学精神。

6. 关于"数据分析"

内涵(过程):数据分析是指从数据中获得有用信息,形成知识的素养。主要包括:收集数据提取信息,利用图表展示数据,构建模型分析数据,解释数据蕴含的结论。

学科价值:数据分析是大数据时代数学应用的主要方法,已经深入到现代社会生活和科学研究的各个方面。数据分析是现代公民应当具备的基本素质。

育人价值:通过数据分析素养的培养,学生能够养成基于数据思考问题的习惯,提升基于数据表达现实问题的能力,积累在错综复杂的情境中探索事物本质、关联和规律的经验。

1.3　对基于核心素养的数学教学的理解

1.3.1　从"双基"到"四基"的数学教学

1. 数学中的"双基"与"四基"

数学中的"双基"是指数学的"基础知识、基本技能",简称"双基"。而数学中的"四基"是指数学的"基础知识、基本技能、基本思想、基本活动经验",即在"双基"的基础上增加了数学基本思想和数学基本活动经验。

"双基"教学是我国数学教育多年形成的优良传统,也是中国基础教育取得成就的宝贵经验。加强"双基"是我国数学课程教学的重要特征,是中国学生数学基础扎实、数学成绩优异的重要保障。我国学生多次参加 PISA 测试取得骄人成绩,很大程度上得益于"双基"扎实。然而,随着社会的发展,特别是人类知识的快速增长,只是强调"双基"已经不能满足现实的需要,必须在"双基"的基础上有所发展,全世界都在探索,面对一个无法预测的未来,我们应该给孩子们怎样的知识、培养他们怎样的能力。从 20 世纪 80 年代开始,数学教育界就数学课程与教学改革如何加强学生能力的培养、如何关注学生的非智力因素以及如何培养学生的创新意识和实践能力等问题进行深入持续的探讨。《上海市中小学数学课程标准(试行稿)》(2004 年,上海教育出版社)中明确提出了"三维目标",即知识与技能、过程与方法、情感态度与价值观,提出过程性目标以及重视学生情感、态度与价值观的培养等,表明人们不断意识到只有"双基"是不够的,必须与时俱进,不断创新。因此,《义务教育数学课程标准(2011 年版)》及《普通高中数学课程标准(2017 年版)》明确提出数学"四基"(即"基础知识、基本技能、基本思想、基本活动经验")教学,这是数学教育改革的必然要求,是时代发展的必然趋势,也是学生进一步学习以及未来发展所必需的基础。

2. 对数学"四基"的认识

对于数学"双基",虽然高中数学教师非常熟悉,并在多年教学实践中积累了丰富的经验,但在使用《普通高中数学课程标准(2017 年版)》时,对"四基"应有新的理解和把握。

"数学基础知识"一般是指数学课程中所涉及的基本概念、基本性质、基本法则、基本公式等。对基础知识的教学重在理解和掌握,而不是死记硬背多少概念和法则。理解的标志在于能描述对象的特征以及与相关对象之间的区别和联系。掌握是在理解的基础上,把对象用于新的情境,本质是能够在具体问题中运用相关的知识。

"数学基本技能"是指技术实施的能力,内容包括数学中基本的运算、测量、绘图等技能。对基本技能的要求一直都离不开"正确、迅速、合理、灵活"等。而在实际教学和测验中,因为要在固定时间里面完成相当数量的题目,因此往往把速度看得过重,一味追求运算的速度。把形成熟练的解题技能当作基本技能的全部,成为大量训练、题海战术的理由。在这种评价体制下,难免把技能训练作为数学学习的重要内容,甚至是核心要求。从数学的本质考虑,技能的要求应当以正确为重点,在正确的基础上考虑其合理性。应当淡化对速度的要求。一方面在解决问题的过程中,重在思考,速度是居于次要地位的;另一方面,速度是因人而异的,不能要求大多数学生都达到同样的计算速度。这也是不同人在数学上有不同发展的表现之一。一分钟正确地解答出一个问题和两分钟正确地解答出一个问题,在本质上并没有区别。经过自己的思考,寻找恰当的方法解决问题的过程才是重要的。这个问题也与考试的题目和要求有关。一些考试题量过多,学生必须有很快的速度才能完成,这是导致教师追求速度的一个原因。但从另一个角度看,这种考试和测验的模式是否是平时的教学中追求技能熟练的结果呢? 这值得我们进一步思考。

"数学基本思想"主要是指数学抽象的思想、数学推理的思想和数学模型的思想。之所以把这些称为数学基本思想,是因为它们贯穿于数学的学习过程,是对数学本质理解的集中体现。数学学习内容的四个方面:数与代数、图形与几何、统计与概率以及综合与实践,都应当以数学基本思想为统领,在具体内容的理解和掌握过程中体现数学的基本思想。

数学基本思想应当成为学习掌握各部分数学内容的"灵魂",成为形成数学概念、建立数学知识体系、思考和解决数学问题的主线。

比如,数概念的形成与发展是数与代数中的重要内容,从整数、小数、分数到有理数的学习,是一个从具体事物和数量抽象为数的过程,是抽象水平不断提高的过程。教学中应当结合具体教学内容的学习,把抽象的思想体现在教学活动之中,培养学生的抽象思维能力。学生认识数的过程,不只是单纯认识数字符号,而是一个从具体到抽象的过程,教师应综合考虑数、数量、数量关系等要素,结合学生学习的特征设计和组织相关内容的教学。

要特别注意数学思想与数学方法的区别,数学思想是指人们对数学理论和内容的本质的认识,数学方法是数学思想的具体化形式,实际上两者的本质是相同的,差别只是站在不同的角度看问题,两者通常合称为"数学思想方法",主要包括:演绎法或公理化方法、类比法、归纳法与数学归纳法、数学构造法、化归法、数学模型方法。

"数学基本活动经验"是在学生参与数学学习的活动中积累起来的。如果把数学基础知识和基本技能的学习看作是显性的,那么基本活动经验的积累就具有隐性的特征。

首先,数学基本活动经验的积累要和教学过程设计及过程性目标建立联系。教学目标通常有两类,一类是结果性目标,一类是过程性目标。一般来说,结果性目标是指向基础知识与基本技能的,过程性目标更多地指向数学基本思想和基本活动经验,而数学基本活动经验主要是过程性目标的体现。这些过程性目标和内容实现的主要标志就是学生形成活动经验,学生在经历相关的数学活动后,了解数学知识发生发展的过程,体会数学知识和方法的探究。

其次,数学基本活动经验的积累依靠丰富多样的数学活动的支撑。这里的数学活动是指伴随学生相应的数学知识学习而设计的观察、试验、猜测、验证、推理与交流、抽象概括、数据搜集与处理、问题反思与建构等。数学活动的设计与相应的知识技能有关,但其目的不只是为了完成数学知识技能的学习,还应成为学生数学活动经验积累的重要途径。

最后,数学基本活动经验的积累是一个长期的过程。活动经验要靠积累,积累需要一个过程,不能指望一两次活动就能完成。因此,应当把活动经验的积累看作是一个长远的目标,持续不断地组织学生参与数学探究的过程,逐步形成数学活动经验。

3. 从"双基"到"四基"的数学教学

从"双基"到"四基"是多维数学教育目标的要求,不仅表现在由两个维度拓展为四个维度,更体现了数学教学理念的变化,对数学学科学习目的的理解更加深刻。知识与技能的培养只是数学教育目标的一部分,而这部分往往是看得见、可测量、易操作的。人们往往在教学与评价中把关注的焦点放在所谓的知识点上,放在所谓的技能训练上。评价学生也往往注重在知识技能上的表现,忽视其他方面。然而,随着社会的发展,对人才的培养提出了新的要求,数学教育的目标除知识技能外,还应当包括学生多方面的能力、学生对数学思想的把握、学生活动经验的积累以及学生的情感态度等。因此,只有知识技能是不够的,必须同时发展学生数学素养的其他方面,基本思想和基本活动经验正是学生数学素养的重要组成部分,数学基本思想及基本活动经验必须贯穿于数学学习的过程之中。

因此,我们在教学中必须做如下的改变:一是由"抽象知识"转向"具体情境"。注意营造真实的学习情境,注意把抽象问题与真实情境相结合,为学生创设能够利用所学知识解决真实问题的情境和机会。二是由"知识中心"转向"能力(素养)中心"。以数学知识为载体,培养学生形成高于学科知识的学科素养,教师需要确立"通过知识获得教育"而不是"为了知识的教育"。三是由"教师中心"转向"学生中心",促进学生主动学习和合作学习的意识与能力。因为未来公民为了能够适应社会的发展,学习能力至关重要,所以要开展"以学生自主活动为主"的课堂教学,教师以学生学习为主线,关注学生问题生成、实践、操作、思维转化、问题解决的全过程,指导并促进学生由浅入深、由表及里地进行探索,进而形成独立思考的习惯,提升实践和学习能力。

1.3.2 从"三维目标"到"核心素养"的数学教学

在新课程改革的过程中,为了培养适应现代社会的合格公民,根据教育目标提出了教学的"三维目标"——"知识与技能、过程与方法、情感态度与价值观",相对于"双基"(基础知识、基本技能),"三维目标"的理论更为全面和深入。"三维目标"是"核心素养"的基础,是培育"核心素养"的载体,对数学学科而言,数学核心素养离不开数学"四基"的教学,数学"四基"教学是培育数学核心素养的有效途径,数学核心素养背景赋予"三维目标"新的内涵。

1. 对"三维目标"的再认识

"知识与技能"目标要求教学中使学生获得必要的数学基础知识、基本技能、基本思想和基本活动经验,理解基本的数学概念、数学结论的本质,了解概念、结论产生的背景、意义及应用价值,体会其中所蕴涵的数学思想方法,建立初步的数感、符号感,发展抽象思维能力,建立初步的空间观念,发展形象思维能力,提高抽象概括、推理论证、运算求解、数据处理等基本能力。

"过程与方法"目标要求教学中使学生经历数学概念的形成过程、数学原理的发现过程、证明思路的探究过程、数学问题的解决过程,体会数学知识内部之间、数学与其他学科之间、数学与生活之间的联系,在横向联系、纵向联系中力求对现实世界中蕴涵的一些数学模式进行思考、作出判断,在"观察—抽象—探索—猜测—论证"的过程中,学会运用数学的思维方式去观察、分析社会,丰富对数学本质的理解,增强数学建模能力。注重培养学生的问题意识,使学生学会从数学的角度发现问题和提出问题,掌握分析问题、解决问题的一些基本方法,体验问题解决的层次性和多样性,在"问题情境—建立模型—求解—解释与应用拓展"的过程中,深刻地理解数学知识的意义,经历实验、比较、归纳、猜想、检验等发现和再创造历程,发展主动获取知识的能力,提升数学反思力与创造力。

"情感态度与价值观"目标要求在教学中关注学生积极地参与数学学习活动,具有一定的数学视野,形成积极的学习态度、学习动机与学习兴趣,对数学有好奇心和求知欲,有学好数学的信心,逐步认识数学的科学价值、应用价值和文化价值,形成批判性的思维习惯、崇尚数学的理性精神,体会数学的美学意义,培养责任心与使命感,形成锲而不舍的钻研精神和科学态度,树立辩证唯物主义和历史唯物主义世界观。

2. "三维目标"存在的不足

"三维目标"存在明显的不足之处。其一是缺乏对教育内在性、人本性、整体性和终极性的关注;不能有效体现教育的最终目标,即到底培养一个什么样的人,目标不是很清晰,同时对知识学习过程中对人的能力素养的培育的统整性缺少关注。其二是缺乏对人的发展内涵特别是关键的素质要求进行清晰的描述和科学的界定。"三维目标"的落实不是学科学习的最终目标,我们是通过学科知识的系统学习形成专门的学科素养,但这在"三维目标"中不明确,而通过学科素养的形成最终概括、统整为人的发展核心素养。因此"核心素养"来自"三维目标"又高于"三维目标"(如图1-2)。从形成机制来讲,"核心素养"来自"三维目标",是"三维目标"的进一步提炼和整合,是通过系统的学科学习之后获得的。从表现形态来讲,"核心素养"又高于"三维目标",是个体在知识经济和信息化时代,面对复杂的、不确定的情境时,综合应用学科知识、观念与方法,解决现实问题所表现出来的关键能力和必备品质。

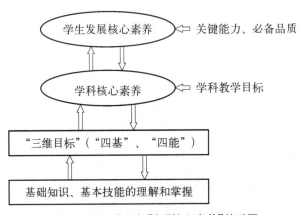

图1-2 "三维目标"与"核心素养"关系图

3. 对"数学核心素养"的理解

《普通高中数学课程标准(2017年版)》中明确提出高中数学的课程目标是通过高中数学课程的学习,学生能获得进一步学习以及未来发展所必须的数学基础知识、基本技能、基本思想、基本活动经验(简称"四基");提高从数学的角度发现和提出问题的能力、分析和解决问题的能力(简称"四能")。在学习数学和应用数学的过程中,学生能够发展数学抽象、逻辑推理、数学建模、直观想象、数学运算、数据分析等数学学科核心素养。

由此我们可以看到,这里的学科核心素养不同于一般意义的"素养"概念,学科核心素养指学生应具备的适应终身发展和社会发展需要的正确价值观念、必备品格和关键能力。数学学科核心素养是数学课程目标的集中体现,是具有数学基本特征的思维品质、关键能力以及情感态度与价值观的综合体现,是在数学学习和应用的过程中逐步形成和发展的,是数学学科育人价值的集中体现。

我们也可以从另外的角度思考,南京师范大学喻平教授把数学学科核心素养分为三个层次:"双基指向"(简称"双基层"),即基础知识和基本技能;"问题解决指向"(简称"问题解决层"),即解决问题过程中所形成的问题解决能力以及与之相伴随的基本态度;"学科思维指向"(简称"学科思维层"),指在系统的数学学科学习中通过体验、认识及内化等过程逐步形成的相对稳定的思考问题、解决问题的思维方法和价值观,实质上是初步得到学科特定的认识世界和改造世界的世界观和方法论,通常称为"数学思想方法"。

这三个层次关系很清楚:"问题解决"以"双基"为基础;"学科思维"以"双基"和"问题解决"为基础;"学科思维层"是学科课程的灵魂,也是学科课程与"人的内在品质"相应的本质之所在,它作为人的内在品质的基本背景,唤醒并照耀着"问题解决层"和"双基层",使之一并产生价值和意义,失去了学科思维层的唤醒和照耀,问题解决和"双基"便失去色彩。

数学核心素养是对所有数学课程内容而言的。但各个内容在体现数学核心素养上有所侧重。比如,"数与代数"这部分内容与数学运算、逻辑推理和数学建模等核心素养直接关联,这些内容的学习不同程度地体现了抽象、推理和模型的基本思想要求。"图形与几何"这部分内容与直观想象、逻辑推理和数学建模等核心素养直接相关。"统计与概率"这部分内容与数据分析、逻辑推理、数学建模等有密切关系。因此,在进行相应内容的教学时,要更多关注与哪些核心素养关系更为密切,教学中应予以更多的关注。

数学核心素养对于深入理解和掌握相关数学知识不可缺少,同时也是学生是否能够把握数学思想、数学思维和恰当地运用数学知识与方法解决问题的重要标志。理解和落实核心素养是数学教学中始终应当把握的一条主线。

数学核心素养是数学教学的统领和主线。教学的进程是以数学知识技能的学习逐步展开的,而在知识技能的学习和掌握过程中,要始终把相关的核心素养蕴含其中,设计有助于学生形成相关的数学核心素养的情境和活动,使学生逐步建立和形成数学核心素养。同时,也有助于学生对知识技能的理解和掌握。知识技能多是显性的内容,是容易把握和操作的。这些内容往往以知识点的形式出现,设计和组织教学时比较容易受到关注,也容易在教学实践中落实。而数学核心素养往往不是以显性的形式出现的，是以与知识技能相关的隐性的观念或思维方式的形式出现，通常要在学习的过程中体会和运用。高中数学六大核心素养既相互独立又相互关联，体现了数学核心素养的整体性。具体地说：独立性体现在学习数学过程中，在发现与提出、分析与解决数学问题和实际问题中，它们各自在不同环节会发挥不同作用。而高中数学六个核心素养又是一个有机联系的整体，因此整体性体现在它们不是两两"不交"的独立素养，而是相互"交叠"相互"渗透"的。如在直观想象中，蕴含着抽象、推理(运算)、模型；在抽象概括中，也离不开直观、推理(运算)、模型；在数学建模的过程中，更是需要直观、推理、运算、模型交互发挥作用。

1.3.3　科学的课程观是落实核心素养教学的前提

作为一名数学教师，在由"双基"到"四基"、由"三维目标"到"核心素养"的过程中，教学的理念、教学的策略和方法都要发生相应的改变，但其中最重要的是必须树立科学的课程观，这是基于核心素养培育的教学的前提，必须明确数学课程的价值，每一个数学知识点的教学价值，以及通过该知识点的教学指向哪些能力的培养。防止教师认为数学就是知识传授、讲解知识点、操练练习题，把数学学习看成解决几道数学题目，整天钻在单一的知识点之中，玩弄解题术，沉迷于解题技巧，把学生当做解题机器，这样的数学教学与新课程的理念背道而驰、必须改变，真正发挥数学学科在培养人的理性思维、科学精神和发展人的智力中的作用。教育家曾经说过，"教育无非是将一切已学过的东西都遗忘后所剩下来的东西，遗忘掉的东西就是所学的具体知识和内容，而剩下的就是所谓的能力和品格即素养。"现在我们教授给学生的数学知识，学生进入社会后用不了几年，几乎全部忘记，我们今天的教学只是以这些知识为载体，培养学生某个方面的能力，提高他们的学习力，以适应未来社会的需要、促进社会的发展。

例如定理"三角形内角和等于 $180°$"的教学，不同的教法体现不同的课程观。

教法一：

(1)呈现定理。定理：三角形内角和等于 $180°$。

(2)讲解证明。分析定理，证明定理。

(3)定理应用。通过大量的例题讲解，体现定理的应用，加深学生对定理的理解。

思考：这个结论重要吗？这只是欧几里得几何中的一个结论，在罗氏几何、黎曼几何中是不成立的，因此就这一定理的内容价值来讲，不是那么重要。但为什么教材中要安排这一内容的教学呢？因为我们需要培养学生的核心素养，培养学生的能力，不能空对空，必须要有载体，因此选择了这一内容。我们是通过这一载体来培养学生能力的，而不是让学生死记这一结论,不然就毫无价值可言。

教法二:

(1)创设情境,提出问题。三角形有三条边、三个角,我们称为三角形的六个基本元素。前面我们通过研究知道了"不是任意三条线段都能够构成三角形",三条线段必须满足一定的条件才能够围成三角形,那么接下来我们应该研究什么呢?(让学生在情境中主动地提出问题。六个基本元素,已经研究了三条边之间的关系,那么接下来应该研究三个角度之间的关系了)

(2)研究问题,形成猜想。为了研究三角形的三个角之间的关系,我们先画出特殊三角形,如有一个角为90°的三角形,或者三条边都相等的三角形,等等。然后量一量,观察数据之间的关系,发现三个角之和等于180°左右。那么对一般三角形是否也有类似的结论呢?让每一位学生自己画一个三角形,量一量三个角的度数,相加后观察是否也有这样的结论,最终归纳形成猜想:三角形内角和等于180°。这一环节让学生经历问题的研究过程,强化"由特殊到一般"这种科学研究的基本方法,通过归纳形成猜想,揭示事物背后的一般性规律。

(3)探究思路,证明猜想。猜想的结论不一定正确,必须严格论证。对学生而言,小学学习过平角是180°,如果上述猜想成立,那么三角形的三个角应该可以拼凑成一个平角。我们可以通过剪一剪、拼一拼的办法,验证三角形三个角确实可以拼凑成一个平角,但这只是验证,还必须严格证明。如何证明呢?上面的验证过程给证明提供了很好的思路,只要把三角形的三个角放在一起看是否能够证明是平角即可,因此可以通过画平行线得以实现。至此,证明的思路已经形成,接下来让学生完成证明过程。学生从直观感知到理性思考,完成思路的探究这也是在解决现实问题中需要的能力。

(4)理解定理,应用定理。为了加深对结论的理解,可以让学生从不同的角度,利用文字语言、符号语言、图形语言分别表述定理的内容,实现三种语言的转换,培养学生的语言转换能力。同时分层次地对定理进行应用,特别是现实问题的解决过程中如何利用三角形内角和定理解决问题,培养学生数学建模能力和逻辑推理能力。

比较以上两种教学方法,第一种方法以让学生掌握三角形内角和定理为目标,重在强调该定理在解题中的应用,重在解题方法、解题技巧的训练,整个教学以"双基"的落实为目标,认为学习这一内容就是为了解几道数学题,这也是目前教师教学中的通病。而第二种方法注重定理教学的育人价值,培养学生"发现问题—提出问题—研究问题—解决问题"的能力,强化科学研究问题的方法,"由特殊到一般"、"归纳—猜想—证明",这就是本内容的课程价值所在,这是体现新课程理念的教学方法。只有正确地认识了课程的价值才能在教学中落实数学核心素养的培养。

第 2 章

基于数学核心素养的教学设计

第 2 章　基于数学核心素养的教学设计

2.1.1　对教学设计的再认识

教学设计是每一位教师每一天教学前都要做的事情,这是教师的常态化工作。但如果追问一下,到底什么是教学设计? 可能各有各的说法,本章探讨基于"核心素养"的教学设计,有必要对相关概念的理解统一认识,这样才能够开展交流讨论。

关于教学设计,加涅曾在《教学设计原理》(1988)中将其界定为:"教学设计是一个系统化规划教学系统的过程。教学系统本身是对资源和程序作出有利于学习的安排。任何组织机构,如果其目的旨在开发人的才能均可以被包括在教学系统中。"

帕顿在《什么是教学设计》一文中指出:"教学设计是设计科学大家庭的一员,设计科学各成员的共同特征是用科学原理及应用来满足人的需要。因此,教学设计是对学业业绩问题的解决措施进行策划的过程。"

赖格卢特对教学设计的定义基本上同对教学科学的定义是一致的。因为在他看来,教学设计也可以被称为教学科学。他在《教学设计是什么及为什么如是说》一文中指出:"教学设计是一门涉及理解与改进教学过程的学科。任何设计活动的宗旨都是提出达到预期目的的最优途径,因此,教学设计主要是关于提出最优教学方法的'处方'的一门学科,这些最优的教学方法能使学生的知识和技能发生预期的变化。"

梅里尔等人在《教学设计新宣言》一文中对教学设计所作的新界定值得引起人们的重视。他认为:"教学是一门科学,而教学设计是建立在这一科学基础上的技术,因而教学设计也可以被认为是科学型的技术。"

美国学者肯普给教学设计下的定义是:"教学设计是运用系统方法分析研究教学过程中相互联系的各部分的问题和需求。在连续模式中确立解决它们的方法步骤,然后评价教学成果的系统计划过程。"

借鉴以上定义,我们对教学设计可以这样理解:所谓"教学设计"就是指教师遵循并按照教育教学的规律和原理,应用系统的方法,在把握学生的已有知识、技能、能力、情意等实际状况的基础上,根据课程标准和教学内容,确定恰当的教学起点和终点,将教学过程诸要素有序、优化安排,形成教学方案的过程。

一个完整的教学过程,由教学设计、教学设计的实施和教学设计的评价三个部分组成。

教学设计的方案是课堂教学的"蓝图"。优化的教学设计方案是提高课堂教学效益的根本保证和前提。通过对教学设计方案的实施和评价,又为科学修订教学设计方案提供必要的反馈信息,使教学设计方案更臻完善。

现代意义上的教学设计与传统意义上的备课存在着很大的区别。教学设计是以系统方法论为指导,对教学过程诸要素进行系统的规划,以求得教学过程这一系统的整体优化。教学设计实现了工艺化、范式化,因此,教学设计方案规范,可操作性强,便于交流和传播。而传统意义上的备课则不具有系统性和整体性的优点,往往表现出随意性强、以备知识内容为主线的缺陷。

在新课程理念下,数学教学设计的重点是在培育数学核心素养的总目标下进行设计,使学生主体性和创造性得到尊重、展现和发展的活动内容与活动方式。教师在学段、学年、学期教学规划的基础上,进行单元(或章节)教学设计和课时教学设计,最终形成课时实施方案(即教案)。

要特别注意,教学设计、教学实录、案例评析这三者有着本质的区别,教学设计是为课堂教学而设计,因此它是在上课前进行的课堂教学设计活动;教学实录是课堂教学的具体记录,或者说是教学设计的具体实施过程,包括师生的对话、学生活动的具体情况等;而案例评析则是对教学过程中的某一片断、某一个过程进行深入分析,挖掘这种现象背后的规律,为后续教学提供参考。三者的区别是显然的。

2.1.2 教学设计的基本内容

教学设计主要解决三个问题:教师教什么和学生学什么?教师如何教和学生如何学?教师教得怎么样和学生学得怎么样?通俗地讲:一是教师想把学生带到哪里去?二是用什么方式带他们去?三是怎么知道他们已经到了那里?第一个问题是解决教学目标的问题;第二个问题是解决教学过程中的教学策略问题,即教与学的内容、方式、方法、手段等;第三个问题是解决教学评价问题。因此,教学设计的基本内容应包括教学目标设计、教学策略设计和教学评价设计三大部分(如图 2-1)。

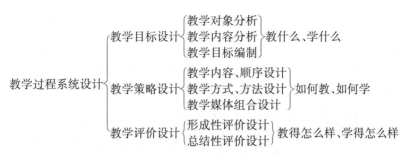

图 2-1　教学设计的基本内容

教学设计具体又分为五个步骤。

第一步,依据课程标准和学生的认知水平确定教学目标。确定教学目标是进行教学设计的起点,这一目标将自始至终贯穿并体现于教学设计全过程。教学目标的确定应注意如下几点:一是一定要基于课标和学情,既要依据课标,明确核心素养的落脚点,又要坚持"以学生发展为本"的思想,立足于学生实际;二是教学目标一定要细化,具体可行,可操作、可检测,不提那些笼统的一节课无法达到的要求;三是要整合心理、认知、情感的内容,突出情感、态度、价值观方面的要求;四是每节课的教学目标一定要放在全课、单元、全书的总体教学目标中思考,明确知识的来龙去脉,使教学目标具有整体性、层次性、延续性、针对性,包括本节课所要重点关注的数学核心素养。例如,高中数学"斜率"的教学目标:(1)经历斜率概念的发生发展过程,理解斜率的意义,感受数学抽象的过程,掌握斜率的计算方法;(2)探究斜率与倾斜角之间的关系,体验数形结合的思想,培养直观想象能力;(3)通过学习过程,培养学生发现问题、研究问题、解决问题的能力。

第二步,依据教学目标,整合教学内容。在确立教学目标后,首先要思考的是具体的教学内容的组织。一方面,要用好教材,做好对教材内容的分析,明确重点难点,寻找知识的"生长点"。例如"函数单调性"的教学中,必须思考:(1)什么是函数单调性?为什么要研究函数单调性?(2)如何研究单调性?(3)研究单调性有什么作用?另一方面,要结合校情学情,对教材内容进行必要的整合,增加一些具有时代气息的、反映学生生活实际的教学内容。在这里,要避免两种倾向:一是脱离教材,另起炉灶;二是以本为本,照本宣科。

第三步,依据教学内容,设计教学环节。这一步是将知识的"学术形态"转化为"教育形态",进行教学设计的一个特色之举就是"环节备课",根据教学内容的需要,将一节课教学过程分解为几个具体的教学环节。在这个过程中应注意:从整体上设计教学环节,环节之间应强调逻辑性、递进性,做到环环相扣;一节课的教学环节不应太多,一般三到五个为宜,多了不利于每个教学环节的深入进行,容易流于形式;处理好预设和生成的关系,在进行环节预设时,要留有一定的空间,留给学生生成的机会。例如"函数单调性"的教学分成三个基本环节:(1)函数单调性概念的形成过程;(2)函数单调性概念的理解过程;(3)函数单调性应用过程。

第四步,在每个教学环节中分别设计恰当的教学情境、问题和相应活动。只有创设出恰当的活动和情境才能让学生有所体验,进而在交流及教师的指导中有所感悟,达成教学目标。因此这一环节是备课过程中必须细化的一个环节,也是使课堂教学生动丰富、独具个性的一个关键环节。

在活动和情境的创设过程中应充分考虑如下因素:一是注重活动的针对性、深刻性。不切合教学内容和主题的活动,不触及知识本质的活动,再新颖巧妙也不能达到目的;二是活动要从学生的生活实际出发,为学生个体独特的体验留有空间,为学生自己解决问题留有空间,为学生的实践创造留有空间;三是活动设置要精细化,要充分考虑到活动的具体步骤、活动中学生可以做些什么、教师可以做些什么,活动如何步步深入、达到实效等;四是注重活动过程中的总结反思,一方面要对学生在活动中的表现及时点评,不断提高学生开展活动的能力;另一方面要引导学生在活动中体验感悟,将教学内容渗透到活动中去,在活动中感悟学科思想、在活动中提高能力。

第五步,对照教学目标,反思教学环节及其活动的教学价值。这一步骤是教师对自己课堂教学设计的一个再反思的过程。这一过程,一方面能确保课堂教学设计精致并紧扣主题,另一方面在反思中又能不断提高进行课堂教学设计的能力。但是,在平时的教学设计过程中,很多老师并不注重这样的反思,课备好即止,课上过即忘,以致自身能力提升得很慢,收获很少。其实教学反思特别重要,这是促进教师教学能力提升的有力抓手。

在上述过程中,按照这几个环节备课,不仅有利于教师从整体上思考、整合教学内容,而且为课堂教学过程中教育教学内容的不断生成留有广阔的空间。在环节备课中,之所以第四步才开始进行活动和情境的设计,是因为这样所设计的教学活动和情境针对性强,可以有效地避免教学活动轻内容、重形式的顽疾;在环节备课中,突出活动和情境的设计,强调了情感、态度、价值观教学目标的达成,强调了学生的学习过程参与和学习方法掌握。在这样一个层层深入的教学设计过程中,使教师的能力在不断反思、不断创造中得到提高,实现了教师与学生一起成长的目标。

2.1.3 基于数学核心素养的教学设计基本特征

培育数学核心素养的主渠道是数学课堂教学。那么,体现新课程理念的课堂教学与以往的课堂教学到底有哪些区别?或者说体现数学核心素养培育的课堂教学有哪些具体的特征?根据研究,我们总结了如下几个特点。

1. 重情境创设

情境创设的目的主要有两点:一是将学生的思维引导到具体的真实的情境之中,在这样一个"场"中来思考问题、发现问题、提出问题。二是通过情境激发学生的学习、探究兴趣,产生好奇心,增强探究的欲望。面对一个真实的问题,学生可以调动所学的知识,运用头脑中已有的经验,对问题加以分析、研究、解决,这是培育核心素养的具体表现,因此,设计适切的情境显得非常重要。通过创设教学情境,引导学生通过观察、比较、分析,主动提出问题,激发学生的学习兴趣,将学生的思维引导到"学习场"之中。

创设教学情境,必须体现几个原则:适切性——情境必须适合本节课的教学内容,适合学生的认知水平。思想性——创设的情境能够体现数学学科的本质,让学生从中感悟相关的数学思想。趣味性——有趣才能够激发学生的学习热情,才能够营造轻松而愉快的交流氛围;学生看了感到很好玩,确实能够激发兴趣。如果是真实的生活情境,则必须与学生的生活,或者社会关注的热点问题相关。如果是数学本身的问题,也需要进行设计,使其有趣,引起学生认知冲突。多样性——情境的内容可以是多样的,可以是现实生活中的情境(现实情境),可以是数学学科中的问题情境(数学情境),也可以是科学发展中的相关情境(科学情境)。呈现的方式也可以是多样性的,可以是教师选择提供的,也可以是学生根据学习内容自己选择的教学情境。

2. 重过程体验

体验的过程包括数学知识的发生发展过程、原理结论的发现过程、解题思路的探究过程、应用数学知识解决实际问题的数学建模过程。有了过程,才能够给"死的知识"注入"活力",才能够理清楚知识的来龙去脉,体现知识的成长性,学生在经历这些过程时,提高了能力、培育了素养。因此"过程性教学"是培育数学核心素养的有效途径。

3. 重活动设计

知识是可以传授的,但能力只有通过参与活动、在活动中培养能力、在活动中培育素养、在活动中加深对数学知识本质的理解。课堂活动设计有四个层次:一是负效层次。如果一个课堂教学活动设计是"无效"的,浪费了师生的时间,就是"负效"的。学生不仅没有学到东西,反而对真正学习有阻碍作用。二是知识层次。课堂活动设计以掌握知识为目的,教师所设计的学习目标往往表现为"记住、背过、复述、默写"等。三是思维层次。以发展学生的思维能力为目标,活动具有挑战性,能激活学生的思维,引发学生的思维碰撞,发展学生的思维能力。四是素养层次。课堂活动设计既能让学生掌握知识,还能让学生发展思维,调动学生的学习积极性,体悟到做人的道理,能够实现核心素养的落地。

因此在设计教学活动时,必须遵循"三原则":一是有序性原则。根据教学内容,规划教学环节,设计系列化教学活动,做到前后关联、上下一统、体现整体。二是层次性原则。根据教学内容的重难点,分层次、有重点地设计教学活动。三是有效性原则。通过加强过程性目标的评价,确保各项活动目标的达成。

4. 重教学评价

评价的目的在于改进学生的学习和教师的教学,因此必须重视过程性评价与终结性评价相结合,在过程性评价中更多地关注学生的学习态度与学习习惯的养成,特别关注数学核心素养的达成度。同时注重对学习评价的整体性和阶段性的要求,使评价成为促进学生发展的推进器。我们可以粗略地将数学核心素养水平划分为三个层级:知识理解、知识迁移、知识创新。知识理解是最基础的层面,也是课标所要求的对数学基础知识的掌握情况,题目类型的选择可以是填空、判断、选择等。知识迁移则要求学生能够运用课堂所学解决其他问题,这对数学学习也是十分重要的,丢失知识迁移的环节会造成后续学习内容的脱节。最高层次要求是知识创新,要求学生能够用数学思维去看待和处理一些现实问题,这是数学核心素养培育的最终目标。其中,二、三层级的问题设计是教师应当花精力去思考的重点,同时它们对学生能力的要求可以概括为分析、综合、评价和创造,即高阶思维所要求的层面。因此,评价体系绝不应该仅以解决高考题为核心,而应体现深度理解评价的意义和目的,有方向、有区分地设计评价的问题。

如果我们从课程建设的角度把教学设计作为一项工程,那么必须重点关注如下几点。

(1)教学设计的"过程"必须是对课程的重构

新课程明确提出要让课程适合每一个学生的发展,数学课程内容是学生学习数学的主要"信息源",如何让课程适合每一个学生的发展,这需要教师对课程内容进行科学客观的、适合于学习、有利于学生发展的任务分析,这是新课程教学设计的重要一环。由于学生不仅在数学认知方面存在着差异,而且在心理动作、情感态度和人际交往方面也存在着差异,所以,统一的数学课程的内容并非对每一名学生的发展都具有实用性。为了促进学生的发展,教师在进行教学设计时必须在对教学内容进行宏观、中观、微观分析的基础上,结合对学生初始才能的诊断性评价的反馈信息,对数学课程内容进行必要的再开发,即内容重构,以使课程内容更适合学生学习,有利于学生学习。这样做,需要发挥教师的能动作用,如对新课程内容的修改、重组,给一些有难度的内容设计台阶,搭建"脚手架"等。教师对课程内容的开发,需要注意的是,课程内容通常都有着一定的知识体系,一般可划分为若干单元,一个单元可以划分为若干课题。其中单元和课题各自存在着三种联系形式,即并列型(各单元或课题相对独立)、顺序型(各单元或课题之间具有逻辑或层次关系)和综合型(一部分相对独立,另一部分之间具有逻辑层次关系),由于课堂上学生要学习的课题内容与单元内容以及整个课程的内容之间或多或少地存在着某种关系,因此教师对课题内容的开发与分析应放在对单元内容和课程内容的开发与分析的大背景下来进行。也就是说,教师应具备从数学课程的整体结构上把握课程内容、单元内容和课题内容以及它们之间的关系的能力,只有如此,才能使课堂学习内容的开发与分析达到前后呼应、相得益彰的效果。

（2）教学设计的"环节"必须指向核心素养

教学设计是以数学核心素养为导向,因此在设计每一个教学环节时,头脑中需要有一根弦——指向数学核心素养。这样,教师不仅需要关注学生的智力因素,还要关注非智力因素。在传统的教学设计中对学生学习任务的分析,往往只涉及各知识点及其组成的知识结构,以及掌握知识所需要的基本技能和智力因素,而对教学过程中各教学环节的实施和学生的全面发展具有促进作用的,诸如兴趣动机、意志和情感、态度及价值观等非智力因素则考虑较少,对数学核心素养的培养不明确。这对学生人格的健全与全面发展是极其不利的。教育部《基础教育课程改革纲要（试行）》(2001)指出,要"改变课程过于注重知识传授的倾向,强调形成积极主动的学习态度,使获得基础知识与基本技能的过程同时成为学会学习和形成正确价值观的过程"。这就要求教学设计不仅要关注基础知识和基本技能,还要关注数学基本思想和基本活动经验,挖掘有关情感、态度、价值观等非智力因素,随着教学过程的不断展开,让学生在学习"双基"的基础上同时获得积极的情感体验,逐步形成积极、主动的学习态度,从而形成正确的价值观,有益于学生发展数学核心素养。

（3）教学设计的"成果"只是指导性的动态方案

课堂教学一定是预设与生成相结合的过程,因此教学设计的"成果"只是指导性的动态方案。教学设计应以学生的学习和学生的发展为本位,以提高学生数学核心素养为目的,综合考虑教学过程中的各种不确定因素,注重教学策略,特别是不同教学思路的设计,为教学过程的动态生成创造条件。其具体实施就成为具有指导性的动态教学方案。这样,在教学过程中,教师才有可能根据学生学习的反馈情况作出详细的、适时的动态调整。因此教学设计的"成果"不是一个计划性的静态教案,而是一个指导性的动态方案。

根据教学设计以上三个方面的要求可以认识到:教学设计不是对课堂情境进行面面俱到的预设,而是只明确需要努力实现的教学目标,给各种不确定性的出现留下足够的空间,并把这些作为课堂教学中的生存性资源加以利用。

教学设计不是一部已经定稿的剧本,而是处于自我矫正、自我完善、自我否定的动态发展之中的书稿。它是课前的构思与实际教学之间的反复对话,是实践之后的反思和提升。

2.1.4 基于数学核心素养的教学设计原则

1. 教师传授知识的过程与学生的认识过程一致性的原则

学生学习的内容尽管是前人已知的知识,但这种知识对学生来说仍然是新鲜的未知的。

学生的学习过程是学生对数学知识、方法和技能的认识过程,我们的教学过程是完善学生认知结构的过程。如何使我们在课堂上传授知识的过程符合学生的认识规律,与学生认知发展的水平相吻合,这是我们应该给予充分重视的一个问题。从认识论的角度分析,学生认识知识的过程总是遵循从特殊到一般、从具体到抽象、从局部到系统的过程。因此我们所设计的课堂教学过程应符合学生的这种认识规律,只有这样才能使学生学得顺利,这也是保证我们教学成功的关键因素。但以往的教材偏重于一般性的结论和抽象的演绎过程,如果在课堂教学中照本宣科,往往使学生学起来感到困难。因此常常需要我们教师设计一些问题,作为过渡性环节,使学生认识到问题的背景,体会到从具体问题出发概括出抽象概念和理论的具体过程,理解到这些概念和理论的实际意义,使学生顺利地完成从特殊到一般、从具体到抽象的认识过程。这一过程是将"学术形态"的知识转化为"教育形态"的知识。比如对"极坐标"的引入,学生感到抽象不好理解,可以设计一个"炮兵打炮"的问题。为了击中目标,总是要旋转炮筒的角度,还要确定炮位与目标的距离。通过这个具体的例子,使学生在认识上有一个飞跃,完成由具体到抽象的认识过程。数学教学是一种特殊的认识活动,它受人的一般认识规律的支配,又有着它自身的特点,了解和掌握学生的认识过程和规律,使教师传授知识的过程与学生的认识过程相吻合,这样可以使学生的认识更加深刻、学习更加顺利。

2. 传授知识与培育核心素养相结合的原则

培育数学核心素养是数学教学的重要目标,它是数学能力的综合体现。而思维能力是各种数学能力的核心,因此注重思维能力的培养,是现代数学教学与传统的数学教学的根本区别之一。我们的数学教学是以数学知识为载体,在知识学习的过程中培养数学能力、提升数学素养。传授数学知识是数学学习的一个方面,但仅仅传授知识是不够的,在注重基础知识的同时还要注重发展学生的思维能力。心理学指出,思维正是寻找和发现那些从本质上来说属于新东西的过程。目前教师对于培养学生的数学核心素养的必要性和重要性都有比较明确的认识,但在课堂教学中如何在注重基础知识的同时培养学生的数学素养,是值得我们探讨的一个问题。

数学总以严密的逻辑体系和演绎形式出现,也是直观、直觉、归纳和类比的结果。因为数学的表现形式,只是思维结果的呈现,我们还必须看到掩藏在结果后面的思维过程,所以我们特别强调数学学习中的"过程性教学"。思维能力的构成比较复杂,不能简单地理解为只是演绎。应当看到,在演绎和各种非演绎思维中,演绎的创新空间可能性最小,如果仅把思维局限于演绎,这无异于捆住思维的手脚。事实上,那些直观、直觉、归纳和类比等非演绎思维,则有着较大的创造可能性。在教学中应当注重挖掘数学的"表"和"里",揭示并依据教学的需要改造有关的思维过程,付诸课堂,才能培养学生的思维能力。教学实践表明,教师只有结合教材恰当地设计问题情境，引导学生主动积极地思维，才能使学生对问题有比较深刻的认识。培养思维能力需要揭示思维过程，这恰好与学生学习知识所需要的思维过程吻合，把两者有机地结合起来，落实到课堂上，既能传授知识，又能落实思维训练，是我们培养学生思维能力的有效途径。在课堂教学中，教师既要重视揭示自己的思维过程，又要重视学生的具体思维过程。恰当合理地设计问题情境，引导学生逐步深入地进行思维和交流，这两种思维过程的有机结合，是提高学生思维能力的具体过程。

3. 教师引导与学生自主活动相结合的原则

教学是一种双边活动，在这种活动中，师生都有认识客观世界的任务，但教学的目的决定了学生的认识活动是更重要的一方面，学生是这种认识活动的主体。教师的主导作用在于有效地引导学生逐步加深认识，而在这种认识过程中，必须给学生一定的自主活动的时间和空间，让他们动脑、动手、动口，在自主的活动中不断地加深认识。不应该让学生被动地接受教师的认识过程，被动地理解教师的思维结果。例如在"二项式定理"的教学中，不必由教师给出二项式定理的结论，可以设计学生自主探究活动，让学生经历尝试发现、大胆猜想的过程。

2.2　培育数学核心素养的有效途径

2.2.1　数学"过程性教学"的内涵

我们知道，数学教学不仅要让学生掌握一些现成的结果，还要经历这些结果的形成过程，理解知识的本质，提高发现问题、研究问题的能力，这就需要开展数学"过程性教学"，这里的"过程"大致上包括两个方面：一是在真实的生活情境中发现问题中的数学成分，并且对这些成分做符号化处理，把一个实际问题转化为数学问题，即数学抽象和数学建模的过程；二是在数学范畴之内对已经符号化了的问题进一步抽象化处理，从符号一直到尝试建立和使用不同的数学模型，发展更为完善、合理的数学概念框架。学生通过这一过程，建立一个数学问题的提出过程、一个数学概念的形成过程、一个数学结论的获取和应用过程。在一个充满探究的过程中感受发现数学的乐趣，增强对数学的好奇，提高学习数学的信心，使人的理智和情感世界获得实质性的发展和提升，这就是数学"核心素养"所在。

因此数学"过程性教学"就是在数学教学过程中，将教学过程通过学生的学习活动得以显性，在适合的教学过程的各个环节引导学生自己动手、动脑、动口，主动探索新知识的形成、发展、完善过程,包括概念的生成过程,定理法则的发现过程、证明过程,解题思路的探究过程,发现问题、研究问题、解决问题的过程等等,经历这样的过程,学生自主探索获得了知识,感受了成功的乐趣,自然也就增强了善于思考、敢于创新的信心和毅力.数学教学中凸现"过程"目标,一是因为只有关注学生数学学习的过程,才能真正了解学生是怎样学习的,这是教师引导学生学会学习的基础;二是因为让中学生开展探究性学习活动,可以让他们在探(研)究的过程中,去学习一些数学研究的方法,形成自主探究、合作学习的体验。

"过程性教学"与"教学过程"是两个不同的概念。"教学过程"就是一个教育过程、学习过程,是一个时空概念。而"过程性教学"是指教学过程中采用的教学策略,是在教学过程中为了突出某些重要的教学环节在发展学生某方面能力中的作用,引导学生自主参与、经历知识的发生发展过程,促进学生知识结构的自我完善。两者虽然都有"过程"二字,但含义是不一样的。但两者之间是相互关联的,"过程性教学"的整个过程就是"教学过程",包括知识的发生、发展的过程等都是教学过程的一部分,而"教学过程"中有许多种教学策略可以实施,"过程性教学"就可能是众多教学策略中的一种。

数学教学中开展过程性教学对培育数学核心素养具有特殊的意义,体现在如下四个方面。

第一,有助于加深学生对数学知识的理解。在中学数学课堂中,通过开展经历、体验、探索等一系列数学活动来实现知识的过程性教学,在逐步地创设条件来体现数学知识的过程中,学生就在经历着数学知识的产生、发展过程。这样学生对数学知识的理解就在不断地加深,学生自身的数学知识理解水平也在不断地增强,有益于学生对数学新知识更好地建构,最终形成自己的思想。如教学"映射的概念"时,教师通过让学生比较和描述教室里的座位数与学生数关系,将学生的集合看成原象,教室的座位集合看成象,根据现实中的对应关系知道每个学生都可以坐一个座位,两个学生可以共同坐一个座位但一个学生不能同时坐两个座位,学生较容易形成映射的概念。虽然方法简单,却让学生经历与体验了映射概念的形成过程。所以说,在中学数学教学中过程性目标的实现,有利于加深学生对数学知识的理解。

第二,有助于学生形成良好的数学认知结构。所谓数学认知结构就是学生头脑里的数学知识按照自己的理解深度、广度,结合着自己的感受、知觉、记忆、思维、联想等认知特点,组合成的一个具有内部规律的整体结构。建构主义认为学生的数学学习过程就是新的数学认知结构不断重新建构的过程。所以对于学生来讲,形成良好数学认知结构对数学知识的学习非常重要。在中学数学的过程性教学中,学生不但牢固掌握了丰富的数学知识、提升了个人的数学观念还增添了对数学问题解决时的经验;此外学生对数学知识的理解程度也在不断加深,逐渐内化为自己的知识;再者,在数学知识的过程性教学的过程中,学生对所习得的数学知识信息进行加工整理就形成了一个个有序的知识组块,并对这些知识组块再进行组织、分类和概括,使之形成一个有层次、有条理的知识网络结构。长期下来,就为学生形成良好的数学认知结构提供了条件。所以说,在中学数学的过程性教学中,可以促使学生形成良好的数学认知结构。

第三,有助于提高学生学习数学的兴趣。学习兴趣,是指一个人对学习的一种积极的认识倾向与情绪状态。数学学习兴趣是一种自觉的意识,具有追求探索的倾向。爱因斯坦说过:兴趣是最好的老师。教育家乌申斯基也说过:没有丝毫兴趣的强制性学习,将会扼杀学生探索真理的欲望。心理学研究也表明,学生在数学学习的过程中,始终伴随着一定的情绪体验。积极高涨的情绪,有助于激发和强化学生的数学认知兴趣,最大限度地提高数学学习兴趣。由此看来,在中学数学的过程性教学中,根据教学内容、结合实际,设计出特定的数学活动情境来增强数学知识的趣味性,调动起学生对数学知识的学习兴趣是十分必要的。学生原有的数学学习兴趣被调动,学生就会处于"我要学"的心理状态,在内驱力的促使下学生就会很乐于并主动去发现问题、提出问题、解决问题、归纳出其知识的规律性等,可以说这个数学知识学习的过程本身学生就一直在经历着知识的发生和体验、探索着知识的发展过程。这不但实现了过程性目标的教学,同时也极大地提高了学生学习数学的兴趣。

第四,有助于培育学生的数学核心素养。数学教学不仅仅是传授数学知识、学习解题技巧,而是以数学知识为载体,让学生在学习知识的过程中,经历抽象概括、逻辑推理、数据处理、直观想象等思维过程,经历知识的从无到有、概念从粗糙到精细、原理从发现到应用这样的知识成长过程,培养学生用数学的眼光看待世界、用数学的思维分析世界、用数学的语言表达世界的能力。没有了过程,只能是知识的传授,教师只能是知识的搬运工,没有了过程,教学将失去活力。

相信如果教师在教学中充分考虑到这些因素,重视对过程的创新设计,不仅可以很好地实现过程性教学目标,而且也可以转变学生过去的学习方式,变得更加积极主动地探索新知识,同时更好地实现知识与技能、情感与态度等教学目标,最终达到提高数学核心素养的目的。"过程性教学"将成为在课堂教学中落实数学核心素养的重要抓手。

2.2.2 培育数学核心素养的基本路径

数学"过程性教学"强调经历知识的发生发展过程,在过程中参与数学活动,在活动中提高能力,达到培育数学核心素养的目的。针对不同的教学内容设计不同的教学环节,在每一个环节中使数学核心素养的培育落到实处。

如在数学概念教学中,"过程性教学"强调"概念的形成过程、概念的理解过程、概念的应用过程"。在概念的形成过程中,学生参与的活动包括观察、归纳、辨析、猜想、表达等,那么直观想象、数学抽象、逻辑推理等核心素养在这一过程中都得以体现,教学中只要抓住契机,把过程性目标落实到位,在每一次概念的形成过程中都让学生亲身经历,通过一次一次地强化这一过程,增强学生观察、归纳、辨析、猜想、表达的意识,这些核心素养就在这个过程中得到增强。在其他两个过程中同样可以在相应的活动中培育数学核心素养。

又如在数学原理教学中,"过程性教学"强调"原理的发现过程、原理的证明过程、原理的应用过程"。在原理的发现过程中,学生经历在情境中发现问题、提出问题、形成猜想、证明猜想的过程,在此过程中直观想象、数学抽象、逻辑推理、数学建模等核心素养都有所体现,这也是培育学生核心素养的好时机。更加具体的阐述和课例将在本书后面几章详细叙述。

由此可以看出在数学教学的过程中,在教学中的每一个环节,都可以看到核心素养的影子,而这正是我们所要抓住的时机、我们的教学目标所在。在数学课堂教学中,不管是什么课型,根据数学核心素养培养的要求,我们可以制定一个培育数学核心素养的基本路径:创设情境—提出问题—设计活动—引导探究—解决问题—归纳总结(如图 2-2)。

图 2-2　培育数学核心素养的基本路径

这其中体现了发现问题的过程、提出问题的过程、研究问题的过程、解决问题的过程,每一过程都为数学核心素养的培育提供了很好的抓手,核心素养的培育就在这些过程中得以落实。

2.3　基于数学核心素养的教学设计的具体要求

对课堂教学,我们始终关注"教学目标"、"教学策略"、"教学评价"三个基本要素,在不同的时期,它们被赋予了不同的内涵。"教学目标"是一节课所要达到、所要实现的目标,即通过该内容的学习,能够培养学生哪些数学能力和核心素养;"教学策略"是指用什么方法、采用怎样的策略实现教学目标,必须考虑策略的科学性和适切性;"教学评价"是对学生目标达成的考量,不仅关注结果,更要关注过程性评价。这三个基本要素好比是"要把学生带到哪里去?""如何带他们去?""怎么知道他们是否到了那里?",教学总是围绕着这三个基本要素展开,这是我们每次开展教学设计时必须思考的问题。

在《普通高中数学课程标准(2017 年版)》中明确指出了体现数学学科核心素养的四个方面:

(1)情境与问题。情境主要是指现实情境、数学情境、科学情境,问题是指在情境中提出的数学问题。

(2)知识与技能。主要是指能够帮助学生形成相应数学学科核心素养的知识与技能。

（3）思维与表达。主要是指数学活动过程中反映的思维品质、表述的严谨性和准确性。

（4）交流与反思。主要是指能够用数学语言直观地解释和交流数学的概念、结论、应用和思想方法，并能进行评价、总结与拓展。

因此，在进行数学教学设计时必须从这四个方面进行顶层设计，把它们作为教学设计时的指导思想，使数学核心素养的培育在具体的数学课堂教学中能够落到实处。

2.3.1 教学目标的制定

任何一门学科的教学都必须依据该课程的总体目标，在此基础上确定年级教学目标、单元教学目标及课时教学目标。对高中数学学科而言，《普通高中数学课程标准（2017 年版）》中明确提出了高中数学学科的课程目标，概括起来就是通过高中数学课程的学习，提升学生作为现代社会公民所应具备的数学素养，促进学生自主、全面、可持续地发展。具体地，获得进一步学习以及未来发展所必需的数学的基础知识、基本技能、基本思想、基本活动经验（简称"四基"），提高从数学角度发现和提出问题的能力、分析和解决问题的能力（简称"四能"）。提高学习数学的兴趣，增强学好数学的自信心，养成良好的数学学习的习惯，树立敢于质疑、善于思考、严谨求实、一丝不苟的科学精神，认识数学的科学价值、应用价值和人文价值。逐步学会用数学的眼光观察世界，发展数学抽象、直观想象素养；学会用数学的思维分析世界，发展逻辑推理、数学运算素养；学会用数学的语言表达世界，发展数学建模、数据分析素养。增强创新意识和数学应用能力，等等。这些教学目标是数学教学的总的目标，并不是每一节课都必须达成的目标，而必须分散体现在每个课时教学目标中，在每一节数学课中选择针对性的核心素养目标加以落实。从而让每一节课的教学目标体现总目标的精神，体现培育"数学核心素养"的总要求。要实现这样的目标，必须通过设计教学活动，引导学生经历知识的发生发展过程、解决问题的探究过程，让学生在这一过程中感受、体会发现问题、研究问题、解决问题的思想方法，学生的能力才能够提高，数学素养才能够培育。

1. 制定教学目标的要求

教学目标是上好一堂课的前提，是保证课堂教学质量与效益的基础，因为教学目标指出了教学实施的方向，明确了一节课的教学内容、重点难点、学习层次水平，影响着教学策略的选择以及教学的深广度等，它是教学活动的灵魂，并制约着教学活动的全过程。《普通高中数学课程标准（2017 年版）》指出："教学目标的制定要突出数学学科核心素养，要充分关注数学学科核心素养的达成；要结合特定教学任务，思考相应数学学科核心素养在教学中的孕育点、生长点等。"即针对每一个具体的数学知识点，能够揭示出其中蕴含的数学核心素养，并且通过设计教学活动,让学生在活动中提高能力、提升素养。数学教学改革,不管怎么改,不管如何创新,都应该有明确的目标和方向,这个目标和方向就是不断提高学生的数学核心素养、提高教学的质量,促进学生主动发展、全面发展。因此,教学目标设计必须关注如下几个方面:教学的思维起点在哪里?教学的最终达成目标是什么?针对这一内容,在教学过程中重点关注哪些数学核心素养的养成?从起点到终点的差距是什么?使学生从起点到终点,需要教什么?教学目标是否适切合理直接关系着教学的成败,影响着教学内容、教学方法、教学手段、教学评价及教学效果等各方面。制定教学目标不仅需要关注每一节课的教学目标,更要关注主题、单元的教学目标,明晰这些目标对实现数学学科核心素养发展的贡献。

2. 教学目标与"三维目标"的区别

2001年新课程改革提出"三维目标",使得"三维目标"成为近20年教师撰写教学设计的核心思路。它将一堂课中老师应当教给学生的知识、培养学生的能力等明确地划分成三个版块,并且强调一堂优质的教学课应当兼顾这三个部分的内容。这是教学理论对老师们的最核心的"期待",可以理解。"让学生在过程中掌握方法,获取知识,形成能力,培养情感态度价值观",这与数学核心素养对学生培育的要求并不矛盾,甚至也可以说"三维目标"从过程与方法论上提出了一堂课的教学目标应该是怎样的值得肯定,而数学核心素养则充实具体内容。

比如,撰写《函数的奇偶性》教学设计,我们利用表格说明基于核心素养的教学目标与"三维目标"的区别。

表 2-1

函数的奇偶性	基于"三维目标"	基于核心素养
教学目标	(一)知识与技能目标 (1)理解函数奇偶性的概念及其几何意义; (2)能利用函数图像的对称性判断函数的奇偶性。 (二)过程与方法目标 (1)通过函数奇偶性概念的形成过程,培养观察、归纳、抽象的能力,感受数形结合的思想方法; (2)由函数奇偶性的探究过程,感悟由形象到具体,再从具体到一般的研究方法。 (三)情感态度与价值观目标 (1)体会数学中的对称美,提高数学学习的兴趣; (2)通过逐步的学习与探究,体会数学研究的严谨态度与钻研精神。	(1)理解函数奇偶性的概念及其几何意义,能用函数图像的对称性判断函数的奇偶性,培养数学抽象及直观想象能力; (2)掌握函数奇偶性判别方法,能够用数学的语言证明函数的奇偶性,培养逻辑推理能力; (3)通过探究函数图像与判别方法之间的关系,锻炼观察、归纳、抽象的能力,感受数形结合的思想; (4)通过从特殊到一般的数学探究过程,体会数学研究的一般方法,感受其中严谨的态度与钻研精神。

函数的奇偶性	基于"三维目标"	基于核心素养
区 别	分类方式在本质上是充分而合理的,但是也不难看出其中冗杂的地方。比如,过程与方法目标维度下的第二点,和情感、态度、价值观维度下的第二点,其学习的过程是同步的。	强调学习过程给学生在数学研究的一般方法上带来的体验及其价值意义。每一个条目不仅可测有据,也避免了因为多个维度的学习过程重合而使语句产生不必要的分离。

3. 制定教学目标必须关注的要素

(1) 课程标准的要求

国家课程标准是课程改革的纲领性文件,体现国家意志,它具有法定性、核心性、指导性的地位和作用,也是新课程实施过程中教师教和学生学的直接依据。可以说,教师对课程标准的领悟程度如何,将直接决定着新课程课堂教学的质量和学生学的效果。如果说"课程是教育的心脏",那么"课程标准就是课程的核心"。而教学目标作为课程标准的具体化体现,不管教学如何设计,都必须紧紧围绕着课程标准所规定的基本要求,都不能脱离这个中心。这就是通常所讲的"基于课程标准的教学"。

"基于课程标准的教学"主要体现在如下几个方面:首先,教学理念必须体现课程标准的要求,同一个教学内容依据不同的教学理念,会有不同的教学设计、不同的教学效果,是以学生的发展为本,还是以单纯的传授数学知识为本,达到的教学目标是不一样的。其次,课程标准明确了每个知识点的学习要求,如在新课程标准中明确了各知识点的水平分级("水平一"、"水平二"、"水平三")评价要求,这是教学时目标达成的依据。再次,教学策略的选择体现新课程的理念,强调自主、合作、探究等多种教学方法的整合。最后,教学评价不仅关注结果,更要关注过程,变一元评价为多元评价,提高评价的科学性和有效性。

(2) 教材内容的分析

对教材的使用,倡导"用教材教"而不是"教教材",教师不要成为知识的搬运工,而要成为课程的构建者。教材内容本身是按照知识体系编排,除了知识点外,也考虑了过程与方法、情感等因素,但不全面、不完整,需要教师将教材的"学术形态"转化为"教育形态",去仔细体味,充分挖掘、深入分析,对教材内容进行加工处理,确定教学的重难点,只有这样,才能更好地理解和把握教材,进而提出恰当、准确的教学目标,发挥好教材应有的作用。

(3) 学生学情的分析

了解学生的学习情况,明确学生的思维起点,这是制定教学目标的重要方面。主要从三个方面入手:一是要充分考虑学生在知识技能方面的准备情况和思维特点,掌握学生的认知水平,以便确定教学目标;二是要充分考虑学生在情感态度方面的适应性,了解学生的生活经验,从促进学生全面发展的需求出发,去审视、制定教学目标;三是要充分考虑学生的学习差异、个性特点和达标差距,以便按照课程标准确定教学目标要求及出发点,为不同状态和水平的学生提供适合他们最佳发展的教学条件。这就要求教师要经常主动与学生沟通交流,认真听取他们对教学工作的意见和建议,从心灵上读懂学生、贴近学生,以使教学目标制定得更具针对性和实效性。

综上所述,制定教学目标要抓住"两个基于":基于课程标准的要求,基于学生的认知水平,从而制定合理、适切的、切实可行的教学目标。

2.3.2 教学策略的选择

在《辞海》中,"策略"一词指的是"计谋策略",而在较为普遍性的意义上,策略涉及的是为达到某一目的而采用的手段和方法。国内外学者对教学策略有很多界定,这些界定既呈现出一些共性,又表现出一些明显的分歧,有如下三种观点。

"教学策略是指教师在课堂上为达到课程目标而采取的一套特定的方式或方法。教学策略要根据教学情境的要求和学生的需要随时发生变化。无论在国内还是在国外的教学理论与教学实践中,绝大多数教学策略都涉及到如何提炼或转化课程内容的问题。"(施良方,1996)

"所谓教学策略,是在教学目标确定以后,根据已定的教学任务和学生的特征,有针对性地选择与组合相关的教学内容、教学组织形式、教学方法和技术,形成的具有效率意义的特定教学方案。教学策略具有综合性、可操作性和灵活性等基本特征。"(袁振国,1998)

"教学策略是为了达成教学目的,完成教学任务,而在对教学活动清晰认识的基础上对教学活动进行调节和控制的一系列执行过程。"(和学新,2000)

尽管对教学策略的内涵存在不同的认识,但在通常意义上,我们将教学策略理解为:教学策略是指在不同的教学条件下,为达到不同的教学结果所采用的手段和谋略,它具体体现在教与学的交互活动中。

目标是教学整个过程的出发点。教学策略的选择行为不是主观随意的,而是指向一定的目标的。教学目标解决"到哪里去"的问题,教学策略解决"怎么去"的问题,而教学评价是解决"怎么知道是否到达目的地"的问题。因此,教学中必须根据教学内容,确定适切的教学目标,然后根据教学目标的不同,选择不同的教学策略和教学方法。基于核心素养的培养,首先需要明确在每一节课中,根据所学内容,除了具体的"知识与技能"目标外,还需要通过知识的学习,让学生经历知识发生发展的过程,体验知识的成长性,这就需要教师设计相应的学生活动,在活动中加深对知识的理解,经历知识的成长过程,在活动中积累数学活动经验,在活动中感悟数学思想方法,在活动中提高数学能力、提升数学素养。这样,选择现实问题、创设实际情境、设计教学活动、开展合作交流,这将成为基于"数学核心素养"开展课堂教学的主要教学策略。

当然,任何教学策略都指向特定的问题情境、特定的教学内容、特定的教学目标,特定的教学群体,影响着师生的教学行为。放之四海皆准的教学策略是不存在的。

例如小组合作学习的教学策略,优越性是显然的:能激励学生发挥出自己的最高水平;能促进学生间在学习上互相帮助、共同提高;能增进同学间的情感沟通,改善人际关系;由于强调小组中的每个成员都积极地参与到学习活动中来,学习任务由大家共同分担,问题就变得比较容易解决。但是小组合作学习需要研究的问题还很多,如小组的构成是"同质分组"还是"异质分组"? 小组合作学习的教学方式有何不同? 等等,又如各小组在学习过程中不可避免地会出现竞争,这种竞争有时会产生较大的摩擦,也会直接影响各组的工作效率,甚至伤害成员相互间的感情等问题。

那么要保证小组合作的有效性,通常可以关注如下几个方面:一是小组合作学习的任务应有一定的难度,问题应有一定的挑战性,有利于激发学生主动性与小组学习活动的激情以及发挥学习共同体的创造性。二是处理好集体教学、小组合作学习的时间分配。一般情况下,一节课中有一定难度任务的小组合作学习不超过 3 次,做到开放空间与开放时间相辅相成。每小组研讨的民主性集中表现在充分尊重与众不同的思路和独到见解,吸纳与众不同的观点。三是适时引进竞争机制及激励性评价,使小组间通过竞争共同得到提高的同时,个人及小组群体分享成功的快乐。小组研讨的超越性,则集中表现在作为学习的共同体展现出的创造性。四是培养个体交往意识及交往技能。由于存在个体差异,不可能做到成员个体间的绝对均衡。因此要培养小组成员的个体交往意识及交往技能。

只有在具体的条件下、在特定的范畴中,教学策略才能发挥出它的价值。当完成了既定的任务,解决了想解决的问题,一个策略就达到了应用的目的,与其相应的手段、技巧不再继续有效,而必须探索新的策略。

2.3.3 教学过程的设计

教学设计是上课的准备阶段,是课堂教学"剧本"的创作阶段,是一个创造的过程。课堂的精彩往往来自教师课前精心的备课,这是一个将数学知识的"学术形态"转化为数学知识的"教育形态"的过程。那么,在备课时如何设计教学活动、引导学生经历过程、在过程中落实数学核心素养的培育? 可从如下几个方面入手。

1. 钻研教材,明确知识"生长"过程,确定具体核心素养的落脚点

备课时面对教材,作为教师我们应该做什么? 教材中的知识往往是按照知识结构有序排列,由于篇幅的原因,不可能将知识的发生、发展过程全部写在教材上,因此教师在备课时必须将自己的思维降到"原发状态",思考这一概念原理是怎么产生的? 与学生以往的知识有何联系? 这一概念原理是怎样逐步完善的? 学习它有什么作用? 等等,面对教材中的某一知识教师头脑中要像放电影一样明确知识的来龙去脉,经历知识的从无到有、由小到大、由粗糙到精致的"生长"过程,而在这一不断发展的过程中知识的成长是以什么为动力? 体现了怎样的思想方法? 教师只有清晰地理解了这些问题,才能够开始备课,才能设计自己的教学过程。

例如,高中数学"函数的奇偶性"的内容教材中分三个部分,一是给出奇函数、偶函数的定义,二是给出奇偶函数的性质,三是奇偶函数的简单应用。面对这部分内容教师备课时思考的应是这样的问题:为什么要研究奇偶函数? (对称美)怎样让学生感受? (日常生活—函数图像)如何用数量关系描述图形的对称性? 如何得出准确的定义? 如何探究奇偶函数的性质? 如何利用性质解决不同层次的问题? 等等,从而在教师头脑中形成思维链:观察日常生活中的对称现象(产生对"对称"的感性认识)—观察数学图形(具有对称性的函数图像)—动手操作(折叠)实验—再观察思考—对称性的定性描述—尝试定量刻画—建立函数的奇偶性定义—性质的讨论—问题解决与应用—再探究与引申。在每一环节中重点关注相应的数学核心素养的培育,这时才能进入备课的下一步:如何巧妙设计让学生进入"过程"?

2. 创设情境,"诱惑"学生进入过程,在过程中参与学习活动

在对知识的发生、发展过程非常清楚的基础上,如何让学生走进这一过程? 这需要教师精心设计教学情境,激发学生的兴趣,"兴趣是最好的老师",学生对问题有了兴趣就会不知不觉、自然而然地进入学习的过程。"创设情境"重在"创设",目的是让学生进入"问题场",沉浸在这一背景、氛围中思考问题,如何才能够做到这一点? 这就要求情境必须是学生熟悉的、感兴趣的,且具有一定的挑战性的,不然,不能够激起学生思考探究的欲望。同时又要能触及知识的本质。

如高中数学"函数的奇偶性"教学中,因为奇偶函数的本质就是对称,为了让学生产生对"对称"的感性认识,教师可从日常生活中选择一些对称的图形,如"蝴蝶""树叶""杨浦大桥"等一些对称的动植物和建筑物,通过观察其共性特征,感受图形的"对称"之美,由此过渡到观察函数图像的对称性,使学生感受到数学之美。同时引导学生发现只要知道对称图形的一半就可画出整体图形,只要研究部分图形的性质就可知道整体图形的性质,激发学生研究对称图形的欲望,这样使得学生在不知不觉中进入研究过程。

3. 巧设问题,引领学生"走过"过程,在问题解决中提高素养

在教师的教学中,大多数问题都是预设的,即都是在备课的过程中根据自己对教材的理解、对学生的了解及自己的教学经验而设定的。事实上,教师备课的过程既是"剧本"的创作过程,又是"剧本"的实施过程,课堂就在教师的头脑中,因此巧妙地设计问题引导学生步步深入,在不断探究问题、解决问题的过程中,展开学生的思维活动,知识在不断地"生长",思维程度在不断加深,学生的知识结构在不断地构建并逐步完善,从而顺利地"走过"知识发生、发展的过程。

又如"函数的奇偶性"教学中,通过创设情境,学生进入了情境,再观察函数图像的对称性,产生了对函数图像对称性刻画描述的倾向,这时教师可以设计一系列问题,深化学生的思维:关于 y 轴对称的两点的坐标有何特征?如果一个函数的图像关于 y 轴对称,则其图像上点的坐标有何特征?反之,如果函数图像上的点具有这样的特征,那么它的图像的对称性如何?设计这组问题的目的在于引导学生探索图像特征与点的坐标之间的对应关系,在此基础上建立函数奇偶性的定义。

这一过程应设计为"独立思考、自主探索、师生互动"的学习过程。类似地,如果是定理、法则的教学,教师应设计恰当的问题让学生经历定理的发现、发明的过程,利用定理解决问题的过程。如果是习题教学,则应引导学生自我探究解题思路、自我完成解题过程、自我总结解题策略,在教师的引导下"走过"解决问题的全过程。通过这样的学习过程,学生经历的是探索的过程,领悟的是数学学习的方法,得到的是自己探究的成果,体验的是成功的喜悦。因此,备课中设计的问题必须紧紧环绕知识的发生、发展过程这一主线,解决问题必须体现重要的数学方法,这样使学生在经历这一过程时能感受到数学的味道,从而提高数学素养。

4. 回首眺望,促使学生留念过程,在回顾中促进反思

在引导学生经历了知识的发生发展过程,包括数学概念的形成过程、数学原理的发明过程、解题思路的探究过程之后,教师的教学设计并不因此而停止或快速地转入下一阶段,这时应引导学生回首眺望走过的心路历程,回味知识的生长过程,总结提炼蕴含在发现问题—研究问题—解决问题过程中的思想方法的过程,通过学生的自我回顾、自我总结、自我反思,达到自我提升的目的。这也是教师备课中的重要环节,教师在具体设计时可以让学生对本节课的学习进行总结,使学生逐步学会品味经历的过程,留念"知识生命体"与"学生生命体"一起搏动、一起成长的过程,感受到学习的快乐。

应该说教学设计的过程非常艰苦,又非常精彩。艰苦在如何设计有效的情境、设计精妙的问题、开展有效的教学活动,让学生新奇而又沉着地走过这一过程。精彩在教师、学生、课程三个"生命体"的互动,头脑中教师与学生、学生与学生的对话。事实上,备课时教师已经开始了教学过程,已经在与学生共同走过精彩的 40 分钟。

2.3.4 教学评价的规划

教学评价即判断"是否到达目的地",因此教学评价的实现要以教学目标的达成为依据,在教学之后,学习者在认知、情感和动作技能及核心素养的培育等方面是否产生了如教学目标所期待的变化,离开了明确具体的教学目标就无法进行教学评价。

评价不仅要关注学生数学知识技能的掌握,还要关注学生的学习态度、方法和习惯,更要关注学生数学学科核心素养水平的达成。教师要基于对学生的评价,反思教学过程,总结经验、发现问题,提出改进思路。因此,数学教学活动的评价目标,既包括对学生学习的评价,也包括对教师教学的评价。

对数学课堂教学评价问题,《普通高中数学课程标准(2017 年版)》中明确指出了评价内容包括"情境设计是否体现数学学科核心素养,数学问题的产生是否自然,解决问题的方法是否为通性通法,情境与问题是否有助于学生数学学科核心素养的达成"。评价应该强调围绕数学核心概念、突出数学的通性通法、关注数学的本源性问题(数学的生长点)和有意义的问题(蕴含数学概念或者思想方法)。重点需要关注如下几个方面。

1. 重视学生数学学科核心素养的达成

教学评价要以数学学科核心素养的达成作为评价的基本要素。基于数学学科核心素养的教学要创设合适的教学情境、提出合适的数学问题。在设计教学评价工具时,应着重对设计的教学情境、提出的问题进行评价。评价内容包括:情境设计是否体现数学学科核心素养,数学问题的产生是否自然,解决问题的方法是否为通性通法,情境与问题是否有助于学生数学学科核心素养的达成。基于数学学科核心素养的教学评价具有挑战性,可以采取教研组集体研讨的方式设计评价工具和评价准则。

2. 重视评价的整体性与阶段性

基于学业质量标准和内容要求制定高中数学必修、选择性必修和选修课程的评价目标,关注评价的整体性。既要关注数学知识技能的达成,也要关注相关的数学学科核心素养的提升,还应依据必修、选择性必修和选修课程内容的主线和主题,整体把握学业质量与数学学科核心素养水平。

3. 重视学习过程的评价

根据数学教学中提高数学核心素养的要求,教学评价不仅要评价教学的结果,更要重视对数学学习过程的评价,关注学生在学习过程中的发展和变化,对包括学生的知识掌握、数学理解、学习自信、独立思考等在数学活动中的表现进行评价。对基于数学核心素养的教学评价要改变以往过分重视总结性评价的教学评价方法,强调形成性评价、面向学习过程的评价,对学生在学习过程中的态度、兴趣、参与程度、任务完成情况以及学习过程中所形成的经验等进行评估。

数学教学是数学活动的教学,数学核心素养的培育依赖于教学过程,是在特定的情境化的、综合性的数学活动中形成与发展的,学生在过程中参与数学活动才能提高数学能力、提升数学素养。因此"过程性教学"显得尤为重要,也成为教学评价的关键。

过程性教学目标通常以"经历""体验""探索"为标志。这些刻画数学活动水平的过程性目标动词的使用,规定了数学活动的内容、指向、目的和水平。既然过程性目标的实现是"让学生经历……数学活动过程",那就必然要求教师根据课程内容,通过设计和组织特定的数学活动来实现。

经历性数学活动的内涵是:活动内容以学生已有的生活经验为基础,让学生亲身经历将实际问题抽象为数学模型的过程。经历性活动是基础性数学活动。"经历……过程"是过程性目标的最基础性目标,是实现体验性目标和探索性目标的必经途径。

体验性数学活动的内涵是:它包含了经历性活动内容与过程,通过经历性活动,知道数学模型的产生过程,而且要进一步地对数学模型进行解释和应用。"体验……过程"的目的是深刻认识数学模型的特征,获得一些经验,这些经验具有理性认识的特征和亲身实践所获得的结果。

探索性数学活动的内涵是:活动内容与数学学科发展过程有吻合之处,具有"做数学"的特征。探索活动的目的是让学生通过观察、实验、推理等活动发现对象的某些特征或与其他对象的区别与联系。这一目标指向要高出经历与体验性活动水平,是实现过程性目标的最高级数学活动。

数学的发展过程,大致可分为三个阶段:数学发现过程—数学完善过程—数学应用过程。针对每个过程,我们都应精心设计与其水平相应的经历、体验和探索活动。实践表明,只有设计出具有丰富而准确内涵的特定数学活动,才能使我们的课堂教学在三种不同水平的数学活动的相互交融递进中,更好地达成课程标准中强调的过程性目标。

4. 关注学生的学习态度

良好的学习态度是学生形成和发展数学学科核心素养的必要条件,也是最终形成科学精神的必要条件。在评价中应把学生的学习态度作为教学评价的重要目标,包括主动学习、认真思考、善于交流、集中精力、坚毅执着、严谨求实等方面。

良好学习态度的形成,需要对学生提出合适的要求,更需要教师的引导与鼓励、同学的帮助与支持,还需要良好学习氛围的激励与熏陶,需要数学教师与班主任以及其他学科教师的协同努力。

总之,评价的目的在于有利于增强学生学习数学的自信心,提高学生学习数学的兴趣,使学生养成良好的学习习惯,促进学生数学核心素养的发展。

2.4 基于数学核心素养的教学设计范式

经过理论学习与课例研究,我们进一步明确了"三维目标"与"核心素养"之间的关系,获得了基于数学核心素养的教学设计等研究成果,建立了基于核心素养的课堂教学设计范式(如图2-3)。

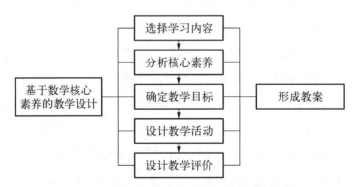

图 2 - 3 基于核心素养的课堂教学设计模型

选择学习内容。根据课标和教材的内容安排,确定教学设计的内容,可以是单元学习内容,也可以是课时学习内容。单元学习内容可以依据课程标准,围绕学科某一核心内容加以组织。如"函数"主题,体现了学科知识发生、学科思想与方法等内容。课时学习内容则是在各单元下按照课时编排设计的教学内容。

分析核心素养。根据以上分析,对所确定的教学内容,从课程本身的价值以及立德树人的视角,挖掘其在知识的发生发展过程中所体现的数学核心素养。

确定教学目标。将知识与技能、过程与方法、情感态度与价值观这"三维目标"进行统整,明确本学习内容的教学目标,以及通过这些内容的学习所指向的数学核心素养的培养路径。

设计教学活动。明确了教学目标,必须通过设计教学环节、制定教学流程,在每个环节中,安排教学活动,让学生在活动中提高能力,在活动中提高素养,因此,重点关注活动的适切性与学生的参与性。

设计教学评价。关注学生学习的过程性评价和学习结果的评价。在学习过程中,设计相关观察指标,如学生的参与度、回答问题的层次、思维的深刻性等指标,对学生进行评价;通过设计课堂练习、课后作业等进行学习结果的终结性评价。

基于核心素养的数学课堂教学设计可以按照下面的数学课时教学设计模板(表2-2)。

表 2-2　数学课时教学设计模板

课　题	
课　型	

1. 教学内容分析(包括本课时内容在教材中的地位,核心内容对发展学生数学核心素养的功能价值分析):

2. 学情分析(学生与本课时学习相关的学习经验、知识储备、学科能力水平、学习兴趣的分析,学习发展需求、发展路径分析,学习本课时可能遇到的困难):

3. 学习目标(根据课程标准和学生实际,指向学科核心内容、思想方法、核心素养的发展,描述学生经历学习过程后达到的目标和应该能够完成的事情。可分条表述):

4. 教学重点和难点(描述本课时内容的核心知识以及学生不易理解的知识):

5. 学习评价设计(从知识获取、能力提升、学习态度、学习方法、思维发展、核心素养培育等方面设计持续性评价的内容、方式与工具等,通过评价持续促进课堂学习的深入,突出评价的诊断性、表现性、激励性功能。通过学生的行为表现判断学习目标的达成度):

6. 学习活动设计

教学环节	教　学　活　动
环节一	

活动设计意图(简要说明教学环节、学习情境、学习活动等的组织与实施意图,预设学生可能出现的问题,说明环节或活动对目标达成的意义和学生发展的意义。说出教与学活动的关联,关注课堂互动的层次与深度):

环节二	

活动设计意图(同上):

环节三	

活动设计意图(同上):

第3章

基于核心素养的数学概念课教学设计

第3章 基于核心素养的数学概念课教学设计

3.1 对数学概念教学的理性思考

3.1.1 对数学概念教学的认识

数学概念是反映现实世界的空间形式和数量关系的本质属性的思维形式,是数学知识的基础,是数学教材结构的最基本的要素,是数学思想与方法的载体。数学概念是人们通过实践,从数学研究的事物对象的许多属性中,抽象出其本质属性概括而成的。概念的形成,标志着人的认识从感性上升到理性。因此数学概念的教学一直受到广大教师的高度重视。

1. 在体验数学概念产生的过程中认识概念

波利亚指出"学习最好的途径是自己去发现"。因此在概念形成过程中,要引导学生通过对具体事物的感知,自主观察分析、抽象概括,自觉获取事物的本质属性和规律,从而形成新的概念。这使学生在获得概念的同时,还培养了抽象概括能力和创新精神,同时也使学生从被动地"听"发展成为主动地体验和获取数学概念,自主建构知识体系。这样才能充分体现以学生为本,尊重学生主体地位的教学理念,同时也促进学生学习方式的转变和优化。

每一个概念的产生都有丰富的知识背景,舍弃这些背景,直接抛给学生一连串的概念是传统教学模式中司空见惯的做法,这种做法常常使学生感到茫然,也丢掉了培养学生概括能力的极好机会。由于概念本身具有严密性、抽象性和规定性,传统教学中往往比较重视培养思维的逻辑性和精确性,在方式上以"告诉"为主,让学生"占有"新概念,置学生于被动地位,使其思维产生依赖性,这不利于创新型人才的培养。"学习最好的途径是自己去发现",学生如能在教师创设的情境中像数学家那样去"想数学","经历"一遍发现、创新的过程,那么在获得概念的同时还能培养他们的创造精神。由于概念教学在整个数学教学中起着举足轻重的作用,我们应重视在数学概念教学中培养学生的创造性思维。概念的引入是概念教学的第一步,也是形成概念的基础。概念引入时教师要鼓励学生猜想,即让学生依据已有的材料和知识作出符合一定经验与事实的推测性想象,让学生经历数学家发现新概念的最初阶段。牛顿曾说:"没有大胆的猜想,就做不出伟大的发现。"猜想作为数学想象表现形式的最高层次,属于创造性想象,是推动数学发展的强大动力。因此,在概念引入时培养学生敢于猜想的习惯,是形成数学直觉,发展数学思维,获得数学发现的基本素质,也是培养创造性思维的重要因素。

例如,立体几何中异面直线距离的概念教学,传统的方法是给出异面直线公垂线的概念,然后指出两垂足间的线段长就叫做两条异面直线的距离。教学时可以先让学生回顾一下过去学过的有关距离的概念,如两点之间的距离,点到直线的距离,两平行线之间的距离,引导学生思考这些距离有什么特点,发现共同的特点是最短与垂直。然后,启发学生思索在两条异面直线上是否也存在这样的两点,它们间的距离是最短的。如果存在,应当有什么特征。于是经过师生共同探索,得出需满足的条件是这两点的连线段和两条异面直线都垂直,其长是最短的,并通过实物模型演示确认这样的线段存在,在此基础上,自然地给出异面直线距离的概念。这样做,不仅使学生得到了概括能力的训练,还尝到了数学发现的滋味,认识到距离这个概念的本质属性。

2. 在落实数学核心素养培育的过程中理解概念

如何设计数学概念教学,如何在概念教学中有效地培养数学核心素养、提升学生的思维品质,是我们在教学中需要重点解决的问题。

例如"两条异面直线所成的角"一课,首先明确本节课需要落实哪些数学核心素养,需要设计怎样的教学活动。通过设计不同的教学环节,在概念教学的各个阶段上落实培养核心素养的目标,优化思维品质。

(1)展示概念背景,培养思维的主动性。思维的主动性,表现为学生对数学充满热情,以学习数学为乐趣,在获得知识时有一种惬意的满足感。如以正方体为例引导学生观察异面直线,揭示异面直线所成的角出现的背景,将数学家的思维活动暴露给学生,使学生沉浸于对新知识的期盼、探求的情境之中,积极的思维活动得以触发。

(2)创设求知情境,培养思维的敏捷性。思维的敏捷性表现在思考问题时,以敏锐的感知,迅速提取有效信息,进行"由此思彼"的联想,果断、简捷地解决问题。如提出如何刻画两异面直线的相对位置呢?角和距离?从而揭示课题。

(3)精确表述概念,培养思维的准确性。思维的准确性是指思维符合逻辑,判断准确,概念清晰。新概念的引进解决了导引中提出的问题。学生自己参与形成和表述概念的过程培养了抽象概括能力。如利用相交直线的夹角刻画异面直线的夹角。

（4）解剖新概念，培养思维的缜密性。思维的缜密性表现在抓住概念的本质特征，对概念的内涵与外延的关系全面深刻地理解，对数学知识结构的严密性和科学性能够充分认识。如两异面直线所成角的概念的建立，经历了由粗糙到精致、由不精确到精确的过程，在这个过程中渗透了把空间问题转化为平面问题这一化归的数学思想方法。

（5）运用新概念，培养思维的深刻性。思维的深刻性主要表现在理解能力强，能抓住概念、定理的核心及知识的内在联系，准确地掌握概念的内涵及使用的条件和范围。在用概念判别命题的真伪时，能抓住问题的实质；在用概念解题时，能抓住问题的关键。在巩固深化阶段，即在学生深刻理解数学概念之后，应立即引导学生运用所学概念解决"引入概念"时提出的问题（或其他问题），在运用中巩固概念。使学生认识到数学概念，既是进一步学习数学理论基础，又是进行再认识的工具。如此往复，使学生的学习过程成为"实践—认识—再实践—再认识"的过程，达到培养思维深刻性的目的。

（6）分析错解成因，培养思维的批判性。思维的批判性是指思维严谨而不疏漏，能准确地辨别和判断，善于觅错、纠错，以批判的眼光观察事物和审视思维的活动。对数学概念的理解要防止片面性，除了用典型的例子从正面加深对概念的理解、巩固概念之外，还应关注某些概念的定义中有些关键性的字眼不易被学生所理解，容易被忽视；某些概念的条件比较多，学生常顾此失彼，不易全面掌握；某些概念与它的邻近概念相似，不易区别；等等。我们还可以举反例，从反面来加深学生对概念的内涵与外延的理解，培养思维的批判性。

当然，针对概念的特点我们要采用灵活的教学方法。我们应当在对不同概念的教学、在采用不同的教学方法和模式上下工夫。概念教学主要是要完成概念的形成和概念的同化这两个环节。新知识的概念是学生初次接触或较难理解的，所以在教学时应先列举大量具体的例子，从学生实际经验的肯定例证中，归纳出这一类事物的特征，并与已有的概念加以区别和联系，形成对这一特性的一种陈述性的定义，这就是形成一种概念的过程。在这一过程中同时要做到与学生认知结构中原有概念相互联系、作用，从而领会新概念的本质属性，获得新概念，这就是概念的同化。在进行数学概念教学时，最能有效促进学生思维能力的主要是对实例的归纳及辨析。对实例的归纳和辨析促使对新问题的特性形成陈述性的理解，继而与原有的知识结构相互联系完成概念教学。

3.1.2 数学概念教学的现状

一直以来，广大教师在教学中都非常强调数学概念教学的重要性和基础性，但距离期望的目标还有很大距离。教师对于数学概念的教学重视不够，导致学生对概念的掌握不理想，很难理解概念的本质，对于相邻或者相近的数学概念辨别不清，对于基本数学概念的本质不理解。

学生由于对数学概念把握不准确,引起思维混乱,而导致解题的失误。许多教师仍然存在着"重解题技巧、轻数学概念的教学"的倾向,有的教师还是刻意追求概念教学的最小化和习题教学的最大化,实际上这是典型的舍本逐末的错误做法,致使学生中出现两种错误的倾向,其一是认为概念的学习单调乏味,不重视,不求甚解,导致对概念认识的模糊;其二是对基本概念只是死记硬背,没有透彻理解,只有机械、零碎的认识,结果导致在没有正确理解数学概念的情况下匆忙解题,只会模仿老师解决某些典型的题和掌握某类特定的解法,一旦遇到新的背景、新的题目就束手无策,进一步导致教师和学生为了提高考试分数陷入无底的题海之中。追根究底,问题主要在于忽视了数学概念的形成过程,缺少这个过程,学生很难理解概念的本质。

目前数学概念教学往往缺少数学核心素养培育的意识,主要体现在以下三个方面。

一是教师替代了学生对概念本质属性的揭示,导致学生对概念形成过程缺乏参与体验,影响了学生对概念本质的清晰认识,失去了引导学生参与数学活动、培养数学素养的机会。有的教师直接把定义告诉学生,并让他们熟记;有的教师在概念的背景引入上着墨不够,没有给学生提供充分的概括本质特征的机会,以解题教学代替概念教学,认为让学生多做几道题更实惠。

二是教师仅从一个具体情境或事例中就试图揭示概念本质的方式使概念内涵显得单一狭窄,容易导致学生对概念内涵的形成出现偏差,影响学生对概念内涵的认识。有的教师不知如何教概念,概念教学走过场,常常采用"一个定义,几项注意"的方式;有的教师通过告诉学生尽可能多的正面的例子来帮助学生把握概念;有的教师更倾向于概念的应用。

三是教师替代了学生对概念表述的概括提炼和抽象表达,影响了学生对概念来龙去脉的结构性理解,影响了学生对概念内涵本质的理解、内化和掌握。更多的教师关注的是对数学概念功利性的运用,追求的是学生能用概念正确解题的结果。课堂时间有限,教师急于讲例题,根本顾不上讲透概念,只能寄希望于练习,企图以练代讲,这恐怕就是数学概念讲不透的主要原因。但大量的练习仅仅是执行(规则)的活动,而不是一种认识活动,通过练习学生并不能自动达到对数学概念的深刻理解。他们更多的只是停留在表面,一知半解,没有从根本上理解概念的内涵。因而在数学新课标实施的背景下,对中学数学概念教学进行反思,针对不足提出教学建议就显得尤为迫切和必要。

3.1.3　数学概念教学的常见方式

数学概念教学的本质是要使学生在头脑中形成概念表象,帮助学生在头脑中建构起良好的概念图式。认知心理学研究表明,人类获取概念的方式主要有两种,一种是概念的形成方式,另一种是概念的同化方式。

概念的形成是指从大量的具体例子出发,归纳概括出一类事物的共同本质属性的过程,经历"观察—归纳—概括—抽象"的过程,这是发现学习的过程。

概念的同化是指学习者利用原有认知结构中的概念来理解接纳新概念的过程,这是接受学习的过程。

例如"等比数列"的概念教学,可以用不同的方式进行教学。

方式一:利用概念的形成方式。由具体的等比数列引入,给出 4 个数列。

$1,2,4,8,16,\cdots$;

$1,-1,1,-1,1,\cdots$;

$1,1,1,1,1,\cdots$;

$-4,\ 2,\ -1,\ \dfrac{1}{2},\ -\dfrac{1}{4},\ \cdots$。

让学生研究:每个数列相连的两项之间有何关系?这 4 个数列有什么共同特点?由此引出等比数列的概念。

这种方法突出让学生自己观察、研究、归纳,从中揭示共同属性、发现规律(数列中的后面一项与前面一项的比为同一个非零常数),得出等比数列的概念,突出了以学生为主体的思想,训练和培养了学生的观察、归纳能力,不失为一种好的方法。

方式二:利用概念的同化方式。以等差数列引入,开门见山,明确告诉学生本节课我们将要学习等比数列,它与等差数列有着密切的联系。

让学生回忆:什么样的数列是等差数列?你能由此类比、猜想什么是等比数列吗?并让学生举出具体的例子,加以说明并给等比数列下一个定义。

这种方法以学生头脑中已有的"等差数列"概念为基础来理解"等比数列"这一名称,从而得出"等比数列"的概念,主要训练和培养学生的类比思维与合情推理能力,同时培养了学生分析问题和解决问题的能力。

在中学数学知识结构中,还有一类概念,例如"直线的倾斜角",它是在寻找表示直线的倾斜程度的角的过程中,为了便于表达而出现的概念,我们可以把此类概念称为"伴随式概念",它是伴随着数学问题解决而出现的概念,在教学过程中就会有不一样的处理方法。

总之,数学概念的教学必须根据学生的认知水平及原有知识的掌握情况,根据数学概念本身的特点选择适当的方法进行教学。课程标准倡导引导学生经历数学概念的形成过程,然而对中学生而言,他们头脑中已有的概念还很少,难以建立新旧概念之间的联系。而当所学概念与头脑中某一概念有联系,或者是已学概念的下位概念时,常用同化方式学习概念。不论是通过概念的形成方式还是通过概念的同化方式获取概念,其最终目的都是掌握同类事物的关键属性,在学生的头脑中建立起良好的认知结构图式。

章建跃博士在"中学数学核心概念、思想方法结构体系及教学设计的理论与实践"课题研究中提出,追求概念教学的本来面目,一定要重视概念教学,核心概念的教学更要"不惜时、不惜力",这是因为"数学概念高度凝结着数学家的思维,是数学地认识事物的思想精华,是数学家智慧的结晶,蕴含了最丰富的创新教育素材。数学是玩概念的,数学是用概念思维的,在概念学习中养成的思维方式、方法迁移能力也最强。所以数学概念教学的意义不仅在于使学生掌握'书本知识',更重要的是让他们从中体验数学家概括数学概念的心路历程,领悟数学家用数学的观点看待和认识世界的思想真谛,学会用概念思维,进而发展智力和培养能力"。概念教学要返璞归真,在概念的发生发展过程中揭示它的本来面目。要让学生参与概念本质特征的概括过程,这是概念教学中培养学生的创新精神和实践能力的必由之路。

数学概念是学习数学理论和构建数学框架的奠基石。对数学概念的理解与掌握既是正确思维的前提,也是提高数学核心素养的必要条件。在数学概念的学习过程中蕴含了数学的多种核心素养。首先,数学概念的形成是人们通过对客观事物的观察、比较、分析,从许多属性中抽象出其本源属性,通过思维加工抽象命名而形成。这一过程是培养学生数学抽象、直观想象、逻辑推理等核心素养很好的载体。而数学中的推理和证明其本质是由一连串的概念、判断和原理组成的,数学原理又是由一些数学概念构成的,因此概念的学习过程实质上是人的认识从感性认识上升到理性认识、从具体到抽象的过程。其次,理解和应用概念的过程包含了数学推理、数学建模等过程。因此数学概念的教学是培育数学核心素养很好的载体。

3.2　基于数学核心素养的概念课教学的具体要求

3.2.1　数学概念教学需重点落实的核心素养

《普通高中数学课程标准(2017 年版)》指出:"数学教学中应强调对基本概念和基本思想的理解和掌握,对一些核心的概念和基本思想要贯穿高中数学教学的始终,帮助学生逐步理解。由于数学高度抽象的特点,注意体现基本概念的来龙去脉。在教学中要引导学生经历具体实例抽象数学概念的过程,在初步运用中逐步理解概念的本质。"

数学概念的学习是数学学习的基础,在概念学习中,学生经历"材料感知—辨析比较—归纳概括—抽象命名"的概念形成过程,丰富对概念内涵的认识。教师不仅要引导学生在经历对事实材料辨析、比较、分析的过程,帮助学生学会透过事实材料的表面现象发现其本质特征,使学生逐步形成由表及里发现问题本质的数学眼光;而且还要引导学生经历归纳概括和抽象命名的过程,帮助学生逐步形成辨析比较、概括提炼的抽象,能提升准确、简洁和严谨的数学语言表达能力。在这一过程中,重点关注的是"数学抽象"、"直观想象"、"逻辑推理"及"数学建模"等核心素养,如图 3-1 所示。

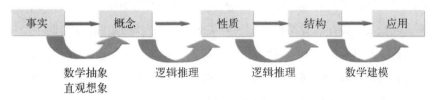

图 3-1 数学概念教学体现的核心素养

3.2.2 数学概念教学中落实核心素养的环节

数学课程标准中对数学概念的教学提出了具体的要求。对于数学概念的教学设计,应根据学生已有的数学知识经验和实际生活经历,设计学生熟悉的、感兴趣的问题情境或事例,充分展现概念形成的过程。通过问题讨论、事例分析,引导学生在具体感知的基础上进行抽象概括,要深入剖析概念的本质,阐明概念之间的相互关系和区别,注意新旧概念之间的联系和比较;要重视对概念的多角度理解,从而使学生逐步形成新的数学概念。

根据多年的教学实践,我们总结了数学概念过程教学"三环节",即概念的生成过程、概念的理解过程、概念的应用过程。

1. 环节一:概念的生成过程

即数学概念是从哪里来的?是怎么出现的?根据现行教材中数学概念的生成过程可以分成三种类型,在三种类型中可采取不同策略落实数学核心素养。

第一类,概念的形成过程。

(1)教学流程:教师首先提供大量典型、丰富的实例,让学生进行观察、分析、比较、综合等活动,揭示概念的本质。通过创设教学情境,提供一类具有共同属性的事物,引导学生经历观察、分析、研究,归纳出共同属性,这一过程是针对一些具体的事物,得出它们的共同属性后,经过辨析、验证确认为其本质属性,在此基础上抽象到一般情况,用数学语言加以描述概括,从而形成一个数学概念。流程是:

提供材料①观察、比较、分析②揭示共同属性③归纳、抽象④检验、表达⑤形成概念

(2)过程分析:在①的过程中,学生要对教师提供的相关材料进行观察,并与相邻的事物进行比较,并作出分析。这一过程需要的是学生的直观想象、逻辑推理等素养,如何观察、

比较、分析,这需要数学的眼光,而比较分析需要学生具备一定的推理能力,否则无法实现。在此基础上分辨出这些材料对象具有的共同属性,它们的表现形式可能不同,但需要我们透过现象看本质,从不同的表现形式的背后发现它们的共同的属性,而且是本质属性。因此在②的过程中,主要体现逻辑推理的能力。如函数的概念,不同的函数的表达形式几乎是不相同的,但两个变量之间都存在着某种特定的对应关系,这一特征是相同的,即一个 x 对应着唯一的 y 值,这就是其相同的本质属性。

但我们研究客观事物的目的在于揭示事物发展的一般规律,而不仅仅是研究几个具体的事物,这样没有太大的价值,因此我们要对具体事物的本质属性进一步抽象,过程③是一个由具体到抽象的过程,是由特殊到一般的过程,是从感性认识上升到理性认识的过程,实现了认识上的一次飞跃,这一过程重在对学生数学抽象和逻辑推理能力等素养的培养。过程④是对教师提供的材料加以检验,是否都具有这样的属性和特征,落脚点在逻辑推理能力的培养。在此基础上,用准确、严谨、简洁的数学语言给具有这种属性的一类事物下定义,从而产生了数学中的一个新的概念,这就是过程⑤,落脚点在逻辑推理和数学抽象能力的培养。

整个过程从具体到抽象、从生活场景到数学概念,对学生思维能力的培养大有益处。学生从中体验数学活动中分析、研究问题的方法,组织形式可以是小组合作学习,也可以是学生独立完成,形成某一概念的初步定义,在此基础上进一步完善概念。

例如,在引入偶函数这个概念时,教师通过创设情境,利用日常生活中一些具有轴对称性的建筑物、动物标本等,引导学生观察它们的共同特征——轴对称性,我们可以通过建立坐标系使它们成为关于 y 轴对称的图形。这一过程中学生经历了观察、比较、分析、建模,在此基础上让学生观察熟悉的函数 $f(x)=x^2$,$g(x)=|x|$ 的图像,学生很容易看出图像关于 y 对称。教师提出问题:你能用数量关系刻画图像的这种对称性吗?学生根据初中关于对称的认识,对自变量 x 对称取值,观察他们的函数值。于是,学生计算 $f(1)$,$f(-1)$,$f(2)$,$f(-2)$,$f(3)$,$f(-3)$,学生猜想,x 取互为相反数的两个值,它们的函数值相等。教师追问:是对所有的 x 都成立吗?于是,学生计算 $f(-x)$ 与 $f(x)$,发现相等。然后教师给出这类函数的名字为偶函数。这一过程,学生体验了研究问题的方法:从特殊到一般、从具体到抽象,并且能够用数学的语言描述这种现象,给出偶函数的定义。

抽象概括是概念形成的关键。概括就是在思想上把从某类个别事物中抽取出来的属性,推广到该类的一切事物中去,从而形成关于这类事物的普遍性规律。科学研究的目的就在于揭示事物背后的一般性规律,概念教学中把握好概括概念这一环节,有利于学生数学抽象能力的培养。概括概念就是让学生通过前面的分析、比较,把这类事物的共同特征描述出来,并推广到一般,即给概念下定义。前面偶函数的例子中,教师就可以让学生概括偶函数的定义。学生概括为：设函数 $y=f(x)$，若满足 $f(-x)=f(x)$，则这个函数叫偶函数。虽然不完善，但偶函数的本质已经出来了。教师接着给出问题：函数 $y=x^2$，$x \in (-1, 2]$ 是偶函数吗？设计意图是让学生关注偶函数的定义域的特征，进一步完善定义。这样进行概念教学不仅能促进学生理解概念，而且能够培养学生的思维能力。

（3）素养培育：根据以上分析可以看出，在概念的形成过程中，明确概念形成的各个环节，在不同的环节中重点关注不同的数学核心素养，如图 3－2。第一个环节，学生面对一些具体的对象，通过观察分析，揭示其共同属性，这一过程需要的是直观想象能力、逻辑推理能力和数学抽象能力，没有抽象就不能把结论一般化。但得到的结论是否为共同属性？需要一个一个加以验证，需要的是逻辑推理能力；在此基础上形成概念，对具有某种特征属性的对象给出名称，得到概念。这是一般化的过程，需要的是数学抽象能力，同时需要逻辑推理能力。因此在数学概念的形成过程中，重点关注"数学抽象""逻辑推理""直观想象""数学建模"等数学核心素养的养成。

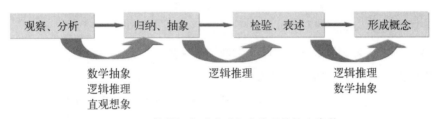

图 3－2　数学概念形成过程中体现的核心素养

第二类，概念的同化过程。

（1）教学流程：概念同化是一个由一般概念认识特殊概念，由总括概念认识从属概念的过程。一般的，当新概念是已有概念的下位概念时，可以考虑使用同化的方式进行概念教学。概念同化过程的流程是：

复习已有概念①给出新概念②分析新概念③理解新概念

（2）过程分析：过程①的作用是唤起记忆，将头脑中与要学习的新概念有关的上位概念"唤醒"，在此基础上加强条件，得出具有其他属性的一类事物，获得新的概念。这其中的关键在于建立已有概念与新概念之间的逻辑关系，如"平行四边形"概念与"菱形"概念、与"正方形"的概念，"菱形"是在"平行四边形"概念基础上添加"邻边相等"的条件得到的，而在"菱形"概念中添加"一角为直角"的条件就成为了"正方形"。新概念必须具有逻辑意义，因此这一过程重点关注"逻辑推理"即逻辑思维能力的培养，注重"演绎推理"。在此基础上，要对新概念的基本要素进行分析，与相邻概念进行分辨，分析概念中的关键词，分析概念的基本要素，明确其本质区别。如果涉及到空间图形问题，则"直观想象"非常重要，通过对直观图形的观察、条件的辨析、图形多种形式的变换,揭示其与上位概念之间的关联,引入新的概念。

（3）素养培育：第一环节通过复习旧概念得出新概念,往往是给出一组实物引导学生观察其特征,与头脑中已有概念对照,寻找"关系户"、探求"固着点",需要的是直观想象、逻辑推理和数学抽象的能力。第二环节对概念教学分析,分析要素、分析与旧概念的区别及关联,这需要逻辑推理能力和数学抽象能力。第三环节需要通过正例、反例对概念加以理解,需要逻辑推理及数学抽象的能力。由此可见,在概念的同化过程中,重点关注"逻辑推理"、"直观想象"及"数学抽象"等核心素养的培育,如图3-3所示。

图 3-3 概念同化过程中体现的核心素养

第三类,"伴随式概念"的形成过程。

（1）教学流程：数学概念的学习除了上面两种情形——概念的形成、概念的同化以外,还有一些概念是在问题解决的过程中为了便于表达而产生的,比如"直线的倾斜角"的概念,它是在研究如何表示直线的倾斜程度的过程中出现的一个概念。为了区分不同直线的倾斜度,经过分析需要引进一个角直观反映直线的倾斜程度,通过比较辨析,选定了用"x轴正方向与直线向上方向所成的角"作为反映直线倾斜程度的角,我们把这个角称为"直线的倾斜角"。为了保证定义的完备性,对平行于x轴的直线的倾斜角给出补充定义,从而形成了"直线倾斜角"的完整的概念。

（2）过程分析：此类概念的学习与前面所讲的"概念的形成过程"有着明显的区别,前者是通过观察、分析、比较,揭示一类事物共同的本质属性,再一般化、经过抽象成数学概念;而后者是为了解决问题,在解决问题的过程中,抓住问题的本质,需要更好地表达这一本质属性,从而引进了一个名称,这里的"经历过程"实质上是经历解决问题的探究过程,数学概念是伴随着解决问题而形成,因此我们把它称为"伴随式概念"。

（3）素养培育：回顾这一过程,因为概念的产生是伴随着问题解决而发生的,基于问题解决,需要重点关注的是"数学抽象""逻辑推理"及数学语言表达能力的培养。

2. 环节二：概念的理解过程

（1）过程分析：数学概念形成后的环节就是理解概念,师生共同分析概念的内涵和外延,学生经历揭示概念本质的过程,通过对一些问题的辨析,从正反两个方面对概念加以验证判断,有利于逻辑思维能力的培养,由此加深对概念的理解,理清与其他概念的联系与区别,体现的都是逻辑关系。

理解概念即理解概念的内涵和外延。理解概念,就是要理解包含在定义中的关键词语。例如偶函数的定义是:设函数 $y=f(x)$ 的定义域为 D,如果对 D 内的任意一个 x,都有 $-x\in D$ 且 $f(-x)=f(x)$,则这个函数叫偶函数。定义中的"任意"的含义,定义域的特征(关于原点对称),解析式的特点,都需要学生明白无误地理解。因此,教师在教学中可以通过举例说明,也可以让学生举例,从而发现问题。特别是举反例可以加深学生对概念的理解。从概念的形成(具体)到明确概念(抽象),再到举出实例(具体)形成一个完整的概念认知过程。

(2) 素养培育:在概念的理解环节,需要重点关注的是"逻辑推理"能力的培养。对概念的理解,需要紧扣概念的基本要素,从不同角度、以不同的形式对概念加以理解。

3. 环节三:概念的应用过程

(1) 过程分析:概念形成之后,面对一个现实问题,如何解决? 如何想到利用这个概念加以解决? 这需要数学建模的能力。学生经历利用概念解决问题的过程,体验利用概念解决问题的思想方法,探究利用概念解决问题的途径和策略。在掌握概念的过程中,为了加深理解概念,需要有一个应用概念的过程,即通过运用概念去认识同类事物,推进对概念本质的理解,这是一个应用与理解同步的过程。例如学习奇函数和偶函数的概念后,可以让学生判断下列函数的奇偶性:① $f(x)=x^2+1$;② $f(x)=x+x^3$;③ $f(x)=x^3-x+1$;④ $f(x)=|x|$,$x\in[-1,3]$;⑤ $f(x)=0$,$x\in\mathbf{R}$。①的目的是让学生理解判断函数奇偶性的两种方法:定义法和图像法,并规范表述解题格式。②是一个奇函数。③满足 $f(1)=f(-1)$,但是非奇非偶函数。④要注意具有奇偶性的函数的定义域关于原点对称。⑤是既奇又偶函数。这是学生能用概念判断面对的某一事物是否属于概念反映的具体对象,是在知觉水平上进行的应用。概念的应用也可以与其他原有概念结合,进行思维水平上的应用。

在数学概念的教学中,概念的引入充分体现教师的主导性;概念的生成充分体现学生的主体探究性;概念的应用充分体现教师与学生的双主体性;课堂小结应该让学生充分回味概念的发现发展过程。一个概念的学习,不仅仅是一节概念课就能完成的。对概念的理解与掌握是一个循序渐进的过程,需要在概念课的后继课程中不断地反复应用,不断地加深理解。例如在学习指数函数后,利用指数函数的性质比较大小:$1.7^{2.5}$ 和 1.7^3,学生能够做对,但是说不清楚为什么。学生知道利用的是指数函数的单调性,却把 $1.7^{2.5}$ 和 1.7^3 这两个数当成函数,说明学生对于函数概念、函数值、用函数观点看问题,都需要再次加深理解。因此,教师在这里就要再次指导学生理解函数等概念,指导学生从函数观点看这两个数,它们是函数 $y=1.7^x$ 的两个函数值。比较函数值的大小,可通过研究函数的单调性利用自变量的大小来解决。

每一个概念的学习,都不是一蹴而就的,概念课的后继课对原有概念的理解依然很重要。

（2）素养培育：概念的应用过程,需要重点关注"数学建模"能力的培养,面对一个现实问题,需要我们将其转化为与该概念相关的数学问题,然后利用数学知识解决问题。如何转化？转化成什么？这需要"数学建模"的能力,转化之后需要关注"逻辑推理""数学运算"等能力的培养。

3.3　高中数学概念课教学设计课例与评析

课例 1　**函数的概念**

课　题	函　数　的　概　念
课　型	数　学　概　念　课

1. 教学内容分析

　　函数是中学数学的核心概念,本节课是以函数为载体重点培养学生直观想象、数学抽象、逻辑推理、数学建模等核心素养。中学数学教材将函数概念的学习安排在初中和高中分开进行,学生在初中已经初识了函数的概念,但当时的学习是在具体函数的基础上,将重点放在了两个变量的"依赖关系"上；高中阶段再一次介绍函数的概念,则把重点从"依赖关系"向"对应关系、性质、结构"转变,用集合与对应的语言刻画函数。上海高一数学教材的起始两个章节"集合和命题"与"不等式"恰为学生深入学习函数做好了准备。

　　函数是高中数学的核心内容之一,函数的思想和方法也贯穿于整个高中数学的教与学。这节课中运用丰富的材料使学生能从具体的函数中抽象出建立在对应观点上的函数概念,并能用准确的数学语言进行刻画；从多角度来认识函数,并发现其本质都是对应关系；进一步用集合语言表示定义域、值域,进一步理解符号 f 的意义。这一节概念课将为接下来从直观到解析、从具体到抽象研究函数的性质做预备,也为培养学生的函数思想和方法打下基础。

2. 学情分析

　　学生在初中时已经初步学习了函数的概念及表示法,但与高中用"集合—对应"来定义函数不同,初中定义函数时侧重于两个变量的依赖关系,但其中描述性的语言损失了数学的严谨性,也限制了函数的应用,所以有进一步研究函数概念的必要。学生对函数概念的理解有四个特点：一是已熟悉具体的一次函数、反比例函数、二次函数、常值函数,生活中大量的函数现象也使学生对函数的概念不缺乏感性认识；但对抽象的函数概念较生疏,难以用自己的语言进行叙述、解释。二是已熟悉求函数定义域的原则,对于"自变量""因变量""定义域""值域"等数学术语和符号"$f(x)$"也不陌生；但没有用"集合—对应"的语言来表达,这些零碎的函数知识也未能抽象成整体的知识框架。三是虽然初中函数教学中用到"图像法"和"列表法"来表示函数,但由于种种原因,学生对函数的理解不全面,容易出现将"函数"等价于"函数解析式"的错误,而学生学习的难点也正是摆脱"解析法"的表象,发现函数关系的本质即"对应关系"。四是由于"确定的依赖关系"没有明确指出因变量被自变量"唯一确定",学生易将"函数"与"二元方程"混淆。这是开展本节课教学的知识基础。

3. 学习目标

（1）经历函数概念的形成过程，在初中函数概念的基础上，通过观察、辨析具体实例，逐步抽象出函数的概念，体验从具体到抽象的方法；并用准确的数学语言进行刻画，培养直观想象、数学抽象的能力。

（2）理解并掌握函数的三种表示方法：解析法、图像法与列表法，并揭示出三种方法背后的本质是"对应关系"，培养逻辑推理的能力。

（3）通过多个具体函数的例子，理解函数的三要素，掌握确定一个函数的方法。

4. 教学重点和难点

教学重点：

（1）准确理解函数概念中的"对应关系"，通过比较体会用"集合—对应"来定义函数概念的优点。

（2）理解并掌握函数的三种表示方法。

教学难点：

准确理解函数概念中的"对应关系"，通过比较体会用"集合—对应"来定义函数概念的优点。

5. 学习评价设计

在本节课中最要凸显的是由具体到抽象的概念形成过程，观察学生对具体函数的理解与解释。及时评价学生的表达并给予正确导向，教学中采用了"启发式"的方法，让学生"多角度"地体验，将重点与难点"有步骤"地突破，使概念"图式化"地呈现，最后达到让学生抽象概括函数概念的目的，通过评价促进学生对概念的深入理解。

6. 学习活动设计

教学环节	教学活动
环节一 概念的形成	**一、概念的形成过程** （一）函数概念的回顾 　　在我们身边充满了变化的量，我们该如何来描述它们呢？数学中我们用"变量"来描述可以取不同数值的量。那么又该如何来描述两个变量之间的关系呢？让我们来看一个具体的例子。 　　**实例 1：自由落体实验** 　　从 10 米的高处让一个小球自由落下，已知重力加速度为 $9.8\ \mathrm{m/s^2}$，若空气阻力忽略不计，试用恰当的方式表示小球在下落过程中经过的距离 y（米）与时间 x（秒）的关系。（答案：$y = 4.9x^2$） 　　我们再回顾初中学习的函数概念。 　　在某个变化过程中有两个变量 x 和 y，如果在变量 x 的允许取值范围内，变量 y 随着 x 的变化而变化，它们之间存在确定的依赖关系，那么变量 y 叫做变量 x 的函数，x 叫做自变量，y 叫做因变量。 　　初中的函数概念虽然形象生动，却存在一些"模糊"的表述，如"y 随着 x 的变化而变化""确定的依赖关系"等。今天，我们将再一次研究"函数"这一核心数学概念，用更高的观点来理解它，用更数学化的语言来刻画它。

　　活动设计意图：在教学内容的结构上，注重初高中函数概念的"辩证与统一"，概念理解兼顾"具体与抽象"，教学安排选择"主要与次要"。重点培养学生的直观想象、数学抽象能力。"辩证与统一"是指本节课伊始即通过回顾初中函数的概念，指出概念有进一步精细化的必要，让学生能带着目标进入这节"似曾相识"的概念课；当函数概念建立起来后，再次通过对照两个定义来揭示函数的本质即"对应关系"，使初高中知识得以衔接，并形成知识框架，能以更高的观点来引领后续的学习。

环节一 概念的形成	**（二）函数概念的深化** 　　**实例 1**：自由落体实验 　　解析式 $y = 4.9x^2$ 很好地表达了 y 与 x 的依赖关系：将自变量先平方，再乘以 4.9 得到函数值。如此，是否由"2"对应得到"19.6"呢？此题中，x 允许取值的范围是什么呢？ 　　x 允许取值的范围就是函数的定义域，我们用集合来表示，并简记为 D。当取遍定义域内的每一个值，通过"先平方，再乘以 4.9"的法则得到的函数值所组成的集合就是函数的值域。定义域和值域是同学们曾接触过的概念，今后我们须用集合（区间）来表示它们；"先平方，后乘以 4.9"的法则称为函数的对应法则，记为 f。 　　通过这个例子，帮助学生回顾了函数的概念。 　　**实例 2**：10 月手机流量走势图 　　小明每个月手机移动数据总流量为 50 MB，10 月份他的剩余流量 y（MB）与时间 x（天）之间的关系可以用以下图像来描述。这个图中的两个变量：时间 x 与手机流量余额 y 是函数关系吗？为什么？ 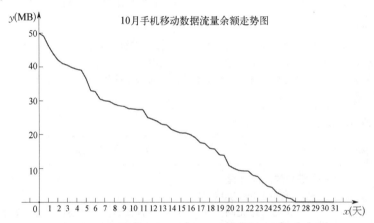 　　当 x 取一个确定的值时，通过横坐标可以找到图像上相应点的纵坐标。如此，函数的对应关系就被确定了。这里我们虽然难以写出函数解析式，但图像已经凸显了流量余额与时间的对应关系，不妨用字母"f"来代表此图中的对应法则，那么当我们取定义域内的一个确定的值 a 时，就得到唯一确定的函数值 $f(a)$。
	活动设计意图：从另外的视角分析理解原有的函数概念，规定了定义域、值域用集合表示，并重温了符号"f"，第一次提出"对应法则"的概念，为函数概念的深化做准备。重点关注数学抽象过程，将思维引导到函数共同的特征上，用恰当的方式抽象出函数的概念，并对概念的关键字词进行深入辨析。最后再回到具体的例题中，应用概念来做判断与辨析，使理解更深刻、准确。
环节二 概念的理解	**二、函数的概念** 　　在某个变化过程中有两个变量 x 和 y，如果对于 x 在某个实数集合 D 内的每一个确定的值，按照某个对应法则 f，y 都有唯一确定的实数值与它对应，那么 y 就是 x 的函数，记作 $y = f(x)$，$x \in D$。x 叫做自变量，y 叫做因变量，x 的取值范围 D 叫做函数的定义域，和 x 的值相对应的 y 的值叫做函数值，函数值的集合叫做函数的值域。（这个定义取自上海版教材，与其他版教材有较大区别，特此说明） 　　**问题 1**：利用"依赖关系"定义函数与利用"对应关系"定义函数有什么不同？ 　　**问题 2**：在对应法则 f 下，x 与 y 的对应一共有哪几种情况？其中哪些可以是函数关系？

活动设计意图：在环节一引导的基础上形成"新"的函数概念，这是在理解函数概念内涵的基础上，给出的函数定义。这一过程重在关注学生的数学表达能力以及引导学生体会数学定义的简洁性和缜密性，指向学生的数学抽象、逻辑思维素养的培育。通过两个问题的思考使学生从逻辑上理解函数概念的内涵。

环节三 概念的应用	**三、函数概念的应用过程** 　　**例1**：请指出下列图中哪一个不是函数的图像。 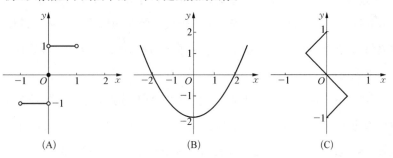 　　**例2**：若 $y^2 = x$，请判断 y 是否是 x 的函数。如果不是，请说明理由；如果是，请指出这个函数的定义域和值域。 　　**例3**：下列各组所表示的函数是否相同？请判断并说明理由。 　　(1) $f(x) = \|x\|$，$g(x) = (\sqrt{x})^2$； 　　(2) $f(x) = x$，$g(x) = \sqrt{x^2}$； 　　(3) $f(x) = 2^x$，$x \in \{0, 1, 2, 3\}$，$g(t) = \dfrac{t^3}{6} + \dfrac{5t}{6} + 1$，$t \in \{0, 1, 2, 3\}$。

活动设计意图：本环节教学的重点放在函数概念的理解上，突出主线，让学生能真正形成"集合—对应"的函数概念；作为对函数概念的应用，通过三个例题，分为三个层次，紧扣函数的关键要素，分别从图像特征、对应法则、相同函数等方面，加深对函数概念的理解。重点关注逻辑推理素养的培养。

环节四 课堂小结	(1) 回顾函数概念的形成过程，理解函数的"对应说"与函数"依赖说"的关系。 (2) 体会数学抽象、逻辑推理的过程，提高数学素养。

活动设计意图：通过回顾函数概念的形成过程，使学生从整体上理解函数的定义，纳入到知识结构之中，促进思维链的形成，重点培养学生数学抽象和逻辑思维能力。

课例评析

　　本节课的函数教学是建立在初中"函数"学习的基础上的，是初中学习的延伸。教学过程始终围绕"数学抽象""直观想象""逻辑推理"等数学核心素养展开。本节课教学目标适切，整节课围绕函数概念的进一步学习，设计了三个教学环节："概念的形成""概念的理解""概念的应用"。

在"概念的形成"环节,通过一个实际应用问题的分析,发展学生的直观想象能力,说明原有概念的局限性,使学生产生进一步完善函数概念的愿望、感受到进一步研究函数的必要性,增强了学生学习的动力。这一环节通过创设情境,使学生带着目标进入学习状态,在分析问题的过程中完善了原有的函数概念。

在"概念的理解"环节,通过三个实际事例引导学生观察分析,从不同的角度让学生感受"唯一确定"的含义,不仅让学生感受到数学来源于生活,而且激发了学习的兴趣,使直观想象的素养得以落实;同时让学生经历了一个数学概念的形成与完善的过程,逐步由具体感受到抽象归纳,在此过程中培养学生的数学抽象、逻辑推理等素养,最终使"集合—对应"的函数概念水到渠成。

在"概念的应用"环节,设计了三个例题,例题1是从图像中判断是否为函数关系,既是对函数概念的应用,又很好地体现了"数形结合"的思想。例题2对照函数的定义帮助学生进一步理解"唯一确定"的含义,通过反例加深对函数概念的理解。例题3从函数的三要素的角度分析函数相同的条件,通过分析函数的定义域与对应法则是否相同判断函数是否为相同函数,让学生理解相同函数的含义和条件。三个例题的设计很好地体现了概念应用的层次性,有利于学生从不同的角度理解函数概念,对培养学生的逻辑思维能力发挥了一定的作用。

在这节课的教学中,教师让学生经历了数学概念的形成过程,原有概念在新的背景下得以发展和完善,教学中通过复习原有概念,从"集合—对应"的角度重新给出函数的定义,并通过具体问题加深对函数概念的理解,学生的思维在问题解决的过程中得以升华。本节课实现了函数概念从"依赖说"向"对应说"的转变,教学过程充分体现了学生的主体性,为进一步研究函数的性质打下了坚实的基础。

课例 2 函数单调性(一)

课　题	函数单调性(一)
课　型	数　学　概　念　课

1. 教学内容分析
　　函数的单调性是学生在理解了函数概念以及学习了函数的奇偶性之后的函数的又一个重要性质。单调性可以帮助学生揭示函数值增大或变小变化特征的精确含义,为我们利用数量关系研究刻画函数图像的特征提供示范;同时函数单调性的应用非常广泛,可以证明不等式、求函数的最值等,为我们之后研究其他函数提供了具体可行的方法和途径。函数单调性的学习对发展学生直观想象、数学抽象、逻辑推理、数学运算等素养很有帮助。

2. 学情分析

　　学生的学习起点是对函数的概念已经有了比较清晰的认识,在此基础上研究函数的一般性质。具有研究函数奇偶性的经历,对研究函数的性质的方法有一定的了解。

　　对于函数单调性,学生的认知困难主要在两个方面:(1)要求用准确的数学符号语言去刻画图像的上升与下降,这种由形到数的翻译、从直观到抽象的转变对高一的学生是比较困难的;(2)单调性的证明是函数内容中的代数论证内容,而学生在代数方面的推理论证能力是比较薄弱的。根据以上的分析和教学的要求,确定了本节课的重点和难点。

3. 学习目标

　　(1)经历函数单调性概念的形成过程,体会数形结合思想,培养观察、归纳、抽象的能力和语言表达能力,发展直观想象、数学抽象素养。

　　(2)理解函数单调性概念的本质,初步掌握利用函数图像和单调性定义判断、证明函数单调性的方法,提高学生的推理论证能力,发展数学运算、逻辑推理的素养。

　　(3)通过知识的探究过程培养细心观察、认真分析、严谨论证的良好思维习惯,经历从具体到抽象、从特殊到一般、从感性到理性的抽象过程。

4. 教学重点和难点

　　教学重点:函数单调性概念的理解。

　　教学难点:归纳抽象函数单调性的概念以及根据定义证明函数的单调性。

5. 学习评价设计

　　(1)通过观察、提问等方式反馈学生的学习兴趣、学习品质及对函数单调性概念的理解程度,在单调性概念的形成过程中对学生直观感知能力、数学抽象能力进行评价。

　　(2)通过课堂练习发现学生学习过程中存在的问题,并及时调整教学策略。

6. 学习活动设计

教学环节	教学活动
环节一 概念的形成	**一、创设情境,引出问题** 　　由于某种原因,2008 年北京奥运会开幕式时间由原定的 7 月 25 日推迟到 8 月 8 日,通过查阅历史资料研究北京奥运会开幕式当天气温变化情况。 　　开幕式推迟主要是天气的原因,北京的天气到 8 月中旬,平均气温、平均降雨量和平均降雨天数等均开始下降,比较适宜大型国际体育赛事。 　　下图是北京市今年 8 月 8 日一天 24 小时内气温随时间变化的曲线图。 　　引导学生识图,捕捉信息,启发学生思考。

环节一 概念的形成	问题：观察图形，能得到什么信息？ 包括：(1) 当天的最高温度、最低温度以及何时达到。 (2) 在某时刻的温度。 (3) 某些时段温度升高，某些时段温度降低。 　　在生活中，我们关心很多数据的变化规律，了解这些数据的变化规律，对我们的生活是很有帮助的。 　　展示图片：通过现实生活中的一些图片，激发学习数学的兴趣。 　　归纳：用函数观点看，其实就是随着自变量的变化，函数值是变大还是变小，这是一种单调性现象，在生活中常出现。

活动设计意图：由生活情境引入新课，激发兴趣。引导学生观察实例中的图像的特征，形成单调函数图像的概念表象，重在培养学生直观想象素养。

环节一 概念的形成	**二、借助图像，直观感知** 　　当自变量变化时，函数值是变大还是变小，初中时同学们就有了一定的认识，今天我们就继续深入研究这种单调性现象。 　　**问题 1**：分别作出函数 $y=x+2$，$y=-x+2$，$y=x^2$ 的图像，并且观察自变量变化时，函数值有什么变化规律。 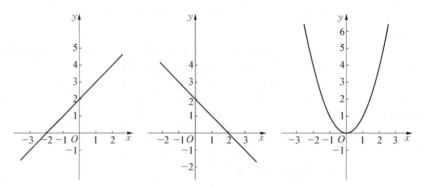 　　结论：(1) 函数 $y=x+2$ 在整个定义域内 y 随 x 的增大而增大；函数 $y=-x+2$ 在整个定义域内 y 随 x 的增大而减小。 　　(2) 函数 $y=x^2$ 在 $[0,+\infty)$ 上 y 随 x 的增大而增大，在 $(-\infty,0)$ 上 y 随 x 的增大而减小。 　　引导学生进行分类描述（增函数、减函数）。同时明确函数的单调性是对定义域内某个区间而言的。 　　**问题 2**：能否根据自己的理解说说什么是增函数、减函数？ 　　结论：如果函数 $f(x)$ 在某个区间上随自变量 x 的增大，y 也越来越大，我们说函数 $f(x)$ 在该区间上为严格增函数；如果函数 $f(x)$ 在某个区间上随自变量 x 的增大，y 越来越小，我们说函数 $f(x)$ 在该区间上为严格减函数。 　　教师指出：这种认识是从图像的角度得到的，是对函数单调性的直观、描述性的认识。

活动设计意图：通过学生熟悉的函数图像直观理解单调性的含义，调动学生的参与意识，通过直观图形引导学生给出函数单调性的图形语言，培养直观想象能力，慢慢地体验由特殊到一般的过程，培育数学抽象思维，同时渗透数形结合的数学思想。这里从图像直观感知函数单调性，完成对函数单调性的第一次认识。

环节一 概念的形成	**三、探究规律,理性认识** 　　**问题 3**:如何利用数量关系刻画函数 $f(x)=x+2$ 在 **R** 上为严格增函数? 　　结论:(1) 在给定区间内取两个数,例如 1 和 2,因为 $f(1)=3<f(2)=4$,所以 $f(x)=x+2$ 在 **R** 为增函数。 　　(2) 仿照(1),取很多组验证均满足,所以 $f(x)=x+2$ 在 **R** 为增函数。 　　(3) 任取 x_1、$x_2\in\mathbf{R}$,且 $x_1<x_2$,因为 $(x_1+2)-(x_2+2)=x_1-x_2<0$,即 $f(x_1)<f(x_2)$,所以 $f(x)=x+2$ 在 **R** 为严格增函数。 　　对于学生错误的回答,引导学生分别用图形语言和文字语言进行辨析,使学生认识到问题的根源在于自变量不可能被穷举,从而引导学生在给定的区间内任意取两个自变量 x_1、x_2 代替所有自变量。

　　活动设计意图:让学生尝试用数量关系描述"自变量增大,函数值也增大"的现象,同时研究对"任意"的处理方法,使学生体会到用数量大小关系严格表述函数单调性的必要性,培养学生的数学抽象及逻辑思维能力。把对单调性的认识由感性上升到理性认识的高度,完成对概念的第二次认识。事实上也给出了证明单调性的方法,为证明单调性做好铺垫。

环节一 概念的形成	**四、抽象思维,形成概念** 　　**问题**:你能用准确的数学符号语言表述增函数的定义吗? 　　师生共同探究,学生尝试给出增函数的定义,然后学生类比得出减函数的定义。 　　**定义**:如果对于属于这个区间 I 的自变量的任意两个值 x_1、x_2,当 $x_1<x_2$ 时,都有 $f(x_1)<f(x_2)$,那么就说函数 $y=f(x)$ 在这个区间上是严格增函数。 　　如果对于属于这个区间 I 的自变量的任意两个值 x_1、x_2,当 $x_1<x_2$ 时,都有 $f(x_1)>f(x_2)$,那么就说函数 $y=f(x)$ 在这个区间上是严格减函数。 　　如果函数 $y=f(x)$ 在某个区间上是严格增(减)函数,那么就说函数 $y=f(x)$ 在区间 I 上是单调函数,区间 I 叫做函数 $y=f(x)$ 的单调区间。

　　活动设计意图:通过教师讲述,分析定义,使学生把抽象的定义与直观图像结合起来,培养数学抽象思维,加深对概念的理解,渗透数形结合的数学思想方法。让学生经历由特殊到一般,从具体到抽象的过程,归纳出单调性的定义,通过对判断题的辨析,加深学生对定义的理解,完成对概念的第三次认识。

环节二 概念的理解	**五、课堂练习、理解概念** 　　**例 1**:判断题: 　　(1) 若函数 $f(x)$ 满足 $f(2)<f(3)$,则函数 $f(x)$ 在区间 $[2,3]$ 上为严格增函数。 　　(2) 若函数 $f(x)$ 满足 $f(2)<f(3)$,则函数 $f(x)$ 在区间 $[2,3]$ 上不是严格减函数。 　　通过判断,使学生明确: 　　① x_1、x_2 在区间内具有任意性。 　　② 单调性是对定义域内某个区间而言的。 　　思考:如何说明一个函数在某个区间上不是单调函数?
环节三 概念的应用	**六、例题分析、应用概念** 　　**例 2**:证明函数 $f(x)=x^2$ 在区间 $(-\infty,0)$ 上是严格减函数。 　　**例 3**:判断函数 $f(x)=x+\dfrac{1}{x}$ 在 $(1,+\infty)$ 上的单调性,并加以证明。

　　活动设计意图:例 1 判断题的目的是为了加深对概念的理解,培养学生的逻辑思维能力;例 2、例 3 是单调性概念的应用,即如何利用定义证明函数在某一区间是单调函数,主要是为了培养学生的逻辑思维及数学运算能力,提高素养,在这一过程中加深对概念的理解,渗透分类讨论的数学思想。

环节四 课堂小结与 作业	**七、归纳小结,提高认识** 　　引导学生回顾函数单调性概念的形成过程,交流学习过程中的体验和感受,师生合作共同完成小结。 　　(1) 概念形成过程:直观到抽象、特殊到一般、感性到理性。 　　(2) 判断函数的单调性的两个常用方法:图像法、定义法。 　　(3) 用定义判断或证明函数单调性的步骤:设元、作差、变形、判号、定论。 　　(4) 数学思想方法和思维方法:数形结合、类比等。
	活动设计意图: 回顾数学概念的形成过程,使学生从整体上理解函数单调性的定义,纳入到知识结构之中,促进思维链的形成,重点培养学生数学抽象和逻辑思维能力。
环节四 课堂小结与 作业	**八、作业:** 　　课后探究: 　　(1) 研究函数 $y = x + \dfrac{1}{x}$ $(x > 0)$ 的单调性。 　　(2) 是否存在实数 k,使函数 $f(x) = kx^2 - 2x + 3$ 在 $(-\infty, 2)$ 上为严格减函数?若存在,求出 k 的取值范围;若不存在,说明理由。

课例评析

　　本节课的教学设计围绕着概念教学的"三个环节"而展开。在教学设计的前端还设计了"学习评价设计",让评价伴随着教学过程,同时紧紧围绕教学目标而设计,保证了"目标—过程—评价"的一致性。对教学的每一个环节都明确了教学活动设计的意图,目标非常明确,使得教学过程中教师能够紧扣设计意图开展教学,很好地体现了教学设计给出的每一个教学环节的价值和作用。

　　函数单调性概念的形成从直观感知到理性思考,这是学生学习概念的难点。为此,教学中第一个环节"概念的形成"设计了四个步骤引导学生经历概念的形成过程。第一、二个步骤目的在于通过现实生活中的问题,借助图像的变化,让学生产生直观感知:随着自变量的变化,对应函数值发生了一定的变化;特别地,随着自变量的增大而增大或者随着自变量的增大而减小。这一过程重在培养学生的直观想象能力以及形成运动变化的认知观念。第三、四两个步骤是将看到的、感知到的现象数学化,利用数量关系加以描述,体现数学建模的过程。在此过程中先通过特殊的数量关系描述这种变化,然后再过渡到一般情形,体现由特殊到一般的研究问题的基本方法。同时强化数学抽象、逻辑推理素养的培育。

　　第二个环节是概念的理解。对照函数单调性的定义,通过几个问题的辨析,加深对概念的理解,有利于培养学生思维的思辨性。

　　第三个环节是概念的应用。既然明确了单调性的定义,那么就可以利用定义判断函数的单调性,可以根据定义证明函数的单调性。这一过程涉及探究证明单调性的思路、证明单调性的逻辑表达以及证明过程中的运算变形等,目标指向逻辑思维能力、计算能力的培养,在应用的过程中不断加深对函数单调性概念的理解。

本节课最为显著的特点是将数学核心素养落实在教学的每一个环节之中,对每一个教学活动,侧重培育学生某方面的核心素养都有明确的表示,在教学中根据教学的内容不同,重点关注和培养的核心能力是不同的,数学核心素养的培养虽然不是面面俱到,但教师在教学中可以通过教学行为体现核心素养的培养,核心素养的培育应该成为教学的终极目标。例如引导学生观察具体函数图像形成单调性的感性认识,这一过程就是培养学生"直观想象"能力的时机,教学中必须抓住这一过程,引导学生用自己的语言描述自己所观察到的现象;而在如何利用数量关系刻画函数图像的这种变化时,先通过一些特殊的数据反映这种变化,但不能穷尽,无法体现"任意"二字,这时需要利用一般式才能表达,过渡到一般情形,这一过程本身就体现了由特殊到一般的科学研究的基本方法,同时又体现了由具体到抽象的过程,是很好地培养数学抽象思维的载体。教学中必须肯花时间,让学生慢慢体会,经历这一过程,学生数学抽象的素养在这一活动中必然得到提高。教学中通过明确数学核心素养的落脚点在哪里,可以促使数学核心素养得以落地。

课例 3　**直线的倾斜角与斜率**

课　题	直线的倾斜角与斜率
课　型	数 学 概 念 课
1. 教学内容分析 　　本节课的主要内容有两个概念(直线的倾斜角、直线的斜率)和一个公式(斜率计算公式)。直线的倾斜角是反映直线倾斜程度的量,它是确定直线位置的一个重要的几何要素,本质上是从"形"的角度刻画直线的倾斜程度。对于倾斜角不是 90 度的直线,其倾斜角的正切值定义为这条直线的斜率。教材是从生活中斜坡的坡度迁移到直线的斜率概念的。直线的斜率可看作是数量比值,所以直线的斜率从本质上可看成是从"数"的角度刻画直线的倾斜程度。华罗庚先生说过:"数缺形时少直观,形少数时难入微。"显然,与倾斜角相比,用斜率刻画倾斜程度会更精细。 　　关于过已知两点的直线斜率公式:因为过两点的直线是唯一确定的,所以其倾斜程度也就确定了,直线的斜率也是确定的。从而在直角坐标系中,直线的斜率与直线上两点的坐标就有密不可分的联系。斜率公式不仅反映了这种联系,并用代数方法表示了出来,而且在公式的推导中蕴含了分类讨论、数形结合、化归等重要数学思想。	
2. 学情分析 　　本节课是高中解析几何部分的起始课,学生具备的知识基础是在直角坐标系中会用坐标表示点,明确了坐标平面上的点与有序数对可建立一一对应的关系。这节课的教学内容,不仅让学生感受到数学概念离不开生活,数学是自然有用的,借此激发学习数学的兴趣,而且其中蕴含了几何问题代数化的思想,从知识点及研究方法上,为后续判断两条直线的位置关系以及建立直线的方程等内容起着关键性的铺垫作用。	

3. 学习目标

（1）探索确定直线位置的几何要素，感受倾斜角这个反映倾斜程度的几何量的形成过程，培养直观想象能力。

（2）经历从生活中的坡度自然迁移到数学中直线的斜率的过程，感受数学概念来源于生活实际，数学概念的形成是自然的，从而渗透辩证唯物主义思想，感受数学抽象的过程。

（3）经历用代数方法刻画直线斜率的过程，渗透数形结合思想；初步掌握过已知两点的直线的斜率计算公式，渗透几何问题代数化的解析几何研究思想，培育逻辑推理素养。

4. 教学重点和难点

教学重点：理解"倾斜角"与"斜率"的意义。

教学难点："倾斜角"与"斜率"关系的理解。

5. 学习评价设计

在倾斜角概念的教学中，让学生经历概念的形成过程，在学生思维的"最近发展区"提出问题，展开学生的思维。首先让学生过一定点作直线，可作无数条直线，感受直线的不确定性，主要是由于方向不定造成的，即直线"斜得"不同。再通过对直线动态演示，让学生感受到倾斜程度或方向不同，其实就是角的选择，某些角的大小不同，从而意识到可以用角来反映倾斜程度。但这里的角很多，到底选择哪一个角呢？从直线的方向性及 x 轴的正方向，学生很容易确定其中的一个角，即直线向上方向与 x 轴的正方向所成角，作为描述直线倾斜程度的角，从而引出倾斜角的定义。但这样的定义是粗糙的、不够完善的，因为不是每条直线都有向上的方向，因此必须加以完善。这一过程实际上是让学生在探究中经历概念形成的过程：为什么想到要有倾斜角？又怎么定义倾斜角？让学生有所体验。同时也使学生感受到学习的过程是一个发现问题、研究问题、解决问题的过程。

6. 学习活动设计

教学环节	教　学　活　动
环节一 倾斜角概念的形成	**一、倾斜角、斜率概念的生成** 　1. 解析几何及其本质简介 　　复习坐标平面内"点"与"有序实数对"的一一对应，说明这一对应关系沟通了数与形、代数与几何的联系，从而为用代数的方法研究几何问题提供思路。 　　一个"点"可以用"数"来表示，那么其他的图形如直线、曲线、几何体又如何用数量关系描述？这些都是解析几何所要研究的内容，今天我们从比较简单的图形——直线开始研究。
	活动设计意图：首先让学生回忆直角坐标系中"点"与"有序实数对"间的一一对应关系，说明"数"与"形"的对应是解析几何的根基，使得用代数的方法研究几何问题成为可能，这就是 17 世纪法国数学家笛卡尔创立的解析几何。同时指出解析几何就是用代数的方法研究直线、曲线、多面体等图形的性质，这样既让学生了解解析几何的历史，又使学生了解了解析几何研究什么、用什么方法研究等。
环节一 倾斜角概念的形成	2. 倾斜角的概念 　　（1）学生通过画图操作、观察，了解直线的倾斜程度是直线的性质，并引发思考：如何描述直线的倾斜程度？ 　　①（学生操作）在直角坐标系中，过点 $P(2,3)$ 能够作多少条直线？这些直线的共同点是什么？不同点是什么？（可以作无数条直线；共同点：过定点 $P(2,3)$；不同点：方向不同） 　　②给定直线的方向，你能够作多少条直线？这些直线的共同点是什么？不同点是什么？（可以作无数条直线；共同点：互相平行；不同点：位置不同）

环节一 倾斜角概念 的形成	③ 你认为确定一条直线需要几个要素？（只过一点,可以作无数条直线；只给出方向,可以作一组平行线；当给定一点和一个方向时,可以确定一条直线） ④ 以①中的两条直线 l_1、l_2 为例,观察图形,如何描述其不同的倾斜程度（或方向）？ (2) 学生对照图形,给出倾斜角的定义,并规范语言完善概念。 ① 引导学生思考：怎样描述直线的倾斜程度？ ② 对照图形,师生共同给出倾斜角的定义： 当直线 l 与 x 轴相交时,x 轴的正方向与直线 l 向上的方向之间所成的角 α,叫做直线 l 的倾斜角(angle of inclination)。 ③ 问题：根据上述定义,能否确定每一条直线的倾斜角？ (i) 补充规定：当直线 l 与 x 轴平行或重合时,倾斜角为 $0°$。 (ii) 电脑动态演示,学生观察图形的变化,讨论并确定直线倾斜角 α 的范围。 ($0° \leqslant \alpha < 180°$) ④ 巩固练习：在同一坐标系中画出过原点并且倾斜角分别为 $45°$、$60°$、$90°$、$150°$ 的直线。

活动设计意图：通过学生的画图操作、观察,明确确定一条直线的几何要素可以是一个点和直线的方向,了解直线的倾斜程度是直线的性质,并引发学生的思考：如何描述直线的倾斜程度？

环节一 倾斜角概念 的形成	(3) 问题探究 1：既然直线的方向如此重要,那么我们如何来准确地描述直线的方向或倾斜程度呢？请大家观察图形,我们把直线动一动,改变直线的方向,看一看影响直线方向的主要因素是什么？（角度） 追问：哪里的角？讲到角,首先要有一条始边,即该直线与哪一条直线所成的角？（取 x 轴的正方向作为始边,直线与 x 轴的正方向所成的角。） 追问：这里有 4 个角,你确定哪一个角呢？你所选择的角要有"能力"描述直线的倾斜程度。（图形演示,直线绕 P 转动,学生指出某个角度。） 小结：随着直线倾斜的程度不同,这个角也不相同,并且保证每一条直线都有唯一的这种角,它决定了直线的方向,反映了直线的倾斜程度,因此我们可以用它来描述直线倾斜程度,称它为直线的倾斜角。 那么,如何用语言来描述倾斜角呢？（x 轴正向与直线 l 向上方向之间所成的角 α,叫做直线 l 的倾斜角）（学生描述,但不够完善,电脑演示） 追问：我们再仔细地琢磨一下,什么叫向上方向？直线都有向上方向吗？（当直线与 x 轴相交时,才有向上方向。当直线与 x 轴平行或重合时,没有向上的方向。） 追问：为了对每一条直线有所交代,我们应该如何完善倾斜角的概念呢？（必须补充规定：当直线与 x 轴平行或重合时,规定：倾斜角为 $0°$。） 追问：对照图形,（电脑演示）直线倾斜角的范围是多少？（$0° \leqslant \alpha < 180°$） 这样我们就得到了倾斜角完整的定义。

活动设计意图：

(1) 在一个数学概念形成过程中,教师的引导作用非常重要,教师应设计一连串的问题,步步深入,引发学生不断地思考,向概念的本质接近,这是在概念的形成过程中的重要环节。

(2) 在定义数学概念如倾斜角、直线与平面所成角、异面直线所成角等概念时,所选取的对象应该是唯一确定的。如本节课中所选取的"x 轴正向与直线 l 向上方向之间所成的角 α"必须是唯一确定的。但这样不能保证所有直线都有唯一的倾斜角,因此使用了"分类定义"的方法,使倾斜角的定义趋于完善。

环节二 斜率概念的 形成	**3. 斜率的概念** **问题**：在日常生活中,还有许多方法表示倾斜程度,如我们用"坡度（或坡比）"反映山坡的倾斜程度。（多媒体演示：山坡）

环节二 斜率概念的 形成	(1) 坡度指什么？它是如何反映坡面倾斜程度的？ (2) 对照"倾斜角"，你能发现两者的关系吗？（电脑动态演示） 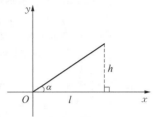 　　斜率的概念：把一条直线倾斜角 α 的正切值叫这条直线的斜率（slope）。常用小写字母 k 表示，即 $k = \tan\alpha$。 　　显然，当 $\alpha = \dfrac{\pi}{2}$ 时，直线的斜率不存在。
	活动设计意图：这样设计是为了让学生能够将两种反映倾斜程度的量相互比较，进而相互统一，即坡度 $= \tan\alpha$（即倾斜角的正切），有利于数学抽象思维能力的培养。
环节二 斜率概念的 形成	二、"倾斜角"与"斜率"的关系及互相转化 　　问题："斜率"是如何描述直线的倾斜程度的？（电脑动态演示） 　　(1) 若一条直线不垂直于 x 轴，则它有唯一的斜率；若它垂直于 x 轴，则它的斜率不存在。直线的倾斜程度不同，则它的斜率也不同。 　　(2) 小结：$\begin{cases} k > 0 \Leftrightarrow \alpha \text{ 为锐角,} \\ k < 0 \Leftrightarrow \alpha \text{ 为钝角,} \\ k = 0 \Leftrightarrow \alpha = 0°. \end{cases}$ 　　注意：每一条直线都有唯一的倾斜角，但不是每一条直线都有斜率。
	活动设计意图：解析几何常用数量关系描述图形特征，那么"倾斜角"这个图形如何用数量来表示？直线的"倾斜程度"如何用数量描述呢？课本上提供了一种好方法，回忆"坡度"，它是用比值反映坡面的倾斜程度，借助多媒体演示，并将其与倾斜角对应，引出斜率的概念。 　　到此已完成了用"斜率"这样一个实数来描述直线倾斜程度这样的图形特征，体现了用代数方法研究几何问题的解析几何思想。
环节三 概念的理解	(3) 问题探究 2：关于坡度、倾斜角、斜率之间的关系。 　　其实在日常生活中，还有许多方法表示倾斜程度（演示图片：山坡），如坡度，反映山坡的倾斜程度。 　　**问题 1**：坡度是指什么？坡度又是如何描述坡面的倾斜程度的？$\left(\text{坡度（比）} = \dfrac{h}{l}，\text{坡度越大，坡就越陡；坡度越小，坡就越平坦。}\right)$ 　　**问题 2**：它是用一个比值反映倾斜程度。既然能够用这个比值描述斜坡的倾斜程度，那么我们是否可以考虑用它来描述直线的倾斜程度呢？对照"倾斜角"，你能发现两者的关系吗？$\left(\text{坡度} = \tan\alpha，\text{即倾斜角的正切，} \tan\alpha = \dfrac{h}{l}。\right)$ 　　**问题 3**：倾斜角的正切能否描述直线的倾斜程度？请看电脑演示，随着直线倾斜程度的不同，对应的正切值也不同，不同的正切值对应着不同的倾斜角，反映了直线不同的倾斜程度，因此可以用倾斜角 α 的正切值来描述直线的倾斜程度。

环节三 概念的理解	小结:这样我们就可以把描述倾斜程度的两种形式统一于一个数值 $\tan \alpha$,这个数值称为直线的斜率。 定义:一条直线倾斜角 α 的正切值,叫做这条直线的斜率,用小写字母 k 表示,即 $k = \tan \alpha$。 **问题 4**:那么,斜率是如何描述直线的倾斜程度的?(学生观察电脑演示) 小结:(1) 随着直线的变化,倾斜角不同,斜率不同。 (2) 当 $\alpha = 0°$ 时,$k = 0$;当 $0° < \alpha < 90°$ 时,$k > 0$;当 $\alpha > 90°$ 时,$k < 0$。 (3) 当 $\alpha = 90°$ 时,直线的斜率不存在。

活动设计意图:定义一个数学概念时,不仅要考虑定义的科学性、完备性,同时还要考虑定义的合理性以及思维的习惯性,这样才能给出一个比较确切的定义。为什么不用其他的三角函数(如正弦、余弦函数)表示斜率?事实上,如果用正弦值的大小表示直线的倾斜程度,则不能保证一一对应;如果用余弦值的大小表示直线的倾斜程度,则倾斜角越大,对应的余弦值反而越小,与人们认识问题的习惯不太相符。教学中设计了一些巩固练习,目的是为了帮助学生加深对概念的理解,培养学生的逻辑思维能力。

环节四 概念的应用	**三、课堂练习** 设 k 为直线的斜率,α 为该直线的倾斜角,填空下列各题: 若 $k = \dfrac{\sqrt{3}}{3}$,则 $\alpha = $ _____ ; 若 $k = -\sqrt{3}$,则 $\alpha = $ _____ ; 若 $\alpha = 135°$,则 $k = $ _____ ; 若 $\alpha = 30°$,则 $k = $ _____ 。 这样,我们就可以用一个数(度数)来刻画、描述一个倾斜角的大小,用一个实数描述直线的倾斜程度,体现了用代数方法研究几何问题的思想。 **四、斜率计算公式的探究** (1) 两点确定一条直线。 **问题**:已知平面内直线上两点坐标 $P_1(x_1, y_1)$、$P_2(x_2, y_2)$,如何确定该直线的斜率和倾斜角? (2) 组织学生开展探究活动,引导学生分类。 (3) 学生交流探究结果,教师归纳: 当 $x_1 = x_2$ 时,k 不存在,这时 $\alpha = 90°$;当 $x_1 \neq x_2$ 时,$k = \dfrac{y_2 - y_1}{x_2 - x_1}$。 **五、公式的应用** 学生练习:已知 $A(3, 2)$、$B(-4, 1)$、$C(0, -1)$,求直线 AB、BC、CA 的斜率,并判断这些直线的倾斜角是锐角还是钝角。(学生分析思路,并解答)
环节五 课堂小结	**六、课堂小结** 1. 学习内容的回顾:倾斜角→斜率→倾斜角与斜率的关系。 2. 学习过程的回顾(知识的构建过程)。 主线是从形(直线倾斜程度)到数(斜率),具体过程是: 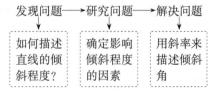 3. 体现的数学思想方法:特殊到一般;分类思想;数形结合思想。

> **活动设计意图**：小结设计的目的是为了让学生回顾概念的形成过程、公式的探究过程,并从整体上把握倾斜程度、倾斜角、斜率之间的关系,师生共同构建数学知识,感受和体验数学的重要思想和方法。

课例评析

数学概念的教学是数学教学的重点和难点,而在概念教学中如何让学生经历概念的形成过程,本节课作了一个很好的示范。本节课教学目标的设定基于课标的要求,教学环节的安排基于学生的思考,数学问题的设计基于学生的"最近发展区",充分体现了现代教学理念,在教学设计的三个环节中关注数学核心素养的培育。具体体现在如下几个方面。

一是教学设计充分展示了数学概念的形成过程。本节课围绕"倾斜角"和"斜率"这两个概念展开教学活动。教师首先设计了学生操作环节,让学生感知确定一条直线的几何要素——一个点和一个方向,那么如何表示直线的方向,由此引出"倾斜角"的概念,有利于直观想象素养的培育;而在定义"倾斜角"概念时,引导学生经历了一个数学概念逐步完善的过程,关注数学抽象与逻辑推理能力的培育。通过复习"坡度"的概念,引导学生比较分析,得出直线的"斜率"的概念。在此基础上研究"倾斜角"与"斜率"的关系,让学生明白这是表示直线倾斜程度的两种不同的表现形态。整个教学过程自然、流畅,充分展现了数学知识的发生、发展、完善的过程。

二是重视学生数学抽象思维和逻辑思维能力的培养。整个教学设计把对学生思维能力的培养贯穿于教学的始终。为了让学生明确确定直线的几何要素,教师设计了学生作图环节,让学生在作图中悟出确定直线的几何要素,有利于直观想象和数学抽象能力的培育;为了刻画直线的倾斜程度,教师引导学生对照图形特征,分析影响直线倾斜程度的主要因素即与 x 轴所成的角,引出"倾斜角"的概念。而对选择哪个角成为倾斜角的问题,引导学生开展理性思维,并在教师的不断追问、学生深入思考的过程中将"倾斜角"的概念进一步完善。而在"斜率"概念的教学中,引导学生类比"坡度"的定义,得出利用倾斜角的正切值描述直线的倾斜程度,得到"斜率"的概念。教学过程中教师设计了一系列的"问题串",在提问和追问中,将学生的思维引向深入,学生不仅理解了概念的本质,而且学会了研究问题的方法。同时,特别关注学生良好思维品质的养成,在细微之处追求思维的严密性和合理性。

总之,本节课的教学设计充分体现了新课程的理念,让数学核心素养能够落实,既有理论高度,又便于操作实施,为概念课教学提供了一个很好的范例。

课　题	曲　线　与　方　程
课　型	数　学　概　念　课

1. 教学内容分析

　　"曲线与方程"内容包括三个部分：曲线的方程与方程的曲线的概念；求曲线的方程；坐标法基本思想的简单应用。曲线与方程的概念既是对以前学过的函数及其图像、直线的方程和方程的直线等数学知识的深化，又是今后学习圆锥曲线的理论基础，它贯穿于研究圆锥曲线的全过程。因此，教学时不仅要让学生学习如何求曲线的方程，而且要通过这一内容培养学生的坐标法思想，使学生明白求出曲线方程的真正意义在于利用曲线的方程去研究曲线的性质。曲线和方程分别是几何与代数中的概念，在直角坐标系中，曲线有对应的方程，方程有对应的曲线。曲线的方程是几何曲线的一种代数表示，方程的曲线则是代数方程的一种几何表示。根据曲线与方程的对应关系，通过研究方程来研究曲线的几何性质，数与形的有机结合，在本章得到充分的展现。研究曲线与方程的目的是把曲线的几何特征转化为数量关系，通过代数运算等手段，处理已得到的数量关系，进而得出曲线的精确的几何性质，并达到利用曲线为人们服务的目的。因此，学习这一部分内容可以加深学生对数学中的数形结合思想方法的认识，也能够让学生更好地体会数学的本质。这一学习过程中有利于培养学生直观想象、数学抽象及逻辑思维的素养。

2. 学情分析

　　学生是在学习了直线方程的基础上学习"曲线与方程"，这是在直线方程基础上的拓展，这也是理解曲线与方程关系的逻辑起点和知识基础。教学中通过类比直线方程到曲线方程，可以减少学生理解的困难。同时在教学方法上可以通过学生的口头描述，阐述自己对曲线与方程关系中完备性与纯粹性的理解，有利于促进学生的深度学习。

3. 学习目标

　　（1）理解曲线上的点与方程的解之间的对应关系，从而领会"曲线的方程"与"方程的曲线"的概念，培养直观想象、数学抽象的能力，并能利用概念进行判定和证明。

　　（2）经历概念形成的探索过程，感受从特殊到一般的研究方法，培养数学抽象能力。领会数形结合的思想。通过一些简单曲线的方程及其研究，体会坐标法的基本思想及简单应用。

　　（3）通过概念辨析的过程，提升思维的严密性，培养逻辑推理能力，提高数学语言表达能力。

4. 教学重点和难点

　　教学重点：对曲线与方程关系的理解。

　　教学难点：体会数形结合及坐标法的思想。

5. 学习评价设计

　　（1）通过回顾"直线的方程"概念，类比得出"曲线的方程"的概念，培养直观想象和逻辑推理能力，同时通过具体例子的分析，引导学生辨析通过类比所得概念的合理性，体现数学抽象思维的严密性，为定义"曲线与方程"的概念作好铺垫。

　　（2）在经历概念的同化过程中，通过不同层次的例子，反复分析"曲线与方程"概念中的两个条件的区别，深度理解"曲线与方程"概念的内涵，促进学生数学抽象及直观想象能力的培养。

　　（3）在经历"曲线与方程"概念归纳、概括、抽象的过程中，除了让学生逐步形成辨析比较不同的属性特征、概括提炼的抽象能力外，还培养了学生用准确、简练和严密的数学语言定义"曲线与方程"概念的能力。

6. 学习活动设计

教学环节	教　学　活　动
环节一 概念的形成	**一、概念的引入与形成** 　　**问题 1：**先请同学们回忆一下，我们称方程 $ax+by+c=0$（a、b 不全为零）是直线 l 的方程，应该满足怎样的条件？你是如何理解直线方程概念的？（请同学们讨论并回答） 　　（1）直线 l 上每一点的坐标都是方程 $ax+by+c=0$（a、b 不全为零）的解。 　　（2）以方程 $ax+by+c=0$（a、b 不全为零）的解为坐标的点都是直线 l 上的点。 　　**问题 2：**类似的，"曲线 C 的方程是 $F(x,y)=0$" 该如何理解？或者说应该满足怎样的条件？（请同学讨论并回答） 　　**问题 3：**下图为直角坐标系内到原点的距离为 a（$a>0$）的动点的轨迹。 　　现给出一个方程 $y=\sqrt{a^2-x^2}$，问：这个方程与图像是否互相对应？如果不是，我们是否可以将方程改动一下使其满足条件呢？为什么？ 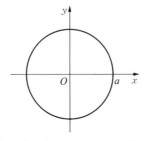 　　**问题 4：**如果将方程改为 $(x^2+y^2-a^2)(x^2-y^2)=0$ 可以吗？为什么？ 　　说明：如果方程与曲线相互对应，所提到的两个条件是缺一不可的。
	活动设计意图：这一环节首先从已知的直线方程的概念出发，回顾直线与方程之间的对应关系，用自己的语言描述，加深理解，为提出曲线与方程的概念做好准备。通过具体的曲线与方程，对照两个条件进行判断，加深对纯粹性和完备性的理解，这样"曲线与方程"的概念就水到渠成了。这一过程重点培养学生的直观想象及数学抽象能力。
环节二 概念的理解	**二、概念的理解与深化** 　　曲线与方程：在直角坐标系中，如果曲线 C 与方程 $F(x,y)=0$ 的实数解集之间，具有以下两个关系： 　　① 曲线 C 上的点的坐标都是方程 $F(x,y)=0$ 的解； 　　② 以方程 $F(x,y)=0$ 的解为坐标的点都是曲线 C 上的点， 　　那么把 $F(x,y)=0$ 叫做曲线 C 的方程，曲线 C 叫做方程 $F(x,y)=0$ 的曲线。 　　说明：① $F(x,y)=0$ 符号的说明；② 概念中的两个条件与两个结论。
	活动设计意图：这一环节通过一个例题的解决引导学生归纳出"曲线与方程"的概念，考虑到由直线到曲线学生思维上有一个转换的过程，这样设计有两个作用，一是架设直线与曲线之间的桥梁，起到过度作用，培养数学抽象能力；二是让学生类比直线与方程关系的两个条件，凭直观感觉判断曲线与方程的关系，产生感性认识，培养直观想象能力。
环节三 概念的应用	**三、概念的巩固与应用** 　　**例 1：**曲线与方程对应关系的辨析。 　　下列方程是否成为对应曲线 C 的方程？

环节三 概念的应用	① $\|y\|=\|x\|$　　　　② $y=\|x\|$ 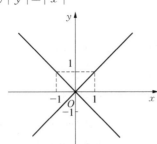 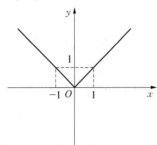 左图为一、三象限与二、四象限的角平分线(含原点)。右图为一、二象限的角平分线(含原点)。 ③ $\sqrt{x}-\sqrt{y}=0$　　　　④ $y=x$ 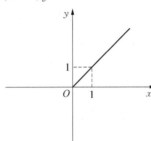 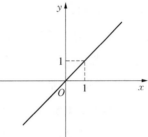 左图为第一象限的角平分线(含原点)。右图为一、三象限的角平分线(含原点)。 **例 2**：如下图,在平面直角坐标系中,试写出以原点为圆心,2 为半径的半圆的方程,并证明你的结论。 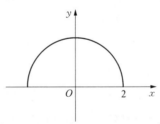

活动设计意图：这一环节是从正反两个方面对问题进行分析,加深学生对概念的理解。如在例 2 中学生认为问题很简单,但这是表面现象,在教师细心分析下学生领悟了点、方程、图形三者之间的关系,这实际是曲线与方程关系的本质所在。又如在例 1 中设计了四个问题,从不同的角度判断曲线与方程的对应关系,这些都促进了概念的内化、理解概念的本质。这一过程重在培养逻辑推理能力。

环节四 课堂小结	**四、课堂小结** (1)　 (2) 曲线与方程的定义。 (3) 数形结合的数学思想。

活动设计意图：这一环节回顾学习历程、概念的形成过程,并把直线方程的概念纳入到曲线方程的大概念之中,形成整体知识结构。

本节课围绕概念教学的"三个环节"展开教学活动。在"概念的形成"环节中,有两点是比较突出的,一是问题的设计建立在学生已有知识的基础上,让学生跳一跳能够够得着,如概念形成之前的引例以及概念出现后的应用中的几个问题,有利于培养学生的直观想象能力;二是将曲线与方程的概念与已有的直线与方程的概念类比,同时通过具体问题的解决引导学生归纳抽象出曲线与方程的概念,既关注了学生的演绎推理及逻辑思维能力的培养,又关注了学生概括抽象能力及合情推理能力的培养,这对培养学生良好的思维习惯、提高数学核心素养大有好处。在"概念的理解"环节,采取了一系列的措施落实概念的理解,让学生经历概念形成的过程、领会概念的本质,培养学生的数学抽象能力。在教学过程中从学生的认知能力出发,设计了一系列的问题引发学生积极思考,促使学生能主动地发现问题,体现了以学生发展为本的理念,同时也注重了教师主导作用的发挥,在师生相互作用下,知识在不断地形成,学生的知识结构在不断地构建和完善。曲线与方程的概念出现以后,从正反两个方面对提出的问题进行分析,加深学生对概念的理解,培养学生的思辨能力,提高思维品质。在"概念的应用"环节,设计了多层次问题,通过概念的应用加深对概念本质的理解。如在例2中的问题,学生认为很简单,但这是表面现象,在师生共同分析下学生领悟了点、方程、图形三者之间的关系,这是曲线与方程关系的本质所在;又如在例1中设计了四个问题,从不同角度判断曲线与方程的对应关系,这些举措促进了概念的内化、理解概念的本质,有利于培养学生的逻辑推理能力。

本节课中采用了一系列的教学策略提高学生的数学素养,在教学形式上采用了独立思考、分组讨论、合作学习、教师讲授等多种学习方式,以提高课堂教学的有效性。同时注重数学思想方法的渗透,如数形结合思想一直贯穿在学习的始终。关注学生良好思维品质的培养,包括数学抽象概括能力、思维的严密性等,如在解决问题的过程中让学生体会如何说明一个命题是假命题、如何证明一个命题是真命题等,这些举措有利于数学核心素养在课堂教学中的落实。

课例 5 **椭圆的标准方程**

课　题	椭圆的标准方程
课　型	数 学 概 念 课

1. 教学内容分析
　　学习了直线和圆的方程之后,学生对曲线的方程的概念有了一定了解,对用坐标法研究几何问题有了初步的认识,通过本节课进一步学习利用坐标法研究曲线的性质。椭圆的学习可以为进一步

研究双曲线、抛物线以及其他曲线提供基本模式和理论基础。因此这节课有承前启后的作用,是本章和本节的重点内容之一。本节课的学习有利于发展学生数学抽象、逻辑推理、数学运算等数学核心素养。

2. 学情分析

　　学生已具备一定的分析与归纳能力,初步掌握了解析几何的基本思想与方法,但用坐标法研究几何问题的能力还不够,对本节课的研究内容也不明确。从研究圆到研究椭圆跨度较大,需要教师的引导。

3. 学习目标

　　(1)通过教师创设的情境,感知现实世界中椭圆的存在,发挥直观想象,激发探究的兴趣,提高直观想象能力。

　　(2)经历椭圆概念的形成过程,培养数学抽象的能力;在教师的引导下建立椭圆的标准方程,为进一步研究椭圆做准备,体会数形结合的思想,掌握解析法研究问题的方法,发展数学抽象素养。

　　(3)通过椭圆定义的归纳和标准方程的推导,培养发现规律、认识规律并利用规律解决实际问题的能力,提高数学运算及数学建模的素养。

4. 教学重点和难点

　　教学重点:对椭圆定义及标准方程的理解。

　　教学难点:椭圆标准方程的建立过程。

5. 学习评价设计

　　(1)学生通过动手操作感知椭圆的形成过程,抽象出椭圆概念。这一过程能激发学习兴趣、提高抽象思维能力,提高思维品质。

　　(2)在问题解决的过程中关注逻辑思维、数学运算等核心素养的培育。

　　(3)通过课堂练习发现学生学习过程中存在的问题,并及时调整教学策略。

6. 学习活动设计

教学环节	教 学 活 动
环节一 概念的形成	**一、设置情境,引入课题** 　　(多媒体展示新闻)"嫦娥三号"月球探测器于 2013 年 12 月 2 日在西昌卫星发射中心由"长征三号乙"运载火箭送入太空,后沿着椭圆轨道环地球飞行,14 日成功软着陆于月球…… 　　(展示实物)水杯倾斜时的水面边界线(圆柱体的斜截面)。 　　师生一起直观感受椭圆图形。 　　**问题:椭圆是如何画出来的呢?**
活动设计意图:通过实例引入课题,让学生体会到数学来源于生活又应用于生活,真正做到学以致用。同时借助于图片和实物发展学生的直观想象能力。	
环节一 概念的形成	**二、动手实践,归纳定义** 　　教师演示:取一段长为 $2a$ 的细绳,把它的两个端点分别固定在图板上不同的两点 F_1 和 F_2 处,将铅笔尖套在绳子里并拉紧绳子,使笔尖 M 顺势移动一周,笔尖 M 画出来的图形就是椭圆。 　　然后结合多媒体动画演示,并请学生用手中的绳子也来画画椭圆。 　　让学生思考:椭圆上的动点 M 到两个定点 F_1 和 F_2 的距离之间是否存在着什么等量关系?

环节一 概念的形成	在学生交流的基础上,归纳定义:平面内与两个定点 F_1、F_2 的距离和等于常数 $2a(2a>\|F_1F_2\|)$ 的点的轨迹叫做椭圆。两个定点 F_1、F_2 叫做椭圆的焦点,两个焦点的距离 $\|F_1F_2\|$ 叫做焦距。 结合多媒体动画演示及图形分析:如果焦距 $\|F_1F_2\|=2c$,那么焦距和定长之间会不会出现等量关系?(引导学生再次体验画椭圆的过程,并结合数学语言叙述过程) 探讨得到:当 $2a>\|F_1F_2\|$ 时,点的轨迹是椭圆; 当 $2a=\|F_1F_2\|$ 时,点的轨迹是线段 F_1F_2; 当 $2a<\|F_1F_2\|$ 时,点的轨迹不存在。

活动设计意图:通过学生动手操作感知椭圆的形成过程,提高学生的直观想象能力;引导学生用数学语言描述画图过程,尝试给出椭圆定义并不断完善,实现由感性到理性的认知过渡,培养学生数学抽象和逻辑推理的能力。

环节二 概念的理解	**三、数形结合,推导方程** 在前面的学习过程中,直线和圆都有方程,那么椭圆的方程又是怎样的呢? 从椭圆的定义出发,分析椭圆图形中的关键量(焦点 F_1 和 F_2,焦距 $\|F_1F_2\|=2c$,定长 $2a$),那么第一个要思考的问题是如何建立适当的直角坐标系? 提问:建立直角坐标系我们一般会考虑哪些方面? 在复习的基础上,引导学生从椭圆直观形象的对称性入手,选择线段 F_1F_2 所在的直线为 x 轴,线段 F_1F_2 的垂直平分线为 y 轴,建立如下图所示的直角坐标系。 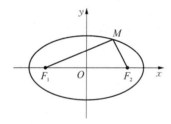 如上图,F_1 和 F_2 的坐标分别是 $(-c,0)$、$(c,0)$。 设 $M(x,y)$ 是椭圆上的任意一点,点 M 到 F_1、F_2 的距离和等于 $2a(a>c>0)$,即 $\|MF_1\|+\|MF_2\|=2a$。 所以 $\sqrt{(x+c)^2+y^2}+\sqrt{(x-c)^2+y^2}=2a$, 即 $\sqrt{(x+c)^2+y^2}=2a-\sqrt{(x-c)^2+y^2}$, 两边平方得 $(\sqrt{(x+c)^2+y^2})^2=(2a-\sqrt{(x-c)^2+y^2})^2$, 整理得 $a\sqrt{(x-c)^2+y^2}=a^2-cx$, 再两边平方得 $a^2[(x-c)^2+y^2]=a^4-2a^2cx+c^2x^2$, 整理得 $(a^2-c^2)x^2+a^2y^2=a^2(a^2-c^2)$, 即 $\dfrac{x^2}{a^2}+\dfrac{y^2}{a^2-c^2}=1$。 当点 M 运动到如下图的位置时,构成了 $Rt\triangle OF_2M$,可令 $a^2-c^2=b^2(b>0)$,得 $$\dfrac{x^2}{a^2}+\dfrac{y^2}{b^2}=1(a>b>0)。 （\ast）$$

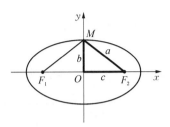

环节二 概念的理解	这就是说,椭圆上任意一点 M 的坐标 (x,y) 都是方程 $(*)$ 的解;反过来,可以证明以方程 $(*)$ 的解为坐标的点都在这个椭圆上。所以方程 $(*)$ 是这个椭圆的方程。 　　所以,焦点在 x 轴上,坐标为 $F_1(-c,0)$、$F_2(c,0)$ 的椭圆的标准方程是 $\dfrac{x^2}{a^2}+\dfrac{y^2}{b^2}=1(a>b>0)$。 　　其中的 a、b、c 满足关系式 $c^2=a^2-b^2$。 　　如果所建立的直角坐标系使焦点 F_1 和 F_2 在 y 轴上(如下图所示),设 F_1 和 F_2 的坐标分别为 $(0,-c)$、$(0,c)$,a、b 的意义同上,那么所得的椭圆方程为 $\dfrac{y^2}{a^2}+\dfrac{x^2}{b^2}=1(a>b>0)$,其中 $c^2=a^2-b^2$。这是焦点在 y 轴上的椭圆的标准方程。 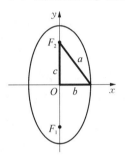

活动设计意图: 通过实验了解椭圆的定义及图形形成过程,并通过一般解析几何方程与曲线的研究方法,建立适当的坐标系,求出椭圆的标准方程,了解各个量的实际意义。整个过程也体现了代数式化简方法的合理运用,重在培养学生数学运算及逻辑推理的素养。

环节三 概念的应用	**四、互动交流,巩固新知** 　　**例 1:** 写出满足条件的椭圆的标准方程:$a=4$,$b=1$,焦点在 x 轴上。 　　**例 2:** 根据下列椭圆的标准方程,求焦距及焦点坐标: 　　(1) $\dfrac{x^2}{4}+y^2=1$。 　　(2) $\dfrac{x^2}{5}+\dfrac{y^2}{9}=1$。 　　**例 3:** 求两个焦点坐标是 $(0,-2)$、$(0,2)$,且经过点 $(\sqrt{2},2)$ 的椭圆的标准方程。

活动设计意图: 通过例题巩固所学知识,加深理解,在此过程中重在培养数学运算及逻辑推理能力。

环节四 课堂小结	**五、回顾历程，交流小结** 　　回顾椭圆概念的形成过程、椭圆标准方程的推导过程，明确研究椭圆曲线的基本方法，从知识层面和思想方法层面进行小结。采取小组交流、代表发言的形式完成小结。
活动设计意图：回顾学习历程、知识生成过程，将新知识纳入到已有知识结构中去，让学生从整体结构上理解所学知识。	

课例评析

　　作为一节数学概念课，本课在教学中围绕概念教学"三个环节"，主要设计了五个教学步骤开展教学，环环相扣，逻辑关系非常清楚。第一个步骤通过创设情境，让学生知道在日常生活中存在椭圆这样的一类图形，激发研究兴趣。那么这种图形是怎么画出来的呢？进入第二个步骤，自己动手操作，学着民间工匠的做法，画出椭圆。从画椭圆的过程中归纳抽象出椭圆的概念，从而形成了椭圆的概念。这两个步骤属于教学的第一个环节"概念的形成"。如何理解椭圆的概念？解析几何强调利用代数方法研究几何图形，因此为了对椭圆进行定量分析，需要建立椭圆方程。这样进入教学的第二个环节"概念的理解"，这里对椭圆概念的理解是借助于建立直角坐标系得出椭圆标准方程的过程。在这一过程中，学生对椭圆中的一些数量关系、几何特征的理解更加深刻。有了椭圆方程之后，进入教学第三环节"概念的应用"，应用体现在两个层面，一是根据给出的条件确定椭圆方程；二是已知椭圆方程求椭圆中的不变量，三个例题设计层次清晰，问题的解决有利于加深对椭圆概念、椭圆标准方程的理解。

　　本节课的教学中，每一个环节都明确了数学核心素养培育的指向，并且都能够通过数学活动创造条件加以培育。根据教学内容，本节课重点关注的是直观想象、数学抽象、数学运算及逻辑推理这几个数学核心素养。直观想象素养的培养重点体现在第一个步骤中，引导学生观察日常生活中的椭圆，通过观察展开学生的想象，产生疑问：椭圆是如何画出来的？而在利用细绳画椭圆的过程中，引导学生观察，引发学生的想象：绳子的长度有限制吗？数学抽象素养的培养主要体现在第二个步骤中，如何把画椭圆的过程抽象为数学语言的描述？在建立直角坐标系求椭圆的标准方程的过程中，不仅体现了解析法的基本思想，而且对培养数学运算能力是极好的时机。在等量关系建立以后，如何对方程进行化简，这是需要策略判断的；在化简过程中如何保证运算的准确性，这需要运算、变形的能力；而在每一步的推导过程中，为了保证推导过程的正确性，这需要建立前后的因果关系，有利于培养逻辑推理能力。因此在这一步骤中强化的是这三个数学核心素养的培育。在概念的应用环节，要根据提供的条件确定椭圆标准方程，主要体现的是数学运算素养的培育，它包括运算路径的选择及运算过程的正确。通过以上分析可以看出，本节课关注的直观想象、数学抽象、逻辑推理、数学运算等数学核心素养落实在学生的活动之中。

通过对以上五个数学概念教学课例的分析，可以归纳总结出数学概念教学中落实数学核心素养培育的基本策略。

策略一：概念的引入充分体现教师的主导性，注重直观想象、数学抽象素养的落实。

课堂上学生不会凭空想出问题，往往是在教师的诱发之下展开他们的思维。为了引入某一概念，教师必须创设恰当的情境，使学生置身于情境之中，引导学生观察、分析、归纳，总结事物的共性的本质特征，这一过程就是培育直观想象能力的过程。同时学生会感觉到引入这一概念确实是必要的，体会到数学概念不是凭空想出来的，而是在解决问题的过程中提出的。这一过程往往伴随着实际的、具体的应用问题，有利于数学抽象能力的培养。这一过程能否激发学生的探究欲望，完全取决于教师的设计艺术。

策略二：概念的生成充分体现学生的主体探究性，注重数学抽象、逻辑推理素养的落实。

概念的生成应以学生的合作探究为核心，通过与已有知识的类比、对一些结论的归纳、分析，作出一些猜想，展开一些讨论，提出一些"名字"，引进一些"记号"，最后形成共识，得出一个规范的数学定义，形成数学概念。这样有利于学生理解数学概念的内涵与外延，更是一个再发现、再创造的过程，培养了学生的逻辑推理能力，又使学生从中学到研究问题和提出概念的思想方法，产生创新欲、发明欲，探索、创新的能力得到了提高。通过这一过程，学生既学到了知识，又学会了学习、思考和解决问题的方法，经历了比较、抽象、概括、假设、验证和分化等一系列的概念形成过程，受到的是科学精神、科学思维的训练。在整个教学过程中以学生发现问题—研究问题—解决问题的探究活动为主线，使学生在交流中获得知识，在辩论中理解其本质，学生学习积极性高、思维活跃，教师真正起到"导演"的作用，教学过程高潮不断、跌宕起伏、耐人寻味。

策略三：概念的应用充分体现层次性，注重逻辑推理、数学运算素养的落实。

概念的应用是为了加深对概念的理解、与相近概念的辨析以及在其他情境中的应用，因此必须体现层次性。例如直线的倾斜角应该体现两个层次：一是概念的简单应用，给出直线画出倾斜角，给出倾斜角求出斜率；二是倾斜角与斜率关系的应用。这一过程应该是一个教师学生共同完成、学生的主动探究与教师的引导讲授相互交替的过程，教师的主导性与学生的主体性都应该得到充分的发挥，问题的解决过程必须紧扣概念的相关因素，关注逻辑推理。

策略四：概念教学的课堂小结应该让学生充分回味概念的发现发展过程。

课堂小结不仅仅是一节课所学习知识点的小结、概念的复述,更应是一个提升的过程,就好比在攀登一座崎岖的山峰,经过自己的摸索终于登上山峰,站在山顶回味攀登的过程,会产生出许多的感慨,起到画龙点睛的作用。从数学学习的角度分析,学生的情感、态度及价值观等方面都得到发展,有了这样的体验,才知道数学概念是如何产生的,才能够对数学思想、数学方法有所感悟,这才是真正"做数学"的过程。

第 4 章

基于核心素养的数学原理课教学设计

第 4 章　基于核心素养的数学原理课教学设计

4.1　对数学原理教学的理性思考

4.1.1　对数学原理教学的认识

数学原理包括数学公理、定理、性质、公式、法则等，是对数学概念的属性以及数学概念之间关系的逻辑判断。数学原理既是数学概念及其关系认识的深化，又是联系概念和问题的桥梁。

数学公理是人们在长期实践中总结出来的一些基本数学事实，它的正确性无需怀疑，它反映的是一些基本数学规律，无需用推理的方式来证明。数学公理是进行判断、推理和推证数学定理、公式的基本依据，教师在教学中可以通过一定的实例或操作来帮助学生认识公理的含义、理解公理的合理性，并设计一些实际问题引导学生主动尝试解决，最终形成灵活运用公理解决实际问题的能力。例如，在教公理"两点确定一条直线"时，教师可以在一块木板上钉一个钉子，然后将钉子取出，木板上留下一个钉眼，此时教师引导学生发挥直观想象，可以想象这个钉眼好似木板上的一个点，然后在此基础上要求学生尝试操作：把一根木条钉在一块木板上，此时木条可以绕着钉子转动，而当用两个钉子时，木条就被固定，让学生得出一个结论："过两点有且只有一条直线"，使学生能理解这个结论的含义和合理性。又如，在一条河的同侧有 A、B 两个村庄，现要在两村庄之间的河岸建一码头，码头须建在河岸的什么位置，到两村庄的路程之和最短？此例中学生可探索运用公理"两点之间线段最短"解决实际问题。

每一个定理都是一个真命题，它们都由条件和结论两部分组成，条件与结论之间存在着因果关系。在教学中，教师一方面要让学生知道每一个定理的条件和结论各是什么，另一方面要引导学生进行探究，通过对定理的证明培养学生的逻辑推理能力。如我们在探究学习"梯形中位线定理：梯形中位线平行于两底，并且等于两底和的一半"时，首先要根据定理的内容画出相应的几何图形，然后根据定理的条件和结论，相应地写出定理的已知和求证各是什么，在此基础上探究完成该命题的证明，以此理解"梯形中位线定理"所提示的数学规律，进而形成数学定理。为提高学生的学习兴趣和充分调动学生的学习积极性，在对数学问题进行探究时，教师可以创设问题情境，让学生自主大胆地进行猜想，在探究中发现规律，以此让学生获得探究的快乐和成功的体验，并唤起学生内在的学习动力。在完成推证"梯形中位线定理"后，教师可充分地让学生联系思考其与"三角形中位线定理"的关系、图形与图形之间的关系，通过变更辅助线的位置，在探究中发现两定理之间的关系。

数学性质是一定的数学对象所具有的内在特征。一般来说，数学性质所反映的是数学对象所具有的数量关系或位置关系，如"偶函数的图像关于 y 轴对称"，这一性质是偶函数的显著特征，它包含了两方面的含义：一是形的特征，反映的是偶函数的图像沿着 y 轴对折能够互相重合，体现偶函数所具有的图形特征；二是数的特征，反映的是对于偶函数 $y=f(x)$ 定义域中任意 x 的值，恒有 $f(-x)=f(x)$ 成立，体现偶函数所具有的数量关系。教学时，教师要引导学生从数量关系与位置关系的依存关系上去分析探究某一数学对象所具有的属性。又如教学"直三棱柱"的性质时，我们可以先出示一个直三棱柱的模型，让学生观察，引导学生猜想：直三棱柱的每一条侧棱有什么样的数量和位置关系？直三棱柱的侧面展开图具有什么特征？然后对所得的猜想加以分析论证。教师可以运用同样的思想让学生来学习探究其他类型几何体所具有的性质，这样学生不但易于接受，而且易于理解和掌握，并能在探究中获得发现和成功的体验，进而满足求知的欲望。

数学运算贯穿数学学习的始终，培养学生的运算能力是数学教学的重要目标。一般来讲，每一种运算都有其自身的运算法则，如"同分母分式相加减，分母不变，把分子相加减；异分母分式相加减，先通分，变为同分母的分式，然后再加减"，这是分式的加减法法则。当然，还得注意运算顺序和正确地使用符号法则，不然很容易导致计算和化简的错误。对此，教师一方面要帮助学生切实理解各条运算法则；另一方面要设计好相关的练习，让学生在练习中提高对运算法则、运算顺序及符号法则的认知能力。

因此，数学原理的教学既要研究数学原理的结构和属性，又要研究原理学习过程的认知活动。高效率的数学原理探究活动的教学策略包括创设情境，激发动机，让学生在数学原理的发现过程中全面而有侧重地经历数学感知、数学表征、数学概括、数学推理等认知过程，发展数学认知水平；在数学原理的应用过程中，引导学生开展数学原理的程序化表征活动、变式应用活动和系统化训练活动，实现知识的迁移应用。

当然，教无定法，这就要求教师在认真把握教材的基础上，了解学生的学习状况，在数学原理的教学中探索出既适合学生实际，又有助于学生理解和掌握的教学方法，做到因材施教，实现学生的全面发展，把数学核心素养的培养渗透到教学过程中。

4.1.2 数学原理教学的现状

数学原理主要包括公式、法则、定理和性质,因此数学原理的学习主要就是公式和法则的学习、定理和性质的学习。关于原理学习,基于以下的共识:(1)原理学习实际上是学习一些概念之间的关系;(2)原理学习不只是学习描述原理的言语信息,更主要的是学习原理的本质,它是一种有意义的学习;(3)原理学习实质上是习得"产生式",只要条件一满足,学习者的行为反应就自然出现,利用原理解决新的问题;(4)学习原理不是孤立地掌握一个原理,而是在原理之间建立联系,形成原理网络。

鉴于这样的认识,教师在数学原理教学中往往会根据自己的数学教育观,采用不同的教学方式进行原理教学。当一个教师把数学理解为思维的科学时,他就会在教学中偏重于对学生进行思维训练;如果把数学理解为工具学科,他可能就会在教学中渗透数学应用的思想。在数学原理教学中同样是这样的状况。

一类教学方式是教学中给出原理、探究证明,在此基础上通过多层次的应用,加深对数学原理的理解。如"余弦定理"的教学,首先提出"三角形中,已知两边及夹角,如何求出第三边?"的问题,然后说明利用余弦定理可以解决此类问题,并呈现余弦定理的内容。接下来引导学生探究定理的证明方法,然后通过例题加深对余弦定理的理解,并且达到熟练掌握,教学的重点放在定理的应用。第二类是创设情境、提出问题、引导探究、形成猜想、严格证明、得出结论,再对结论进行严格证明,得出相应的数学原理,在此基础上对原理进行简单的应用。在得出结论的过程中往往通过由特殊到一般、由具体到抽象的归纳过程。如"二项式定理"的教学,首先提出问题,引发思考,所求二项式的展开式可以利用多项式相乘得出结论,但不具有可操作性,因此必须探究二项式展开的一般规律,如何探究?先研究次数较低时的展开式,发现展开式中项的特征、系数的特征,再归纳猜想二项式的展开式,并考虑利用什么方法对结论加以严格证明。这一过程充分体现了研究问题的科学方法,同时关注数学中思维的严谨性,即判断一个结论正确与否,必须经过严格证明,教学的重点放在二项式定理的探究,关注思维能力的培养。第三类是组织学生开展小组合作学习,开展学生与学生、学生与教师之间的讨论,学生提出学习中存在的问题,组织班级讨论,解决学生学习中的问题,重点关注学生自主学习能力、合作交流能力、质疑能力的培养。

还有其他一些数学原理的教学方法,教学形式的多样性为我们开展讨论提供了丰富的资源。

4.1.3　数学原理教学存在的问题

上面我们列举了目前进行数学原理教学的几种形式,在实际的教学过程中主要存在以下几方面的问题。

第一,重学生对数学原理本身的证明和结论的掌握运用,轻学生发现意识和合理猜想的能力培养。尽管教师也期望通过教学来渗透和体现数学发现的思想方法,但体现的方式大多也只是表现在例题的证明过程之中而已。既忽视结论成立的条件、探索的发现过程和思维方法,又忽视结论发生发展的来龙去脉和形成过程,也忽视引导学生对猜想路径进行归纳提炼,更忽视学生形成依据路径进行猜想的自觉意识。

第二,重学生对猜想进行推理证明的方法掌握,轻证明方法的探究过程。数学原理探究过程中获得结论的方法有许多,有通过实验论证的方法获得结论的,其过程体现的是对学生动手实践能力培养的价值;也有通过严谨的推理论证的方法获得结论的,其过程体现的是对学生逻辑思维能力培养的价值;还有通过分类枚举的方法获得结论的,其过程可以渗透分类研究和不完全归纳的数学方法。因此,教师在教学中不应厚此薄彼,而是要利用不同内容作为教学载体,引导学生经历运用不同方法得出结论的探究过程,充分发挥每种探究过程对学生数学思想和研究能力形成的作用。

第三,重学生书面表达的规范和训练,轻学生的语言表达和交流。语言不仅是认识的表达,而且是思维的外显。在数学教学中自然少不了学生语言的交流表达。然而,原理教学中轻语言表达与交流的表现主要有以下方面:一是交流表达的机会往往成为少数学生的专利,而不是每个学生共同拥有和参与的权利;二是交流表达的内容是学生对命题进行逻辑推理证明的语言,即表达的是由条件出发如何推出问题结论的证明过程,而不是表达由问题结论出发对可能形成的路径和所需的条件进行探索的综合分析过程;三是交流表达的是问题解决正确答案的结果呈现,而不是问题解决过程中困难障碍的呈现与解决。事实上,对数学原理探究过程的表达其实就是学生思维活动结果的反映。在教学过程中,虽然教师也注意学生的表达,但如果学生只是从头到尾地把证明过程复述一遍,那么这种表达很难起到交流碰撞的作用。对于大多数听众学生而言,他们充其量只是知道了结果而已,但不知道这个结果是怎么来的,更不用说获得结果的思维策略和路径了。

归根结底,这些问题的存在直接导致了数学原理教学过程中的育人资源贫乏,使学生对于数学原理的学习与掌握产生畏惧心理,继而影响了学生探究欲望的激发和获得结论的成功体验。

4.2 基于数学核心素养的原理课教学的具体要求

4.2.1 原理教学需重点落实的数学核心素养

数学原理的教学设计通常分为四个环节。第一环节,原理的发现过程。这一过程往往通过创设情境,引导学生在真实情境中观察、思考,能够主动地发现问题、提出问题,并且将问题一般化,形成猜想。这一过程重点培养学生的直观想象能力、数学抽象能力和逻辑推理能力。第二环节,原理的证明过程。形成的猜想是否一定正确,这需要加以严格证明,首先探究证明思路,然后进行证明过程的描述。这一过程重点培养学生逻辑推理能力,包括探究能力、运算能力等。第三环节,原理的理解过程。为了加深对原理的理解,需要对得出的数学原理从多角度加以理解,包括多种语言的表述(文字语言、符号语言、图形语言)、正例反例的辨析等,关注的是逻辑推理能力的培养。第四环节,原理的应用过程。如何在新的情境中应用原理解决问题,关注的是数学建模的能力。由此可以看出,在数学原理教学过程中,重点应该关注逻辑推理、数学抽象及数学模型等核心素养的培育,在原理发现的过程中、在原理证明的过程中、在原理理解的过程中、在原理应用的过程中以数学核心素养的培养作为教学的最终目标,真正将核心素养的提高落实在数学教学的每一个环节之中(如图4-1)。

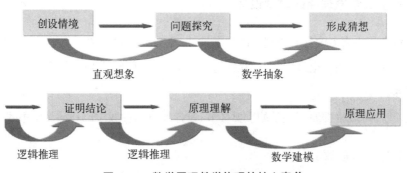

图4-1 数学原理教学体现的核心素养

根据数学核心素养培养的要求,结合数学原理学习的具体过程与方法特点,通过数学原理探究的教学,可以使学生经历从问题出发,通过观察、类比、实验等途径形成猜想,运用实验论证、演绎推理等方法对猜想进行证明,得出数学原理。

通过这一过程,既可以帮助学生发现问题和提出命题,掌握逻辑推理的基本形式,理解事物之间的关联,了解和掌握数学原理探究过程的方法结构,提升学生合理猜想的意识和能力;也可以帮助学生掌握实验论证和推理论证(包括类比、演绎推理)等研究方法,为学生开展原理探究提供多种思维策略与路径,提升学生的动手实践能力、抽象概括能力、逻辑思维能力和创造性思维的水平,形成重论据、有条理、合乎逻辑的思维品质;还可以帮助学生掌握数学文字语言与符号语言之间的转换方式,提升学生数学语言表述的水平与能力,增强数学交流能力;更可以帮助学生感悟前人的智慧,了解数学规律探究和发现的一般方法,提升学生运用数学原理解决实际问题的能力。数学的发展从来就离不开定理,数学的进步常常以定理的发现或证明为标志,数学的历史遍布着定理的足迹。如泰勒斯曾经证明了"圆的直径将圆分为两个相等的部分"等四条定理。我国最早的数学著作《周髀算经》记录了勾股定理,《孙子算经》记录了"中国剩余定理","赵爽弦图"是我国古代数学成就的标志之一。毕达哥拉斯定理和勾股定理分别作为东西方数学文化里的一朵奇葩,其历史意义、文化意义早已超出了定理本身。许多优秀成果都是以定理记载下来,推动着数学的发展。如20世纪现代数学里的丰富成果:哥德尔不完全性定理,这是研究相容性问题而引发的非常深刻的思维成果;作为近代数学三大难题之一的四色定理经过了一个多世纪才被证明,推进了拓扑学、图论的发展。因此,将定理教学置身于整个数学史"大背景"于教师与学生都会有一个全新的视角,有助于对定理本真的了解、增强课堂的吸引力和师生的积极性。这些都是数学定理学习的历史文化境遇,不可忽视。

4.2.2 基于数学核心素养的原理课教学设计

一、关于数学原理课的教学设计

基于数学核心素养的数学原理课的教学设计,重在设计数学学习活动,让学生经历原理发现、生长、完善、应用的全过程,在过程中感悟数学思想、积累基本的数学活动经验,提高数学核心素养。

据此,我们可以根据原理教学的主要环节,设计如下两种数学原理的教学模式。

1. "实例—原理"教学模式

该模式以数学抽象、逻辑推理、数学模型等数学核心素养为主要关注目标。

由实例到原理的学习是指通过创设问题情境,引发思考、开展探究活动,从而归纳出一般结论即形成猜想,然后探究证明思路、完成证明,并应用原理解决问题。这是一种发现式学习,简称"实例—原理法"(如图4-2)。

图4-2 "实例—原理"教学模式

在采用"实例—原理法"开展原理教学时,为了使学生顺利猜想、概括出原理,需要为学生提供足够多的实例,这些例子应该尽量涵盖各种典型例子的类别,以利于学生发现原理和全面了解原理。

在创设问题情境中,关注情境的真实性和适切性,情境必须是学生熟悉的生活情境,情境不仅需要对本节课所学内容适切,而且要与学生的认知水平相匹配,能够把学生的思维真正地牵引到"问题场"中,真正发挥教学情境应有的作用。探究必须是基于问题的探究,探究的过程会应用到多种数学方法,如由特殊到一般、由具体到抽象,通过观察、分析、比较,最后形成猜想。经历这个过程对学生抽象思维能力、逻辑推理能力以及利用数学思想方法解决实际问题的能力的培养,能够起到很好的作用。由归纳猜想得出的结论不一定正确,需要考虑能否证明,因此进入探究原理的证明思路的环节。通过引导学生从不同角度进行思考,可采用独立思考与小组学习相结合的形式,体现证明方法的多样性,通过方法的比较,选择最佳方法,得出结论的证明。在运用结论的环节,可分为直接应用、综合应用、拓展应用几个层次,从不同的层面引导学生对原理进行理解,透过现象看本质,培养学生分析问题解决问题的能力。这样在数学核心素养的观点下设计教学活动,安排教学流程,在落实"四基"的目标之下,达成培养核心素养的目标。

2. "原理—实例"教学模式

该模式以数学抽象、逻辑推理、数学模型等数学核心素养为主要关注目标。

由原理到例子的学习是指先向学生呈现要学习的原理,然后再用实例说明原理,从而使学生掌握原理的学习,这是一种接受式学习(如图4-3)。

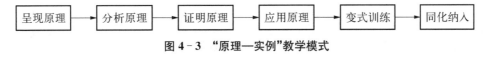

图4-3 "原理—实例"教学模式

在原理呈现环节,教师提出问题,学生思考,为了解决这一问题,由教师向学生呈现原理,并且分析该原理的构成以及在数学中的作用。如"数学归纳法"的学习,首先让学生明确"数学归纳法"是数学中证明与正整数有关的命题的一种重要方法,同时分析其每个步骤之间的逻辑关系,通过正例、反例让学生理解该方法中的每一步在整个思维链中所起的作用,加深对原理的理解。通过这一过程重点关注学生对逻辑思维中"环环相扣"的感受,提高学生的逻辑思维能力。在此基础上,明确数学归纳法是用"有限步"的演绎推理代替了"无限步"的证明。这一过程让学生体验由具体到抽象、由有限到无限的思想。进入"应用原理"环节后,对具体的问题利用数学归纳法加以证明,让学生熟练掌握数学归纳法的应用,再通过问题的变形,开展变式训练,在应用中提升学生对原理的理解能力,慢慢地理解原理的本质,最后纳入到学生认知结构之中。

这两种原理教学模式必须根据原理的类型、学生的学情以及教师的教学风格进行选择，不论何种方式都需要教师以核心素养的培养为指导思想，精心设计每个环节的教学活动，充分调动学生的积极性，让学生主动学习，才能取得良好的教学效果。

二、关于数学公式的教学设计

数学公式可以认为是数学原理的范畴，但它与原理又有所区别。

原理是自然科学和社会科学中具有普遍意义的基本规律，是在大量观察、实践的基础上，经过归纳、概括而得出的，既能够指导实践，又必须经受实践的检验。因此教学中可以采用由"特殊——一般""归纳—猜想—证明"的方法得出原理。

数学公式是人们在研究自然界物与物之间时发现的一些联系，并通过一定的方式表达出来的一种表达方法。是表征自然界不同事物数量之间的等或不等的联系，它确切地反映了事物内部和外部的关系，是我们从一种事物到达另一种事物的依据，使我们更好地理解事物的本质和内涵。

比如高中数学中的数学公式，点到直线的距离公式、两条直线的夹角公式、三角公式、几何体的侧面积公式、体积公式等，往往都是在目标指向明确的情况下（如关于三棱锥的体积公式，直接研究三棱锥的构成，如何将其补成三棱柱），转化成已知的问题，从而解决问题（得出三棱锥的体积公式）。在这一过程中，不需要研究特殊的三棱锥的体积，而是直接研究一般性的三棱锥。即使通过特殊的三棱锥体积的计算结果也无法猜想三棱锥的体积公式。因此，对于数学公式的教学可以在上述原理课进行的流程中做相应的改进：

图4-4 数学公式教学流程

在第一个环节"问题引入"，通过教师或者学生创设情境，引出所要研究的问题，可以是具体的问题，也可以提出一般性的问题，培养学生直观想象和数学建模的能力。第二个环节"公式探究"，面对提出的问题，比如如何计算两条直线的夹角，如何计算点到直线的距离，等等，引导学生进行探究活动。这一过程重点关注学生的逻辑推理、数学运算、直观想象等核心素养。第三个环节"公式理解"，有了公式以后，需要引导学生从不同的角度进行理解，与以往的公式有什么关联，有什么区别，适用范围是什么，目的在于促进学生对公式的深度理解，重组知识结构，重点在于逻辑推理及思辨能力的培养。第四环节"公式应用"，得出了公式就是为了应用、解决问题，通过设计不同层次的问题，让学生感受到公式的作用，进一步加深对公式的理解，只有在具体应用过程中才能真正理解公式、掌握公式，这一过程重点关注逻辑推理、数学建模、数学运算等核心素养。

4.2.3　原理课教学需要重点关注的问题

在数学原理教学中需要重点关注如下几个问题。

1. 关注数学思想方法的渗透

数学原理的教学不仅仅是让学生记住原理的内容,能够用原理解决一些问题(模仿解题),更需要在原理学习的过程中渗透相应的数学思想方法,让学生从数学思想的层面理解数学原理。如在原理发现的过程中体现由特殊到一般、由具体到抽象的思想,关注逻辑推理和数学抽象素养的培育,教师的头脑中需要有一根弦,考虑在教学的每一个环节可以渗透哪些数学思想,在这一环节中重点关注哪些数学核心素养的培养。这样经过长期的数学学习,学生才能在头脑中掌握牢固的数学知识、理解数学的本质,提高数学核心素养。

2. 关注数学活动的设计

数学能力的提升、数学素养的培育主要体现在数学活动的过程之中,因此在原理教学的每一个环节之中,必须设计相应的数学活动。如在原理的发现过程、原理的证明过程、原理的理解过程及原理的应用过程中设计学生的学习活动。学生对数学思想的感悟、对研究方法的掌握、对原理本质的理解以及对抽象思维、逻辑思维能力的提高都是在这些活动中形成的。因此教学中必须关注数学活动的设计与教学,明确数学活动的设计与教学目标,使学生的数学核心素养在活动中养成、在活动中提升。

3. 关注数学原理的结构体系

教材中的数学原理不是孤立零散的知识,而是属于一个有系统的知识体系,因此教学中必须明确原理在数学知识体系中的地位作用及原理之间的内在联系,加深对原理的理解,从数学整体结构上把握数学原理。为此,在进行定理、公式教学时,应使学生了解每一个定理、公式在数学体系中的来龙去脉、发生过程,通过单元复习、每章复习、总复习,对所学的定理、公式进行系统整理,形成整体结构。例如,在三角函数变换中公式很多,给公式记忆带来一定的困难,如果能够掌握它们的内在联系,那么不仅有利于记忆公式,还有助于灵活运用公式。另外,研究讨论一些定理、公式的推广,例如余弦定理的推广,能够使学生了解数学原理的相互关系,不失为培养学生抽象概括能力的好方法。

课例 6　**二项式定理**

课　题	二　项　式　定　理
课　型	数　学　原　理　课

1. 教学内容分析

　　"二项式定理"是高中数学中的一个重要内容,不仅在初等数学中有着广泛应用,而且又是学习概率、微积分等有关高等数学知识的重要基础。教材中将该内容安排在排列组合之后进行学习,主要是根据计数原理利用组合数及其性质,解决二项展开式的系数问题,得出二项式定理,再为后续学习概率分布做好准备。同时在学习二项式定理的过程中,能够让学生体验一些重要的数学思想和数学方法。

2. 学情分析

　　本节课是在学生掌握了排列组合的基础上学习的,并为后面学习概率中的二项分布奠定基础,所以它是承上启下的一节课。学生基于完全平方公式的知识起点,由此进一步拓展,提出二项式$(a+b)^n$ 的展开式问题。学习的难点在于分析展开式的特征,探究每一项的构成,从而与组合数建立联系,因此在教学中设计了多个探究活动化解难点,使学生能够真正理解二项式定理的本质。

3. 学习目标

　　(1) 经历二项式定理的探究过程,体会由特殊到一般的数学研究方法,培育数学抽象素养;经历归纳—猜想—证明的过程及归纳类比的推理过程,培育逻辑推理素养。

　　(2) 理解二项式定理的内容,利用二项式定理正确展开二项式,经历这一过程,培育数学运算素养。

　　(3) 通过小组合作交流讨论,加深对二项式定理的理解,培养合作意识和独立思考的能力。

4. 教学重点和难点

　　教学重点:掌握二项式定理的内容。

　　教学难点:二项式定理的探究。

5. 学习评价设计

　　针对教学内容,通过问题解决检测学生对数学知识、解题方法及所学原理的掌握情况,这些都是显性的知识。而对数学核心素养的落实情况,可以在数学活动过程中通过学生对探究问题的想法、思路、研究方法等方面进行过程性评价。同时在学习一阶段或者一个单元后,面对一些实际运用问题、需要利用数学知识加以解决的问题,可以对学生发现问题、提出问题、分析问题、解决问题的能力进行测评。

6. 学习活动设计

教学环节	教　学　活　动
环节一 发现定理	**一、提出问题** $(a+b)^2 = a^2 + 2ab + b^2$, $(a+b)^3 = (a+b)^2(a+b) = a^3 + 3a^2b + 3ab^2 + b^3$, …… 那么,$(a+b)^{100}$ 如何展开?$(a+b)^n$ 又如何展开?

	活动设计意图： 通过计算 $(a+b)^2$、$(a+b)^3$，复习多项式的乘法法则，展现这两个二项式展开式的形式，特别关注展开式中系数的来源，目标直指"数学运算"素养的培育。而后面的问题就是为了引起学生的认知冲突、激发探究欲望。因为用多项式的乘法已经很难展开 $(a+b)^{100}$，所以必须探索其他的展开方式。同时明确科学研究就在于发现客观事物的一般规律，点明课题，探索 $(a+b)^n$ 展开式的一般规律是我们本节课的研究内容，体现由特殊到一般、由具体到抽象的研究问题的方法。
环节一 发现定理	**二、教学活动** 　　1. 复习多项式乘法 　　问题(1)：$(a_1+b_1)(a_2+b_2)$ 的展开式是什么？展开式有几项？每一项是怎么构成的？ 　　问题(2)：$(a_1+b_1)(a_2+b_2)(a_3+b_3)$ 展开式的每一项是怎么构成的？展开式有几项？
	活动设计意图： 这两个问题都是通过复习多项式乘法法则探求展开式每一项的构成及展开式的项数，这是所要达到的知识目标。在这一过程中，强调的是运算规则的运用，算法过程的分析，直指数学运算素养。
环节一 发现定理	2. 探究 $(a+b)^3$ 的展开式 　　$(a+b)^3=(a+b)(a+b)(a+b)$。 　　(1) 项的形式：a^3、a^2b、ab^2、b^3，归纳为：$a^{3-k}b^k$（$k=0,1,2,3$）。 　　(2) 项的系数：C_3^0、C_3^1、C_3^2、C_3^3，归纳为：C_3^k。 　　(3) 展开式： 　　$(a+b)^3=C_3^0a^3+C_3^1a^2b+C_3^2ab^2+C_3^3b^3$。
	活动设计意图： 目的在于引导学生利用多项式乘法算理，确定 $(a+b)^3$ 的展开式，由每一项的形式归纳出展开式项的形式为 $a^{3-k}b^k$（$k=0,1,2,3$），展开式的系数为 C_3^k，这一过程是一个归纳的过程，是体现逻辑推理能力的过程。因此这一活动的设计指向数学运算、逻辑推理素养的培育。建立组合数与展开式系数之间的关系是教学中的难点，突破点还在于项的构成及其来源，整个展开式按照 a 的次数由高到低排列，体现了数学的整体之美。
环节一 发现定理	3. 探究 $(a+b)^4$ 的展开式 　　（类比活动 2，完成该探究）
	活动设计意图： 活动 3 是在活动 2 的基础上的进一步深化，加深对研究方法的理解，引导学生的思维走向深刻，为进一步研究 $(a+b)^n$ 的展开式做好准备。这一活动的设计仍然指向数学运算、逻辑推理素养的培育。
环节二 证明定理	4. 探究 $(a+b)^n$ 的展开式 　　（类比活动 3，完成该探究） 　　$(a+b)^n=C_n^0a^n+C_n^1a^{n-1}b+\cdots+C_n^{n-1}ab^{n-1}+C_n^nb^n$（$n\in\mathbf{N}^*$）。
	活动设计意图： 通过经历教学活动 2、3、4 的过程，引导学生观察这些展开式的特征，归纳出 $(a+b)^n$ 的展开式应该水到渠成，学生从项的形式、系数、展开式三个方面先猜想后论证得出结论，重在对数学运算、逻辑推理素养的培育，体现由特殊到一般的解决问题的方法及归纳—猜想—证明的过程。

环节三 理解定理	**三、理解定理** 对二项式定理的认识： $(a+b)^n = C_n^0 a^n + C_n^1 a^{n-1}b + \cdots + C_n^{n-1}ab^{n-1} + C_n^n b^n\ (n \in \mathbf{N}^*)$。 （1）展开式的项数：一共有 $n+1$ 项。 （2）项的次数：各项的次数等于 n。 字母 a 按降幂排列，次数由 n 递减到 0； 字母 b 按升幂排列，次数由 0 递增到 n。 （3）二项式系数：C_n^k，$k = 0,\ 1,\ 2,\ \cdots,\ n$。 （4）展开式的通项：$T_{k+1} = C_n^k a^{n-k}b^k$，强调：这是展开式的第 $k+1$ 项。

　　活动设计意图：这是一个认识二项式定理的环节，认识定理的一些基本特征，包括展开式的项数、次数、二项式系数、二项展开式的通项等，有利于加深对定理的理解。完成这一过程需要对二项展开式的每一项仔细分析，它不是具体的算式，而是抽象的表达式，因此整个环节不仅需要对算式的理解，而且需要具备一定的抽象能力，在活动中提升数学运算、数学抽象的素养。

环节四 应用定理	**四、典型例题** （学生独立完成，教师点评） **例 1**：求 $\left(x + \dfrac{1}{x}\right)^4$ 的二项展开式。 **例 2**：求 $\left(\sqrt{x} - \dfrac{2}{\sqrt{x}}\right)^6$ 的二项展开式。 **例 3**：求 $(1+a)^{12}$ 的二项展开式中的倒数第 5 项。 **例 4**：（1）求 $(2x+1)^7$ 的二项展开式的第 4 项的系数。 （2）求 $\left(x - \dfrac{1}{x}\right)^9$ 的二项展开式中 x^3 项的系数。

　　活动设计意图：该环节主要是二项式定理的应用，目的在于运用规则、根据算理解决问题，目标指向数学运算。在问题的编排上体现层次性，在该过程中培养学生运用法则的能力、算法选择的能力以及计算能力。如例 2 中可以直接利用公式展开，其中 $a = \sqrt{x}$，$b = -\dfrac{2}{\sqrt{x}}$；也可以将原式化简为 $\dfrac{(x-2)^6}{x^3}$ 然后再展开。前者直接，后者运算简洁，说明展开方式的多样性。

环节五 课堂小结	**五、课堂小结** 　　1. 学生回顾本节课所学数学知识。 　　二项式定理 $(a+b)^n = C_n^0 a^n + C_n^1 a^{n-1} + \cdots + C_n^{n-1}ab^{n-1} + C_n^n b^n\ (n \in \mathbf{N}^*)$ 及相关概念。 　　2. 学生回顾二项式定理探究过程中体现的数学思想方法。 　　特殊——一般，归纳法，归纳——猜想——证明，类比思想。 　　3. 师生共同提炼学习过程中感受到的数学素养。

　　活动设计意图：课堂小结从数学知识、数学方法、数学思想三个层面架构本节课的内容，目的在于引导学生回顾二项式定理的学习过程，特别是提出问题、分析问题和解决问题的过程，回味探究问题所采用的方法，由特殊到一般、归纳——猜想——证明等。经历这一过程，学生的抽象思维、逻辑推理及数学运算等核心素养得到培养，面对一个新问题时能利用数学思维分析思考研究问题，最后解决问题。

本节课围绕原理课教学的四个环节设计教学过程、展开教学活动。整个课堂结构层次清晰,每一个环节以核心素养培育为导向,目标明确,并且通过具体的教学活动,使目标落实到位。

第一个环节是发现定理,教学中创设了一个教学情境,引导学生观察已有乘法公式的结构,提出问题,激发学生探究欲望;为了完成定理的发现过程,设计了四个教学活动,探究二项式展开式的项数以及每一项的构成,在教师的引导之下步步深入,把学生的思维引向深刻。同时借助组合数的性质发现了二项式展开过程中的规律。这一过程有利于培养学生的直观想象、逻辑推理的能力,在引导学生发现二项式展开式的结构特征的过程中培养直观想象能力,在发现二项式展开式中每一项的构成规律的过程中培养逻辑推理能力。

第二个环节是证明定理,伴随着探究的过程、结论的自然呈现,定理的证明过程也已经浮出了水面。关键是对定理的格式化的表达,呈现一种规律性的分布,体现数学之美,这一过程有利于培养学生的直观想象能力。

第三个环节是理解定理。为了加深对定理的理解,教学中设计了理解的三个角度,从三个方面对定理加以理解,一是二项式展开式的项数,二是二项式展开式各项的次数,三是二项式展开式的通项结构,在此过程中培养提高数学抽象及数学运算素养。

第四个环节是应用定理,在引导学生理解二项式定理内容的基础上,通过四个例题的解决体现二项式定理的应用,加深对定理的认识和理解。四个例题层次清楚,体现了二项式的形式变化,二项式中项的变化,从定理的正向应用变化到定理的逆向应用,培养学生思维的广阔性和深刻性,紧紧围绕提高数学运算和逻辑推理能力展开序列化的教学活动。

从本节课完整的学习过程可以看出,在发现问题、提出问题、分析问题和解决问题的过程中,学生经历了从开始的多项式乘法法则到特殊的二项式展开式的探究,再从特殊情况归纳猜想得出一般性结论,并加以严格论证。这一过程侧重数学运算、逻辑推理和数学抽象这三个数学核心素养的培育,因此这应该作为本节课的关注点,或者认为是本节课想要凸显的教学目标,二项式定理本身的内容只是学习过程中的一个载体,除去这些具体内容留下的就是数学思想,包括由特殊到一般、归纳—猜想—证明等。数学核心素养就是面对一个真实的情境时,能够用数学的眼光观察世界、能够用数学的思维分析世界、能用数学的语言描述世界这样的一种综合能力,是知识与技能、过程与方法、情感态度价值观的综合体现。在教学中通过设计相应的教学活动,让学生在活动中提高关键能力、提升核心素养。

课　题	余　弦　定　理
课　型	数　学　原　理　课

1. 教学内容分析

　　在初中研究了三角形的边角关系,包括三边关系、三角关系、边角关系,但只是定性分析。在高中学习了三角比之后,利用三角比定量研究三角形中的边角关系,包括余弦定理和正弦定理,使得解三角形的知识结构进一步完善。本节内容的一条明线是余弦定理本身的内容,已知两边及夹角求第三边的长;一条暗线是着重于探究能力的培养,发挥数学原理课教学的育人价值。

2. 学情分析

　　学生在初中已学习过三角形中三条边、三个角以及边角之间的定性判断方法,知道已知两边及夹角能够唯一确定一个三角形,但对已知两边及夹角如何求出第三边的问题是不清楚的,因此教学时可以创设教学情境,激发学生的探究欲望,然后组织学生开展探究活动,实现教学目标。

3. 学习目标

　　(1) 经历余弦定理的发现过程以及定理证明的探究过程,掌握余弦定理的内容及证明方法,培养数学探究、逻辑推理素养。

　　(2) 利用余弦定理解决简单的解三角形问题,培养学生数学建模、数学运算等素养。

　　(3) 在学习过程中体验由特殊到一般及观察—归纳—猜想—证明的数学思想方法。

4. 教学重点和难点

　　教学重点:余弦定理的内容与应用。

　　教学难点:余弦定理的探究。

5. 学习评价设计

　　本节课在教师的引导下开展余弦定理的探究活动。主要对学生探究兴趣、探究方法以及对余弦定理的认识和理解等方面进行评价。从特殊的三角形出发,以直角三角形为基准,研究三角形中第三边随着两边夹角的变化而变化,研究第三边与夹角的函数关系,激发学生学习兴趣和探究欲望。在整个过程中关注学生思维的逻辑起点以及逻辑推理的方向,对探究过程中出现的不同认识必须给予积极的评价,并正确引导学生的思维,使学生在探究过程中感受到研究的乐趣,培养良好的思维习惯和不怕困难的科学精神。

6. 学习活动设计

教学环节	教　学　活　动
环节一 发现定理	**一、定理的发现过程** **(一)创设情境,提出问题** 　　问题:在 $\triangle ABC$ 中,若已知 $BC = a$,$AC = b$,能否求出三角形的第三边 AB 的长? 　　学生:不能,因为三角形的大小、形状不能确定。 　　教师:那么添加哪一个角的条件,一定能求出三角形的第三边? 　　学生:根据全等三角形的判定定理,只能添加 BC、AC 的夹角 C。 　　教师:既然 c 边可由 a、b 及 $\angle C$ 唯一确定,那么对于这类问题是否也像正弦定理一样,存在某个定理、公式可以解这种三角形?

	活动设计意图：通过创设情境引发思考，首先让学生明确确定三角形的条件（在已知两边的情况下），接着提出已知两边及夹角如何求出第三边的长，直接点明探究的主题。该环节回答了"为什么要研究余弦定理？"的疑问。
环节一 发现定理	**（二）引导探究，猜想定理** 　　教师：（几何画板展示）如下图，在 $\triangle ABC$ 中，AC、BC 长度固定不变，BC 绕点 C 转动，AB 的长度随 $\angle C$ 的变化而变化，这一变化揭示 AB 的长度与 $\angle C$ 之间是怎样的数学关系？ 　　学生：AB 应为 $\angle C$ 的函数。 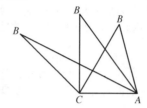
	活动设计意图：经历这一过程，让学生感受到 AB 的长度随着 $\angle C$ 的变化而变化，为下一步寻找 AB 与 $\angle C$ 的关系打下基础，培养学生直观想象能力。
环节一 发现定理	教师：（几何画板演示数据） 　　当 $\angle C = 90°$ 时，$c^2 = a^2 + b^2$； 　　当 $\angle C < 90°$ 时，$c^2 < a^2 + b^2$； 　　当 $\angle C > 90°$ 时，$c^2 > a^2 + b^2$。 　　师生共同活动：教师组织学生观察、讨论，引导学生归纳、猜想函数关系式。 　　学生：猜想 $c^2 = a^2 + b^2 + f(C)$。 　　师生共同活动：师生共同探究 $f(C)$ 的具体形式，即 $f(C)$ 与 C 的哪个三角函数有关？ 　　学生活动：学生交流、讨论，联想各个三角函数得出以下结论。 　　(1) $f(C)$ 与 C 的余弦值有关；(2) $f(C) = \cos C$；(3) $f(C) = \cos(\pi - C)$； 　　(4) $f(C) = k\cos(\pi - C)$。 　　学生经过交流、讨论、探究，一致认为 $f(C) = k\cos(\pi - C)$，即 $$c^2 = a^2 + b^2 + k\cos(\pi - C)\ (k > 0)。$$
	活动设计意图：为了探究 AB 与 $\angle C$ 的关系，先从特殊情况入手，当 $\angle C = 90°$ 时，得出 $c^2 = a^2 + b^2$，……，为引导学生观察、做出猜想提供了条件。 　　这是关键性的一个环节，探讨的主题是 $f(C)$ 与 C 的哪个三角函数有关？学生根据自己的认识列出了关系式，在此基础上组织讨论，最后形成共识。这一环节对学生思维能力有比较高的要求，首先体现在函数的选择上，为什么选择余弦函数？其次在 4 个关系的辨析上，体现了对上一个活动设计本质的理解，提高学生逻辑推理能力、探究精神、思辨能力。
环节一 发现定理	教师：那么 k 又是什么形式？如何确定 k 呢？ 　　学生活动：（学生分组讨论，探求 k）有学生由特殊值着手，发现： 　　(1) 当 $C = 30°$，$c^2 = a^2 + b^2 - \sqrt{3}bc$。 　　(2) 当 $C = 60°$，$c^2 = a^2 + b^2 - bc$。 　　(3) 当 $C = 120°$，$c^2 = a^2 + b^2 + bc$。 　　(4) 当 $C = 150°$，$c^2 = a^2 + b^2 + \sqrt{3}bc$。 　　有学生由临界状态发现：当 $C = 0°$ 或当 $C = 180°$ 时，$k = 2ab$。 　　学生经过分析，大胆地猜想：$c^2 = a^2 + b^2 - 2ab\cos C$。

	活动设计意图：为了探求 k 的值，采用了特殊值法进行估计，形成猜想，这是数学研究中重要方法之一。通过这一过程，让学生体会数学中探究待定系数的方法——特殊值法。
环节二 证明定理	**二、定理的证明过程** 　　数学猜想富于创造性，能够提供大量的新视点、有价值的设想，但是其成果必须经过严格的论证，只有经过论证的东西才是数学上可以接受的。 　　学生活动 1：从熟悉的方法入手，把"斜三角形转化成两个直角三角形"，运用勾股定理和锐角三角形来证明。 　　由学生讨论发现此种方法必须对 $\angle C$ 分三种情况讨论，才是完整的证明。 　　教师（总结点拨）：此种证明化一般为特殊，又渗透分类讨论思想，不失为证明余弦定理的好方法。 　　学生活动 2：把角统一，三角比定义可以做到，但必须建立直角坐标系。 　　学生板演：如下图，把 $\triangle ABC$ 放在直角坐标系中，使顶点 A 与坐标原点重合，顶点 C 落在 Ox 轴的正半轴上，顶点 B 落在 Ox 轴上方，作 $BD \perp AC$。 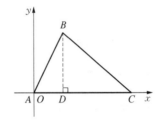 $\because C(b,\,0)$，$B(c\cos A,\,c\sin A)$， $\therefore \mid BC \mid = \sqrt{(b-c\cos A)^2 + (c\sin A)^2}$， 即 $a^2 = b^2 + c^2 - 2bc\cos A$。 同理，$b^2 = c^2 + a^2 - 2ca\cos B$， $c^2 = a^2 + b^2 - 2ab\cos C$。 教师点评：我们称之为坐标法，它是处理几何问题的一种常见的重要方法。 　　学生活动 3：设 $\overrightarrow{AC} = \vec{b}$，$\overrightarrow{AB} = \vec{c}$，$\overrightarrow{CB} = \vec{a}$，则 $\vec{a} = \vec{c} - \vec{b}$，因此 $\vec{a}^2 = \mid \vec{a} \mid^2 = (\vec{c} - \vec{b})^2 = \mid \vec{c} \mid^2 + \mid \vec{b} \mid^2 - 2\vec{c} \cdot \vec{b} = \mid \vec{c} \mid^2 + \mid \vec{b} \mid^2 - 2 \mid \vec{c} \mid \mid \vec{b} \mid \cos A$， 从而得出：$a^2 = b^2 + c^2 - 2bc\cos A$。 教师点评：利用向量证明简洁、明了，这种方法称之为向量法，它也是处理几何问题的一种常见的重要方法。
	活动设计意图：经历余弦定理的证明过程，让学生从不同角度探究定理的证明方法，师生共同对三种证明方法进行比较、分析各种思路的优势与不足，开拓学生的视野。证明的方法很多，经过比较选择解析法，完成了"观察—归纳—猜想—证明"的全过程，提升逻辑推理能力。
环节三 应用定理	**三、定理的应用过程** 　　**例 1**：在 $\triangle ABC$ 中，已知 $a = 61$，$b = 56$，$c = 9$，求 $\triangle ABC$ 最大角的度数。 　　分析：已知三角形三边 a、b、c，求三个内角 A、B、C。 　　解答：最大角为角 A，则 $\cos A = \dfrac{b^2 + c^2 - a^2}{2bc} = \dfrac{56^2 + 9^2 - 61^2}{2 \times 56 \times 9} = -\dfrac{1}{2}$。 　　最大角 $A = \dfrac{2\pi}{3}$。 　　点评：由余弦定理可求得 $\cos A$、$\cos B$、$\cos C$，进而求得 A、B、C。

	例2： 在 $\triangle ABC$ 中，已知 $b=7$，$c=8$，$B=60°$，求 a。

例2： 在 $\triangle ABC$ 中，已知 $b=7$，$c=8$，$B=60°$，求 a。

分析： 已知三角形两边 b、c 及角 C，求其余的边 a 和角 A、B。

解答： 由余弦定理得 $b^2=a^2+c^2-2ac\cos B$。

将 $b=7$，$c=8$，$B=60°$，代入得 $a^2-8a+15=0 \Rightarrow a=3$ 或 $a=5$。

拓展思考：（1）若将 $b=7$ 改为 $b=4\sqrt{3}$ 结果如何？（一解，$a=4$）

（2）若将 $b=7$ 改为 $b=5$ 结果如何？（无解）

根据本题三角形中边 b 的不同取值，你是否能解释这三种情况？

（如下图，作线段 $AB=8$，又过点 B 作射线 BD，使 $\angle ABD=60°$，则点 A 到射线 BD 的距离等于 $AB \cdot \sin\angle ABD=4\sqrt{3}$。现以 A 为圆心，以 7 为半径作圆，因 $4\sqrt{3} < 7 < 8$，故该圆与射线 BD 一定存在两个交点（设为 C_1 与 C_2），可见满足例2的三角形确有两个，分别为 $\triangle ABC_1$ 与 $\triangle ABC_2$）

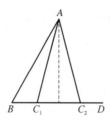

环节三
应用定理

例3： 在 $\triangle ABC$ 中，$a^2+b^2-c^2=ab$，且 $\dfrac{a}{b}=\dfrac{1}{2}+\sqrt{3}$，求：

（1）$\angle C$ 的大小；（2）$\tan B$ 的值。

分析： 题设条件均为三角形三边的关系，故利用余弦定理解答将是一个合理的选择，另外由题目的具体问题来看，可能要尝试正弦定理与余弦定理的综合应用。

解答：（1）$\cos C=\dfrac{a^2+b^2-c^2}{2ab}=\dfrac{ab}{2ab}=\dfrac{1}{2} \Rightarrow \angle C=\dfrac{\pi}{3}$。

（2）方法一：$\dfrac{a}{b}=\dfrac{\sin A}{\sin B}=\dfrac{\sin\left(\dfrac{2\pi}{3}-B\right)}{\sin B}=\dfrac{1}{2}+\sqrt{3}$

$\Rightarrow \dfrac{\sqrt{3}}{2}\cos B+\dfrac{1}{2}\sin B=\dfrac{1}{2}\sin B+\sqrt{3}\sin B$

$\Rightarrow \dfrac{1}{2}\cos B=\sin B$

$\Rightarrow \tan B=\dfrac{1}{2}$。

方法二：设 $a=(1+2\sqrt{3})k$，$b=2k(k>0)$。

则 $c^2=a^2+b^2-2ab\cos C=15k^2 \Rightarrow c=\sqrt{15}k$。

$\cos B=\dfrac{a^2+c^2-b^2}{2ac}=\dfrac{24+4\sqrt{3}}{2\sqrt{15}(1+2\sqrt{3})}=\dfrac{2}{\sqrt{5}}=\dfrac{2\sqrt{5}}{5} \Rightarrow \tan B=\dfrac{1}{2}$。

　　活动设计意图： 遇到较为复杂的三角形边角关系问题时，应选择使用正弦定理、余弦定理将复杂关系简单化，提炼出问题的本质再解答。

　　这一环节分三个层次，引导学生应用定理解决问题，加深对余弦定理的理解，感受余弦定理的功能。

环节四 课堂小结	四、课堂小结 （1）回顾余弦定理的学习过程,你有哪些收获? （2）经历了发现问题、研究问题、解决问题的过程,你感受到怎样的思想方法? （3）余弦定理与勾股定理之间有什么区别和联系?

活动设计意图：回顾发现问题、研究问题、解决问题的过程,感悟其中的研究方法和数学思想,加深对余弦定理的理解,让学生留恋学习过程。

课例评析

现代教学观认为,数学教学中必须重视数学知识的生成、发展和形成的过程,提供学生亲身感受、体验的机会。因此,在教学设计中,从过程性教学的视角将本节课的教学安排为三个过程。首先是定理的发现过程,即为什么要研究余弦定理。创设情境、提出问题,目的在于引发学生的思考：已知三角形的两边及其夹角如何求出第三边? 引导探究、猜想定理,这是本节课的重头戏,探究的过程非常精彩,这一过程先从直角三角形出发,利用由特殊到一般的研究方法,探究三角形第三边与其他两边与夹角的关系,通过具体的夹角的大小得出关系式,在此基础上形成猜想。这一过程目标指向逻辑推理、数学抽象素养的培养。在所创设的余弦定理生成场景中,学生释放出前所未有的积极性、创造性和想象力,在"浮想联翩""怦然心动""百感交集""妙不可言"的情感变化中,完成了关于余弦定理的猜想。经历了这一过程,学生学会了分析问题、研究问题的基本方法：由特殊到一般,由具体到抽象。在此基础上进入定理的证明过程,即师生合作、证明猜想,对猜想的结论是否正确进行严格证明,引导学生探究结论的证明思路,让学生经历了归纳—猜想—证明的全过程。在"茅塞顿开""豁然开朗""悠然心会""深得我心"的情感体验中,完成了余弦定理的证明。而师生之间心灵的共鸣和思维的共振,已使课堂成为师生之间生命相遇、心灵相约、质疑解难、探寻真理的场所。这一过程指向逻辑推理能力的培养。完成了定理的证明进入定理的应用过程,分三个层次。例1是余弦定理的直接应用,目的在于让学生加深对公式的理解;例2是公式的逆向应用,特别对三角形中已知两边一对角能否唯一确定三角形的问题进行了探讨;而例3则是余弦定理的综合应用,目的在于逐步让学生熟悉余弦定理、理解余弦定理,培养逻辑推理、数学运算能力。最后是课堂小结,重点在于回顾本节课的学习历程,在这些过程中自己认识的深入和能力的提高。

从重数学结果转变为重知识的发生、发展过程,学生在定理的发生、发展的过程体验中,达成知识、技能、方法的提高。而这一过程的创设、活动的设计则是教师能力的真正所在,也是教师智慧的真正体现。

方程的根与函数的零点

课　题	方程的根与函数的零点
课　型	数　学　原　理　课

1. 教学内容分析

　　函数 $f(x)$ 的零点,是中学数学的一个重要概念,从函数值与自变量对应的角度看,函数的零点就是使函数值为 0 的自变量的值 x;从方程的角度看,函数的零点即为相应方程 $f(x)=0$ 的实数根;从函数的图像表示看,函数的零点就是函数 $f(x)$ 的图像与 x 轴交点的横坐标。函数是中学数学的核心概念,其根本原因之一在于函数与其他知识具有广泛的联系,而函数的零点就是其中的一个链结点,它从不同的角度将数与形、函数与方程有机地联系在一起。函数与方程相比较,一个"动",一个"静";一个"整体",一个"局部"。用函数的观点研究方程,本质上就是将局部的问题放在整体中研究,将静态的结果放在动态的过程中研究,这为今后进一步学习函数与不等式等其他知识的联系奠定了坚实的基础。本节内容是函数应用的第一课,因此教学时应当站在函数应用的高度,从函数与其他知识的联系的角度来引入较为适宜。

2. 学情分析

　　通过前面的学习,学生已经了解一些基本初等函数的模型,掌握了函数图像的一般画法,具备一定的看图识图能力,这为本节课利用函数图像判断方程根的存在性提供了一定的知识基础。对于函数零点概念本质的理解,学生缺乏的是函数的观点及函数应用的意识、对函数与方程之间的联系。作为函数应用的第一课时,本节课有必要点明函数的核心地位,即说明函数与其他知识的联系及其在生活中的应用,帮助学生初步树立函数应用的意识。并从此出发,通过问题的设置引导学生思考,再通过实例体验从直观到抽象、从特殊到一般的学习方式,捅破学生认识上的这层"窗户纸"。

3. 学习目标

　　(1) 结合具体的问题分析,经历从特殊推广到一般的数学抽象过程,使学生领会函数与方程之间的内在联系,培养直观想象及逻辑推理能力,从而了解函数的零点与方程根的联系。

　　(2) 在学习过程中,体验函数与方程思想及数形结合思想。

4. 教学重点和难点

　　方程的根与函数零点的关系、函数零点存在性定理。

5. 学习评价设计

　　对于零点存在性定理,教材不要求给予其证明,这需要教师提供一定量的具体案例让学生操作感知,同时鼓励学生举例来验证,最终能自主地获得并确认该定理的结论。对于定理的条件和结论,学生往往考虑不够深入,需要教师通过具体的问题引导学生从正面、反面、侧面等不同的角度重新进行审视。

6. 学习活动设计

教学环节	教　学　活　动
环节一 发现定理	**一、创设情境,揭示课题** 　　函数是中学数学的核心内容,它不仅在生活中有着大量的应用,而且与其他数学知识有着千丝万缕的联系,若能抓住这一联系,你就拥有了一把解决问题的金钥匙。

环节一 **发现定理**	**案例 1**：如下图，已知矩形 $ABCD$ 的周长 l 为定值 12。 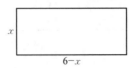 **问题 1**：求矩形的面积。 $$x\left(\frac{l-2x}{2}\right)=-x^2+\frac{l}{2}x=-x^2+6x。$$ 显然面积是一个关于 x 的一个二次三项式 $-x^2+6x$。 **问题 2**：求矩形面积的最大值。 (用几何画板演示矩形的变化)当 x 取不同值时，代数式的值也相应随之变化，你能从函数的角度审视其中的关系吗？ **问题 3**：能否使得矩形的面积为 8？你是如何分析的？ (1) 实验演示的角度进行估计，拖动时难以恰好出现面积为 8 的情况。 (2) 解方程：$x(6-x)=8$。 (3) 方程 $x(6-x)=8$ 能否从函数的角度来进行描述？(如下图所示) 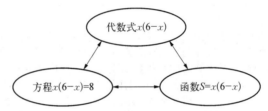 **问题 4**：一般地，对于一般的二次三项式、一元二次方程与二次函数，它们之间有何联系？(如下图所示) 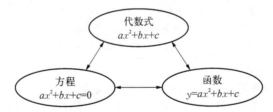 结论：代数式的值就是相应的函数值；方程的根就是使相应函数值为 0 的 x 的值。 更一般地，方程 $f(x)=0$ 的根，就是使函数 $y=f(x)$ 的函数值为 0 的 x 值，从函数的角度我们称之为零点。
	活动设计意图：本节课是函数应用的第一课，首先从具体的问题出发，列出二次三项式，在此基础上研究对应的二次函数、一元二次方程的关系，揭示函数与代数式、方程之间的内在联系，关注直观想象、逻辑推理等素养的培育；并由具体的二次函数，推广到一般的二次函数，再进一步推广到一般的函数，培养数学抽象能力。
环节一 **发现定理**	**二、互动交流，研讨新知** 　　1. 函数零点的概念 　　对于函数 $y=f(x)(x\in D)$，把使 $f(x)=0$ 成立的实数 x 叫做函数 $y=f(x)(x\in D)$ 的零点。

环节一 发现定理	2. 对零点概念的理解 **案例2**：观察下面的图像。 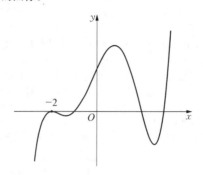 问题1：此图像是否能表示函数？ 问题2：你能从中分析函数有哪些零点吗？ 问题3：从函数图像的角度，你能对函数的零点换一种说法吗？ 结论：函数 $y = f(x)$ 的零点就是方程 $f(x) = 0$ 实数根，亦即函数 $y = f(x)$ 的图像与 x 轴交点的横坐标。即： 方程 $f(x) = 0$ 有实数根 $\Leftrightarrow$ 函数 $y = f(x)$ 的图像与 x 轴有交点 $\Leftrightarrow$ 函数 $y = f(x)$ 有零点。
	活动设计意图：进一步掌握函数零点的概念，同时引导学生从函数、方程、图像等三个方面进一步完善对函数零点的全面理解，认清零点的本质，体验数形结合的思想，为下面借助图像探究零点存在性定理作好一定的铺垫。
环节二 证明定理	**三、零点存在定理的探究** **案例3**：下面是三次函数 $y = x^3 + x^2 - 2x$ 的图像和部分对应值表。 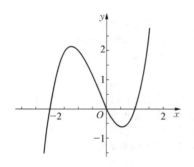 <table><tr><td>x</td><td>y</td></tr><tr><td>-3</td><td>-12</td></tr><tr><td>-2.5</td><td>-4.38</td></tr><tr><td>-2</td><td>0</td></tr><tr><td>-1.5</td><td>1.875</td></tr><tr><td>-1</td><td>2</td></tr><tr><td>-0.5</td><td>1.125</td></tr><tr><td>0</td><td>0</td></tr><tr><td>0.5</td><td>-0.63</td></tr><tr><td>1</td><td>0</td></tr><tr><td>1.5</td><td>2.625</td></tr><tr><td>2</td><td>8</td></tr><tr><td>2.5</td><td>16.88</td></tr></table> 问题1：你能从表中找出函数的零点吗？

环节二 证明定理	问题2：结合函数图像与表格，你能发现此函数零点附近的函数值有何特点？ 生：零点两边的函数值异号！ 　　问题3：如果一个函数 $f(x)$ 满足 $f(a)f(b)<0$，在区间 (a,b) 上是否一定存在着函数的零点？ 　　注意：函数在区间上必须是连续的（图像能一笔画），从而引出函数零点存在性定理： 　　如果函数 $y=f(x)$ 在区间 $[a,b]$ 上的图像是连续不断的一条曲线，并且满足 $f(a)f(b)<0$，那么函数 $y=f(x)$ 在区间 (a,b) 内至少存在一个零点。
环节三 理解定理	**四、正例反例，加深理解** 　　问题4：有位同学画了一个图，认为零点存在性定理不一定成立，你的看法呢？ 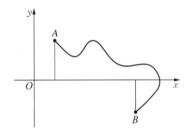 　　问题5：你能改变定理的条件或结论，得到一些新的问题吗？ 　　生1（加强定理的结论）：若在区间 $[a,b]$ 上连续函数 $f(x)$ 满足 $f(a)f(b)<0$，是否意味着函数 $f(x)$ 在 $[a,b]$ 上恰有一个零点？ 　　生2（将定理条件与结论反过来）：若连续函数 $f(x)$ 在 $[a,b]$ 上有一个零点，是否一定有 $f(a)f(b)<0$？ 　　生3（一般化）：一个函数的零点是否都可由上述的定理进行判断？（反例：同号零点，如案例2中的零点 -2）
	活动设计意图：通过表格进一步巩固对函数零点这一概念的认识，并为观察零点存在性定理中函数值的异号埋下伏笔，进一步感受数形结合的思想。通过教师的设问让学生进一步全面深入地领悟定理的内容，而鼓励学生提问是培养学生学习主动性和创造能力必要的过程。
环节四 应用定理	**五、巩固深化，发展思维** 　　**例**：求函数 $f(x)=\ln x+2x-6$ 的零点个数。 　　设计问题：(1) 你可以想到用什么方法来判断函数零点？ 　　(2) 你是如何来确定零点所在的区间的？ 　　(3) 零点是唯一的吗？为什么？
	活动设计意图：本环节对所学内容进行巩固，可以借助几何画板画出函数 $f(x)$ 的图像观察，也可借助 EXCEl 列出函数值表观察，指向直观想象及逻辑推理素养的培育。 　　本题可以使学生意识到函数零点的区间是不唯一的，为下一节二分法求方程的近似解奠定基础。让学生进一步领悟函数零点的唯一性需要借助函数的单调性。
环节五 课堂小结	**六、归纳整理，整体认识** 　　请回顾本节课所学知识内容有哪些？回顾知识建构过程有什么感悟？ 　　所涉及到的主要数学思想又有哪些？你还获得了什么？
	活动设计意图：回顾知识建构的过程，感悟数学思想方法，从不同角度理解函数零点的本质，起到画龙点睛的作用。

关于函数的零点，从字面上理解，"零"是指函数值为零，"点"是对应函数图像与 x 轴交点，因此"零点"为使函数值为零对应的 x 值，也是对应函数图像与 x 轴交点的横坐标。这个概念本身就体现了数与形的结合，因此数形结合是本节课的主旋律。

本节课从知识层面需要解决两个问题：一是函数零点的概念；二是函数零点的判断。以此为载体引导学生经历知识的发生发展过程，在过程中培养学生的核心素养。教学中首先通过实际问题引出熟悉的二次三项式，再通过问题解决建立二次三项式、二次函数、一元二次方程之间的内在联系，从而进一步推广到一般函数 $y = f(x)$，引出函数零点的概念。在此过程中引导学生观察函数图像特征、理解函数零点的本质，目标指向数学中直观想象、逻辑推理等素养的培育。通过实例引导学生观察函数图像与 x 轴交点附近函数值的变化特征，总结归纳出函数零点存在性定理。为了加深对该定理的理解，通过多个问题的剖析，澄清学生头脑中的疑问，培养学生的思辨能力和逻辑推理能力。本节课的课程价值主要体现在两个方面：一方面是培养学生对同一事实从不同角度研究的意识，养成"观察—分析—研究"的良好习惯；另一方面是学会寻找不同事物之间的关联。"函数"与"方程"具有不同的表现形式，通过"零点"建立了两者之间的联系，这是社会人必须具备的能力。这两点在教学中得到很好的体现。在教学过程中，注重函数零点概念的形成过程，函数零点存在性定理的发现过程，虽然暂时不能对其进行严格证明，但引导学生观察、归纳、总结，呈现了另外一番风景，达到了同样的教学效果。

课例 9　基本不等式（一）

课　题	基本不等式（一）
课　型	数　学　原　理　课

1. 教学内容分析
　　基本不等式是数学中重要的关系式，表达形式、证明方法多种多样，是训练学生逻辑推理能力和直观想象的很好的素材。同时基本不等式的应用非常广泛，在证明不等式、求函数的最值等方面都有广泛的应用，在教材中起到承上启下的作用。

2. 学情分析
　　在初中阶段学生已经掌握了两个实数之间存在三种大小关系："大于"、"小于"、"等于"。那么，对于两个正实数的算术平均数与几何平均数大小关系，则通过基本不等式予以反映。学生通过对实际问题的建模处理列出相应的关系式，然后提出比较大小的问题，通过多种方法（包括代数和几何方法）的探究，得出基本不等式，在这个过程中培养学生提出问题、分析问题和解决问题的能力。

3. 学习目标

(1) 经历基本不等式的发现过程,探索基本不等式 $\dfrac{a+b}{2} \geqslant \sqrt{ab}\,(a \geqslant 0,\ b \geqslant 0)$ 的证明过程;
体会证明不等式的基本方法;理解这个定理的几何意义,并掌握定理中的不等号"$\geqslant$"取等号的
条件。

(2) 通过实验、观察、归纳、抽象、概括,培养提出问题、分析问题和解决问题的能力,感悟数形结
合和等价化归的数学思想。

(3) 能应用基本不等式解决一些简单的问题,培养学习数学的兴趣和学以致用的能力。

4. 教学重点和难点

教学重点:基本不等式的探索过程和证明。

教学难点:基本不等式的应用。

5. 学习评价设计

通过实际问题的解决过程评价学生建模能力;通过对几何平均数与算术平均数大小的比较,评
价学生比较两个实数大小的策略;通过两个例题评价学生理解掌握基本不等式的程度。对学习过程
中学生的表现给予现场点评,培养学生良好的思维习惯。

6. 学习活动设计

教学环节	教 学 活 动
环节一 发现定理	**一、定理的发现过程** (一)创设情境,引出问题 　　把一个物体放在天平的一个盘子上,在另一个盘子上放砝码使天平平衡,称得物体的质量为 a。如果天平制造得不精确,天平的两臂长略有不同(其他因素不计),那么 a 并非物体的实际质量。不过,我们可以做第二次测量:把物体调换到天平的另一个盘子上,此时称得物体的质量为 b。 　　问题 1:如何合理地表示物体的质量?
	活动设计意图:以实际问题为教学情境,引发学生的思考,培养学生直观想象、数学建模的能力,目的在于引出算术平均数和几何平均数。而这两者之间的大小关系正是基本不等式的本质。
环节一 发现定理	(二)学生活动,探究问题 　　1. 简单的做法是把两次称得的物体质量"平均"得 $M = \dfrac{a+b}{2}$。(这一猜想合理吗?) 　　2. 根据杠杆原理,设物体的质量为 M,天平的两臂长分别是 l_1、l_2。 　　则 $\begin{cases} Ml_1 = al_2 \\ Ml_2 = bl_1 \end{cases} \Rightarrow M^2 = ab \Rightarrow M = \sqrt{ab}$。 　　显然 $M = \sqrt{ab}$ 比较科学、合理。 　　3. 算术平均数与几何平均数的概念 　　对于两个正数 a、b,我们把 $\dfrac{a+b}{2}$ 称为 a、b 的算术平均数,$\sqrt{ab}$ 称为它们的几何平均数。 　　问题 2:两个正数 a、b 的算术平均数与几何平均数之间具有怎样的大小关系呢? 　　学生讨论:通过取一些具体的数据进行实验(借助计算机),猜想 $\sqrt{ab} \leqslant \dfrac{a+b}{2}$。

　　活动设计意图：根据实际问题列出关系式，这正是两个正实数的算术平均数和几何平均数。如何比较两者的大小，引导学生经历数学实验的过程，通过特殊值的代入形成猜想，这是探究数学命题真假过程中常用方法。

环节二 证明定理	**二、定理的证明过程** 　　**问题 1**：如何证明 $\sqrt{ab} \leqslant \dfrac{a+b}{2}$（$a>0$，$b>0$）？ 　　基本不等式：设 a、$b>0$，则 $\dfrac{a+b}{2} \geqslant \sqrt{ab}$（当且仅当 $a=b$ 时，等号成立）。 　　用文字表述为：两个正数的几何平均数不大于它们的算术平均数，当且仅当两数相等时两者相等。 　　证法一：（作差法） 　　$\dfrac{a+b}{2} - \sqrt{ab} = \dfrac{1}{2}(a+b-2\sqrt{ab}) = \dfrac{1}{2}(\sqrt{a}-\sqrt{b})^2 \geqslant 0$。 　　所以 $\dfrac{a+b}{2} \geqslant \sqrt{ab}$，当且仅当 $a=b$ 时，等号成立。 　　解释"当且仅当"的含义，从两方面理解：一方面是当 $a=b$ 时取等号，即 $a=b \Rightarrow \sqrt{ab} = \dfrac{a+b}{2}$；另一方面是仅当 $a=b$ 时取等号，即 $\sqrt{ab} = \dfrac{a+b}{2} \Rightarrow a=b$。综合起来就是 $a=b \Leftrightarrow \sqrt{ab} = \dfrac{a+b}{2}$（$a>0$，$b>0$）。 　　证法二：（分析法） 　　$\because a>0$，$b>0$， 　　$\therefore$ 要证明　$\dfrac{a+b}{2} \geqslant \sqrt{ab}$， 　　只要证明　$a+b \geqslant 2\sqrt{ab}$， 　　只要证明　$a - 2\sqrt{ab} + b \geqslant 0$， 　　只要证明　$(\sqrt{a}-\sqrt{b})^2 \geqslant 0$。 　　$\because (\sqrt{a}-\sqrt{b})^2 \geqslant 0$ 成立，且上述各步均可逆， 　　$\therefore \dfrac{a+b}{2} \geqslant \sqrt{ab}$　（当且仅当 $a=b$ 时，等号成立）。 　　这种"执果索因"的证明方法称为"分析法"。书写格式必须是：（1）要证，即证（或用 $\Leftarrow$ 表示即证）；（2）上述各步均可逆。 　　证法三：我们可将上面的证法"倒过来"写，即 　　$(\sqrt{a}-\sqrt{b})^2 \geqslant 0 \Rightarrow a-2\sqrt{ab}+b \geqslant 0 \Rightarrow a+b \geqslant 2\sqrt{ab} \Rightarrow \dfrac{a+b}{2} \geqslant \sqrt{ab}$（当且仅当 $a=b$ 时，等号成立）。 　　这种由因索果的证明方法称之为"综合法"。 　　说明：比较法（比差、比商法）、分析法、综合法是证明不等式的基本方法。 　　所以两个正数的几何平均数不大于它们的算术平均数，当两数相等时两者相等。 　　即：如果 a，b 是正数，那么 $\sqrt{ab} \leqslant \dfrac{a+b}{2}$（当且仅当 $a=b$ 时取"＝"号）。 　　我们把这一不等式称为基本不等式。

环节三 理解定理	**三、定理的理解过程** 　　**问题2**：当 $a \geqslant 0$，$b \geqslant 0$ 时，这个不等式仍然成立吗？ 　　强调：正数 a、b 的范围可以扩充到非负数。 　　把不等式 $\sqrt{ab} \leqslant \dfrac{a+b}{2}\,(a \geqslant 0, b \geqslant 0)$ 称为基本不等式。 　　分析基本不等式：(1) 公式使用条件；(2) 等号成立条件；(3) 可以直接用、变形用。 　　**问题3**：你能给出基本不等式几何解释吗？ 　　基本不等式几何意义是"圆的半径不小于半弦"——此为基本不等式的又一证明方法。 　　如下图，以长为 $a+b$ 的线段为直径作圆，在直径 AB 上取点 C，使 $AC=a$，$CB=b$。过点 C 作垂直于直径 AB 的弦 DD'，那么 $CD^2 = CA \cdot CB$，即 $CD = \sqrt{ab}$。 　　这个圆的半径为 $\dfrac{a+b}{2}$，显然它不小于 CD，即 $\dfrac{a+b}{2} \geqslant \sqrt{ab}$，其中当且仅当点 C 与圆心重合，即 $a=b$ 时，等号成立。 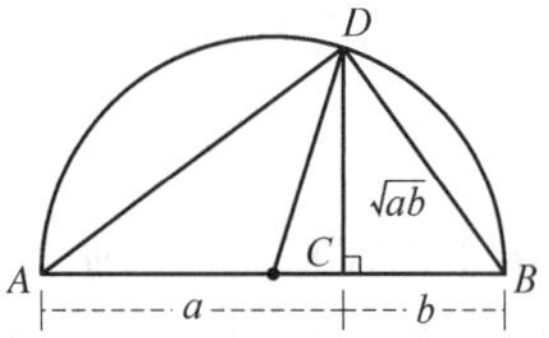
	活动设计意图：本环节在实验、猜想的基础上，引导学生经历证明思路的探究过程，从不同角度证明基本不等式。同时关注各种证明方法的表达方式，特别是分析法的表述，注重逻辑推理能力的培养。另外，引导学生从几何的角度对基本不等式进行分析，感悟数形结合的思想。
环节四 应用定理	**四、定理的应用过程** 　　**例1**：判断下列命题是否正确。若不正确，请说明理由；若正确，请证明。 　　(1) a、$b \in \mathbf{R}$，$a^2+b^2 \geqslant 2ab$； 　　(2) $a+\dfrac{1}{a} \geqslant 2$； 　　(3) $ab<0$，$\dfrac{b}{a}+\dfrac{a}{b} \leqslant -2$； 　　(4) $\sin^2 x + \dfrac{2}{\sin^2 x} > 2\sqrt{2}$； 　　(5) $a>1$，$a+\dfrac{1}{a-1} \geqslant 3$； 　　(6) $\dfrac{x^2+3}{\sqrt{x^2+1}} \geqslant 2$。 　　**例2**：证明以下不等式。 　　(1) $a \in \mathbf{R}$，$b \in \mathbf{R}$，$\sqrt{\dfrac{a^2+b^2}{2}} \geqslant \dfrac{a+b}{2}$； 　　(2) $a>0$，$b>0$，$\sqrt{ab} \geqslant \dfrac{2ab}{a+b}$。 　　结论：$a$、$b \in \mathbf{R}^{+}$，$\sqrt{\dfrac{a^2+b^2}{2}} \geqslant \dfrac{a+b}{2} \geqslant \sqrt{ab} \geqslant \dfrac{2}{\dfrac{1}{a}+\dfrac{1}{b}}$。 　　即：平方平均数 $\geqslant$ 算术平均数 $\geqslant$ 几何平均数 $\geqslant$ 调和平均数。

	活动设计意图：了解学生对基本不等式的掌握情况，利用基本不等式证明相关不等式，培养学生逻辑推理能力，加深对基本不等式本质的理解。
环节五 课堂小结	**五、课堂小结** （1）本节课的学习你有哪些收获？谈谈你对基本不等式的认识和理解。 （2）在解决问题时用了哪些重要方法？ （3）拓展延伸：这个基本不等式可否推广到"n 个非负数"的情形，有兴趣的同学可作进一步的研究，也可查阅有关资料。 $$若 a_i \geqslant 0(i=1,2,\cdots,n)，则 \sqrt[n]{a_1 a_2 \cdots a_n} \leqslant \frac{a_1+a_2+\cdots+a_n}{n}(n>1, n \in \mathbf{N})。$$
	活动设计意图：回顾学习过程，加深对基本不等式的理解，进一步完善知识结构。

课例评析

本节课的设计让学生经历"基本不等式"发生、发展的过程，通过学生对"基本不等式"的猜想、验证、证明及应用，使学生的活动贯穿于整个教学的始终，体现学生的主体性，重点关注数学建模、直观想象及逻辑推理能力的培养。本节课的教学按照如下流程进行。

（1）"基本不等式"的发现。创设情境引导学生对日常生活中的问题进行思考，用不等臂天平托盘称一物体的质量，用两种计算方法得到两种表达结果，如何比较它们的大小，并将你的猜想分别用一个含 a，b 的不等式表示？"进行猜想，用数学式子表示即为基本不等式的"雏形"，培养学生数学建模能力。

（2）"基本不等式"的证明。猜想得到的"基本不等式"到底是否成立呢？学生清楚，猜想的结论不一定成立，从而引导学生先考虑用特殊值进行验证，如果有特殊值使结论不成立，那就说明结论是错误的。经过验证几组特殊值，发现都是成立的，但也不能说明所得不等式就是正确的，必须加以严格证明。在此基础上引发学生对证明方法的探究，再书写证明过程，体现了数学的严密性，有利于学生逻辑推理能力的培养。

（3）"基本不等式"的理解。经过分析发现当 $a=0$、$b=0$ 时不等式也成立，使得原不等式进一步完善，并从几何的角度同样可以得出"基本不等式"，即为"基本不等式"的几何解释。这样在学生的头脑中形成一个关于"基本不等式"的完整的知识结构，培养学生的直观想象及逻辑推理能力。

（4）"基本不等式"的应用。应用体现在两个方面，一是利用"基本不等式"判断一些不等式能否成立，加深对基本不等式的理解；二是证明不等式，其中又分为两个层次。其一是直接利用"基本不等式"，得出相应的不等式；其二是需要创造条件满足"基本不等式"的要求，再利用"基本不等式"得出结论,充分体现了对逻辑推理能力的培育。在整个问题的设计上体现层次性,在解题的过程中体现思维的递进性,最后引导学生回顾学习过程、总结数学方法,完成本节课的教学。

概言之,本节课采用的是"过程教学法":创设情境,引领学生"走进"过程;巧设问题,伴随学生"走过"过程;回首眺望,促使学生"留念"过程,师生共同走过精彩的 40 分钟。

课例 10　数学归纳法

课　题	数　学　归　纳　法
课　型	数　学　原　理　课

1. 教学内容分析

　　"数学归纳法"既是高中代数中的一个重点和难点内容,也是一种重要的数学证明方法。在教学过程中,应着力解决:理解数学归纳法的实质,掌握数学归纳法的证题步骤(特别要注意递推步骤中归纳假设的运用和恒等变换的运用)。只有真正了解数学归纳法的实质,掌握它的一般步骤,才能灵活证明,解决问题。

2. 学情分析

　　学生在学习本节内容之前已经学习过归纳推理,以及一些简单的数学证明方法,并且已经开始使用与正整数 n 有关的结论,但学生只是停留在认知阶段,对问题本质没有作更进一步的研究。高二的学生已初步具备发现和探究问题的能力,具备一定的抽象思维能力和逻辑推理能力,但对于数学归纳法,学生缺少体验和认知基础,学生理解和接受它比较困难。为学生创设与数学归纳法有类似思想的实际体验,熟悉的情境,有利于探究活动的展开。

3. 学习目标

　　(1)经历归纳原理的感知过程,理解归纳法的基本原理。
　　(2)理解数学归纳法的本质特征,掌握数学归纳法的一般步骤。
　　(3)经历知识构建,通过数学抽象初步形成数学推理意识,培养逻辑推理能力,提升数学素养。

4. 教学重点和难点

　　教学重点:数学归纳法的基本原理。
　　教学难点:理解数学归纳法的基本原理及简单应用。

5. 学习评价设计

　　通过观察学生对情境中问题的兴趣,摸清学生认知的逻辑起点,提出多层次的问题,观察评价学生对问题的反应。在解决问题过程中,关注学生思维的逻辑性和严密性,及时评价学生的学习态度和思维的逻辑性,鼓励学生的学习热情。通过习题了解学生对数学归纳法掌握的情况,在此基础上落实直观想象、逻辑推理、数学抽象等数学核心素养的培育。

6. 学习活动设计

教学环节	教　学　活　动
环节一 发现原理	**一、数学实验** 　　**引例 1**:有一袋小球,共有 10 个,所有小球都是白球,现从中任意摸取一个,这个小球是什么颜色?

环节一 发现原理	这种从一般到特殊的推理方法叫做演绎,演绎的基本形式是三段论。 　　**引例2:** 若另有一袋小球,共有10个,袋中小球颜色未知,先从中摸出一个小球发现是白色的;接着从中摸出第二个小球发现也是白色的;接着从中摸出第三个小球发现还是白色的⋯⋯由此推断"袋中小球均为白色的"。 　　这个过程中"由特殊到一般"的推理方法叫做归纳法。 　　引例2中,推断未必是真的。但若一个一个摸下去,直到所有小球均已摸出,且发现每一个都是白色的,则可以推断"袋中小球均是白色的"。

活动设计意图: 通过创设实验情境,引导学生直观想象,让学生体会"演绎"与"归纳"的含义,明确两者的本质区别,通过实验引发学生认知冲突,明确学习归纳法的必要性,激发学生求知欲。

环节一 发现原理	**二、情境导入** 　　复习归纳法: 　　(1) 不完全归纳法:根据事物的部分(而不是全部)特例得出一般结论的推理方法。 　　(2) 完全归纳法:把研究对象一一都考察到了而推出结论的归纳法。 　　(3) 归纳法 $\begin{cases} \text{不完全归纳法——所得结论未必为真;} \\ \text{完全归纳法——所得结论为真。} \end{cases}$ 　　完全归纳法得出的结论一定是正确的,但在实际问题中,方法不一定可行,下面来看两个数学中的问题。 　　**问题1:** 复习等差数列通项公式的求法,根据 $a_2 = a_1 + d$,$a_3 = a_2 + d = a_1 + 2d$,$a_4 = a_3 + d = a_1 + 3d$,⋯,得出一般的结论:$a_n = a_1 + (n-1)d$。 　　这是不完全归纳,即通过对前几项特征的分析,得出一般性的结论:$a_n = a_1 + (n-1)d$。 　　**问题2:** 已知数列 $\{a_n\}$ 的通项公式是 $a_n = (n^2 - 5n + 5)^2$,容易验证 $a_1 = 1$,$a_2 = 1$,$a_3 = 1$,$a_4 = 1$,如果由此得出结论——对于所有 $n \in \mathbf{N}^*$,$a_n = (n^2 - 5n + 5)^2 = 1$ 都成立,那么结论是错误的。事实上,$a_5 = 25 \neq 1$。因此,在使用归纳法研究数学命题时,必须对任何可能的情况进行论证后,才能判断命题正确与否。 　　归纳法 $\begin{cases} \text{完全归纳(逐一验证有时不一定可行);} \\ \text{不完全归纳(所得结论不一定正确,需严格证明)。} \end{cases}$ 　　**问题3:** 逐一验证有时是不可能的,如何证明所有命题的正确性呢? 　　教师:能否通过有限步骤,证明命题对所有正整数都成立? ——引出课题 　　学生:通过归纳得到的结论,所涉及的正整数 n 有无限多个,能否通过一一验证的办法来证明? 如何证明所有命题的正确性呢?

活动设计意图: 通过具体问题,引导学生感知"完全归纳法"与"不完全归纳法"的异同,但由不完全归纳法得出的结论不一定正确,因此需要寻求新的解决问题的方法。通过对正整数的深入研究,找到了一种证明与正整数 n 有关的数学命题的简单有效的方法,即数学归纳法,从而引出课题。

环节一 发现原理	**三、探究原理** 　　**(一) 实验探究** 　　思考:要产生多米诺骨牌全部倒下的效果,必须具备什么条件? 　　第(i)步,第一块骨牌倒下——递推的基础。 　　第(ii)步,如果前面一块骨牌倒下,那么随后一块也倒下——递推的依据。 　　问题1:若不推倒任何一个骨牌,其他骨牌能全部倒下吗? 　　问题2:在站立的一排骨牌的某处取走几个骨牌后,那么推倒第一个骨牌能保证其他骨牌全部倒下吗?

环节一 发现原理	问题 3：理想状态下，如果骨牌有无限多个，要让所有的骨牌都倒下，需满足什么条件？ （i）推倒第 n_0 个（ $n_0 = 1$ 或 2 等）； （ii）假设第 k 个倒下，那么推得第 $k+1$ 个倒下。 结论：满足上述条件（i）和（ii），则从 n_0 个起，所有骨牌依次倒下。 问题 4：要让骨牌从第 4 块开始的所有骨牌都倒下，前面 3 块不倒，需满足什么条件？ 　　这是一个与"无限"有关的问题，要去一一验证每一块都倒下是不可能的，但是，满足以上两个条件，则所有的骨牌都倒下了。数学归纳法就是要借助这种思想去证明某些与正整数 n 有关的数学命题的正确性。 　　数学抽象：骨牌→数学命题； 　　骨牌"倒下"→命题"成立"，"第一块骨牌倒下"抽象为"在 $n=1$ 时命题成立"。 （二）总结原理 　　证明与正整数 n 有关的数学命题的方法，它的步骤是： 　　（i）证明当 n 取第一个值 $n_0(n_0 \in \mathbf{N}^*)$ 时，命题成立； 　　（ii）假设当 $n=k(k \in \mathbf{N}^*, k \geqslant n_0)$ 时命题成立，证明当 $n=k+1$ 时命题也成立。 　　完成以上两个步骤后，就可以断定这个命题对于从 n_0 开始的所有正整数 n 都成立。 　　这种证明方法叫做数学归纳法。
环节二 理解原理	**四、理解原理** 　　思考：数学归纳法的两个步骤能保证对所有与正整数 n 有关的数学命题都成立吗？ 　　数学归纳法的基本思想：即先验证使结论有意义的最小的正整数 n_0，如果当 $n=n_0$ 时命题成立，再假设当 $n=k(k \in \mathbf{N}^*, k \geqslant n_0)$ 时，命题成立。如果根据归纳假设，能推出当 $n=k+1$ 时，命题也成立，那么就可以递推出对所有不小于 n_0 的正整数 $n_0+1, n_0+2, \cdots$，命题都成立。 　　数学归纳法是一种证明方法，第一步是递推基础，第二步证明当 $n=k+1$ 时命题成立，是由 $n=k(k \in \mathbf{N}^*, k \geqslant n_0)$ 时命题成立推出的，必须用到归纳假设的结论。

　　活动设计意图：利用多米诺骨牌游戏，激发学生学习兴趣，通过数学实验，学生参与体验，亲身经历，为抽象数学原理做铺垫。反思游戏过程，学生亲身经历多米诺骨牌中蕴含原理的提炼过程，从中抽象出数学模型，导出数学归纳法，培养学生抽象思维和概括能力，利用问题逐步加深对数学原理的理解。

环节三 应用原理	**五、原理的应用** 　　**例 1**：用数学归纳法证明：如果数列 $\{a_n\}$ 是以 a_1 为首项、以 d 为公差的等差数列，那么 $a_n = a_1 + (n-1)d$ 对任何 $n \in \mathbf{N}^*$ 都成立。（学生思考讨论，师生共同完善，初步了解数学归纳法的步骤） 　　**例 2**：用数学归纳法证明： $$1+3+5+7+\cdots+(2n-1) = n^2, (n \in \mathbf{N}^*)。$$ （学生尝试证明，教师规范证明步骤） 　　**练习 1**：用数学归纳法证明： $$1+2+3+4+\cdots+(2n-1)+2n = n(2n+1), n \in \mathbf{N}^*。$$

环节三应用原理	**练习2**：用数学归纳法证明： $$1^2 + 2^2 + 3^2 + \cdots + n^2 = \frac{n(n+1)(2n+1)}{6}(n \in \mathbf{N}^*)。$$ **练习3**：探究利用数学归纳法判断 $$(n+1)(n+2)\cdots(n+n) = 2^n \cdot 1 \cdot 3 \cdots (2n-1)$$ 是否对任意正整数 n 都成立？
	活动设计意图：例1在证明过程中培养学生逻辑推理能力。例2利用数学归纳法解决证明问题。练习1、练习2检验数学归纳法证明步骤的掌握情况,特别是对第二步的理解,培养严谨的推理能力。
环节四课堂小结	**六、课堂小结：** (1) 简述你对数学归纳法的理解。 (2) 在探究数学归纳法原理的过程中你有哪些感悟？ (3) 本节课的学习你体会到哪些数学思想方法？
	活动设计意图：由学生总结,回顾本节课知识要点,理解数学归纳法的基本原理。

课例评析

数学归纳法是数学中重要的证明方法,具有广泛的应用性。通过数学归纳法学习的过程,对提高学生的逻辑推理、数学建模以及数学运算等能力都将起到一定的作用。

本节课围绕数学原理课教学三个环节,在每一个环节中,通过设计教学活动,让学生感受数学归纳法的思想、理解数学归纳法的原理、掌握数学归纳法的方法,目标指向直观想象、数学抽象、逻辑推理等数学核心素养的培育。

在本节课的教学中,首先通过具体实例,引导学生体会"演绎"与"归纳"两种推理方法的本质区别。同时对"完全归纳法"与"不完全归纳法"进行了辨析,在此基础上引出"数学归纳法",关注理性思维的培养。通过多米诺骨牌游戏,激发学生学习兴趣,从直观到抽象,提高学生直观想象能力,让学生体会数学归纳法的本质,并由此总结数学归纳法的一般步骤,到此完成了第一个环节：原理的发现。接着对数学归纳法原理进行解剖,明确数学归纳法是通过有限步骤的证明替代了无限步的验证,引导学生从感性到理性、从具体到抽象,培养学生数学抽象、逻辑推理的能力,这第二个环节是为了加深对数学归纳法原理的理解,明确数学归纳法与其他证明方法的区别,以及数学归纳法的适应范围等问题。第三个环节是通过例题的解决,在具体数学命题的证明过程中感受数学归纳法原理的本质,熟练掌握数学归纳法证明数学命题的步骤,进一步明确证明过程中两个步骤的作用,既关注逻辑推理能力又关注数学运算能力的培养,达到预期的教学目标。

由以上分析可以看到,本节课通过序列化数学活动的设计,使数学核心素养的培育落到实处。

课例 11　**点到直线的距离公式**

课　题	点到直线的距离公式
课　型	数　学　原　理　课

1. 教学内容分析
　　关于点到直线的距离,从内容看是从初中平面几何的定性作图向高中解析几何定量计算的过渡,属于概念性知识。现在直角坐标系中推导出点到直线的距离公式。那么如何推导公式、公式如何应用将成为本节课的主要内容。本节课内容是两点间距离公式的延续,通过学习让学生进一步掌握解析法研究问题的基本方法,为后续的直线与直线位置关系的研究无论在内容上还是方法上打好基础。

2. 学情分析
　　学生在初中已经学习了点到直线的距离的概念,高一阶段已经掌握了两点间的距离公式,且具备了相关的几何知识,如:两直线的位置关系、三角函数等。学生对坐标法解决几何问题有初步的认识,而本节课在推导点到直线的距离公式的过程中需要学生能从多个角度、运用不同数学思想进行思考、运算、比较,这种能力学生还有待进一步提高。

3. 学习目标
　　(1)探索并掌握点到直线的距离公式,会求两条平行线之间的距离。
　　(2)经历探求点到直线的距离的过程,领悟转化与化归、数形结合、函数与方程等数学思想,提升直观想象、逻辑推理等核心素养。
　　(3)通过对点到直线之间的距离、平行线之间距离的探究,培养理性思维能力,认同数学理性之美。

4. 教学重点和难点
　　教学重点:点到直线的距离公式的推导与简单应用。
　　教学难点:感悟推导点到直线距离公式过程中蕴含的数学思想方法。

5. 学习评价设计
　　(1)在情境中了解学生对点到直线距离概念的认识,进一步了解学生对数学中"距离"的理解以及公式掌握的情况。
　　(2)在公式的推导过程中,关注学生的思维起点和思路方向,关注学生的思维特点,引导学生形成良好的思维品质。
　　(3)关注过程性评价,在学习过程中良好思维习惯、科学研究的方法,给予积极的导向。

6. 学习活动设计

教学环节	教　学　活　动
环节一 问题引入	**一、创设情境,引入课题** 　　(1)利用现实模型,如地质勘探、铁轨宽度、人离高压电线的安全距离等图片引入"距离",说明在生产实际中经常会涉及点到直线的距离以及两条平行线之间的距离问题。 　　(2)复习平面直角坐标中两点间的距离公式,同时引出课题——点到直线的距离。

	活动设计意图：通过实例，激发学生学习兴趣；通过回顾旧知，自然过渡到研究点线间的距离，当然还可以更深入地去探究两平行线间的距离。这三个距离公式是一脉相承的，这样引入自然、贴切，符合学生的认知规律，将现实问题抽象为数学问题，培养直观想象、数学建模等核心素养。
环节二 公式探究	**二、问题引导，理解本质** 　　**引例**：求点 $P(x_0, y_0)$ 到直线 $l: ax + by + c = 0$ 的距离。 　　**问题1**：点到直线的距离指的是什么？ 　　**问题2**：为什么选择垂足与点 P 的距离作为点线距离？选直线上其他点与点 P 的距离可以吗？ 　　**问题3**：点到直线的距离还可以怎么定义？
	活动设计意图：复习点到直线距离的垂线段定义法，理解点到直线的距离的本质，同时引出几何、函数、向量等多种数学模型，引出函数定义法、向量投影定义等，为多路径探究公式做准备。

环节二
公式探究

三、自主探究，小组交流

请同学计算引例中的距离，并考虑用多种方法进行解答。

方法一：利用定义，求出垂足点坐标（方程思想）。

$$\begin{cases} ax + by + c = 0, \\ b(x - x_0) - a(y - y_0) = 0 \end{cases}$$

$$\Rightarrow \begin{cases} a(x - x_0) + b(y - y_0) = -(ax_0 + by_0 + c), \\ b(x - x_0) - a(y - y_0) = 0 \end{cases}$$

$$\Rightarrow \begin{cases} x - x_0 = -\dfrac{a(ax_0 + by_0 + c)}{a^2 + b^2}, \\ y - y_0 = -\dfrac{b(ax_0 + by_0 + c)}{a^2 + b^2}。 \end{cases}$$

$$\begin{aligned} |PQ| &= \sqrt{(x - x_0)^2 + (y - y_0)^2} \\ &= \sqrt{\frac{a^2(ax_0 + by_0 + c)^2}{(a^2 + b^2)^2} + \frac{b^2(ax_0 + by_0 + c)^2}{(a^2 + b^2)^2}} \\ &= \frac{|ax_0 + by_0 + c|}{\sqrt{a^2 + b^2}}。 \end{aligned}$$

方法二：利用函数思想，建立点 P 与直线上任意点的距离函数关系，通过求函数的最小值，得出点到直线的距离。

设直线 l 上的点 $M(x, y)$，则 $ax + by + c = 0$，即 $y = -\dfrac{a}{b}x - \dfrac{c}{b}$。

$$\begin{aligned} |PM|^2 &= (x - x_0)^2 + (y - y_0)^2 \\ &= (x - x_0)^2 + \left(-\frac{a}{b}x - \frac{c}{b} - y_0\right)^2 \\ &= \left(1 + \frac{a^2}{b^2}\right)x^2 + 2\left[\frac{a}{b}\left(\frac{c}{b} + y_0\right) - x_0\right]x + \left[x_0^2 + \left(\frac{c}{b} + y_0\right)^2\right]。 \end{aligned}$$

该二次函数的最小值为

$$\frac{4\left(1 + \dfrac{a^2}{b^2}\right)\left[x_0^2 + \left(\dfrac{c}{b} + y_0\right)^2\right] - 4\left[\dfrac{a}{b}\left(\dfrac{c}{b} + y_0\right) - x_0\right]^2}{4\left(1 + \dfrac{a^2}{b^2}\right)} = \frac{(ax_0 + by_0 + c)^2}{a^2 + b^2}。$$

环节二 公式探究	因此 $\|PM\|_{\min} = \dfrac{\|ax_0 + by_0 + c\|}{\sqrt{a^2 + b^2}}$。 点评：方法二运算量大。 方法三：利用垂线段所在向量与直线法向量平行建立关系。 设点 P 在直线 l 上的射影为 $Q(x', y')$，$\vec{n} = (a, b)$，则 $\overrightarrow{PQ}//\vec{n}$，$ax' + by' + c = 0$。 $\because \overrightarrow{PQ} \cdot \vec{n} = \|\overrightarrow{PQ}\|\,\|\vec{n}\|\cos\theta = \|\overrightarrow{PQ}\|\,\|\vec{n}\|$（$\theta = 0, \pi$）， $\therefore \|\overrightarrow{PQ}\| = \dfrac{\|\overrightarrow{PQ} \cdot \vec{n}\|}{\|\vec{n}\|} = \dfrac{\|a(x' - x_0) + b(y' - y_0)\|}{\sqrt{a^2 + b^2}}$ $= \dfrac{\|ax' + by' - (ax_0 + by_0)\|}{\sqrt{a^2 + b^2}} = \dfrac{\|ax_0 + by_0 + c\|}{\sqrt{a^2 + b^2}}$。 因此，原点到直线 l 的距离为 $\dfrac{\|ax_0 + by_0 + c\|}{\sqrt{a^2 + b^2}}$。 问题：请同学观察这个公式，有什么特点？

活动设计意图：本环节直接提出问题，在直角坐标系中引导学生通过观察图形特征，多角度思考求点到直线的距离，培养学生直观想象能力。同时在求距离的过程中落实逻辑推理能力的培养以及数学运算能力的培育。

环节三 公式理解	**四、方法比较，加深理解** 　　（1）比较以上三种推导方法，你认为各有哪些优势和劣势？ 　　方法一将点到直线的距离转化为点到垂足的距离，转化为两点之间的距离进行计算，很直观也很自然，本质上是几何法用代数的方法来呈现，从求解过程可以看出具有一定的技巧性，运算也不简单。 　　方法二是从距离概念的本质进行思考，点到直线的距离就是点到直线上点的距离的最小值，因此建立了关于距离的目标函数，通过求该函数的最小值得出点到直线的距离公式。但从计算过程来看，运算量太大，学生几乎无法完成。 　　方法三另辟蹊径，从向量角度思考距离问题，利用垂线段所在向量与直线法向量平行，建立向量数量积与向量模的关系，运算简便，思路清晰，因此这种方法便于学生掌握。 　　（2）当直线是平行于坐标轴的直线时，点到直线的距离公式是怎样的？ 　　（3）公式中 $ax_0 + by_0 + c$ 的符号如何能够确定？

活动设计意图：（1）对多种方法进行方案比较，在比较中再次领会各种方案的思想方法，比较它们的优缺点，选择合适的方案执行，优化学生的思维。
　　（2）引导学生观察公式的结构，以及在特殊情形时公式的呈现方式，目的在于引导学生从不同角度、不同层次上理解公式，有助于学生直观想象、逻辑推理等核心素养的培育。

环节四 公式应用	**五、例题分析，巩固公式** 　　**例1**：求点 $P_0(-1, 2)$ 到下列直线的距离： 　　（1）$3x + 4y + 8 = 0$；　　（2）$3x = 8$；　　（3）$y - 1 = 2(x - 2)$。 　　**例2**：若直线 $l_1: ax + by + c_1 = 0$，$l_2: ax + by + c_2 = 0$，其中 a、b、c_1、c_2 为常数，且 $c_1 \neq c_2$，$a^2 + b^2 \neq 0$，求直线 l_1 与 l_2 之间的距离。 　　思路（1）：将平行线之间的距离转化为求点到直线间的距离，利用点到直线距离公式。 　　在直线 l_1 上取点 $P(x_0, y_0)$，则 P 到直线 l_2 的距离 $d = \dfrac{\|ax_0 + by_0 + c_2\|}{\sqrt{a^2 + b^2}}$。

环节四 公式应用	又 $ax_0+by_0+c_1=0$，所以 $ax_0+by_0=-c_1$，所以 $d=\dfrac{\lvert c_1-c_2\rvert}{\sqrt{a^2+b^2}}$。 思路(2)：利用向量的投影，直接计算。 设 $M_1(x_1,y_1)\in l_1$，$M_2(x_2,y_2)\in l_2$，得 $\overrightarrow{M_1M_2}=(x_2-x_1,y_2-y_1)$。 $d=\dfrac{\lvert\overrightarrow{M_1M_2}\cdot\vec{n}\rvert}{\lvert\vec{n}\rvert}=\dfrac{\lvert a(x_2-x_1)+b(y_2-y_1)\rvert}{\sqrt{a^2+b^2}}$ $=\dfrac{\lvert(ax_2+by_2)-(ax_1+by_1)\rvert}{\sqrt{a^2+b^2}}$。 因为 $ax_1+by_1=-c_1$，$ax_2+by_2=-c_2$，所以 $d=\dfrac{\lvert c_1-c_2\rvert}{\sqrt{a^2+b^2}}$。

活动设计意图： 本环节在得出点到直线距离公式的基础上，通过具体问题的解决进一步加深对公式的理解，熟练运用公式解决问题，同时体会公式应用的广泛性，培养学生逻辑思维能力。对两条平行线之间距离的求解问题，引导学生加深对距离本质——最小值的理解，同时也作为点到直线距离公式的应用，落实转化思想。

环节五 课堂小结	**六、归纳总结，提升理解** 　　(1)点到直线距离公式的几种不同推导方法的根本区别是什么？点到直线的距离公式和两平行直线之间距离公式两者有何关联？ 　　(2)在公式推导过程中，体现了哪些数学思想和方法？

课例评析

　　点到直线的距离公式，是在初中学习了点到直线距离概念以及定性作图以后，在直角坐标系下的定量刻画、定量计算的结果。本节课需要面对三个问题：一是公式是什么？二是公式为什么是那样的？也就是说它的推导过程和应用过程。三是通过公式学习培养了学生的哪些能力？

　　(1)本节课中首先通过创设实际情境，让学生感受到定量研究点到直线距离公式的必要性，产生探究的欲望，同时通过回顾两点间的距离公式，说明点到直线的距离公式应该由点的坐标与直线方程中的不变量来加以确定，引出本节课的研究内容，这是一条明线。在此过程中，另一条暗线是在实际问题的情境中，引导学生观察，将问题转化到数学中来提出问题，有利于培养学生的直观想象能力和数学建模能力。

　　(2)提出问题后，引导学生从不同的角度思考研究问题，有利于培养学生的发散思维能力。对于不同的思路引导学生正确表达，有利于学生逻辑思维能力的培养。通过对不同的研究思路，从思维难度、运算的复杂程度、直观易想等视角加以分析，培养学生优化方法的意识，提高分析问题的能力。

（3）公式的应用分为两个层次：一是直接应用，目的在于熟练掌握公式，明确公式的适应范围、理解公式中各种量之间的关系，加深对公式的理解；二是推导两条平行线之间的距离公式，即在一定的情境中应用点到直线的距离公式，计算两条平行直线之间的距离，将线线之间的距离转化为点线之间的距离。这一过程有利于培养学生逻辑思维能力和数学运算能力，体现转化的思想。

由以上分析可以看出，本节课中所提出的三个问题都得到了很好的解决。在教学过程中不仅关注知识的落实，更加关注知识的形成过程、公式的多角度推导过程，培养学生的逻辑推理和发散思维的能力。关注学生数学核心素养的培育，达到了预期的教学目标。

第 5 章

基于核心素养的数学习题课教学设计

第5章 基于核心素养的数学习题课教学设计

5.1 对数学习题课教学的理性思考

习题课是数学学习的一种重要课型。习题课的教学目的是以问题为载体、以问题解决过程为抓手，在问题解决的过程中提高学生的数学能力、提升思维品质，进一步培养学生发现问题、提出问题、研究问题、解决问题的能力，并通过这一过程培育学生的数学核心素养。对于教师来说还可以检查学生对所学知识的理解和掌握之程度，以便及时调整教学方法和策略，实现数学课堂教学的目标。

5.1.1 数学习题课教学的价值

数学习题课教学的价值体现在以下几个功能。

1. 通过习题课复习数学知识的功能

在学生学习了某个知识点或者多个知识点后，如何引导学生综合运用这些知识、加深对知识的理解，以此巩固复习所学知识，这时往往需要安排数学习题课。通过对数学问题的解决，经历数学问题的探究过程。在这个过程中以数学知识为工具，在实际的问题情境中解决问题，起到对数学知识的复习巩固及灵活运用的作用。

2. 通过习题课促进学生深度学习的功能

数学习题课表面上是解决几道数学问题，更深层次的是通过问题解决，提高学生理解题意、分析问题、解决问题的能力，提高总结解题方法的水平、将学生的思维引向深入。其中包含了在一定的情境中，通过观察，发挥直观想象并主动地发现问题、提出问题、研究问题，探寻解题的思路，准确表达解题的过程，总结解题规律，经历了这一过程对学生的思维能力无疑是一个很好的锻炼。而要实现这样的目标最重要的是解题思路的探究过程,即"你是怎么想到这样解的?",如何根据题目中给出的信息,对照要求的结论,建立已知与未知的"逻辑思维链",使问题得以解决。这一过程不断引导学生进行深层次思考,毫无疑问这是把学生思维引向深刻的过程,同时习题课的教学环节中,在总结了解题方法后,还要利用总结的方法解决更高层次的问题,这又是对学生思维能力的考验。

3. 通过习题课提炼解题方法的功能

数学习题课除了上面两个功能外,还有掌握一类问题解决的基本方法,总结一类问题的解题规律,形成一定的思维模式的功能。更深层次的是通过解决问题,提高学生理解问题、分析问题、解决问题的能力,这其中包含了在一定的情境中主动的发现问题的能力、主动提出问题的能力,以及探究解题思路的能力、表达解题过程的能力、归纳解题方法的能力。习题课的一项重要任务是通过典型问题的解决,总结解题规律让学生掌握一类问题的解法,掌握一些解题技巧,提高解题能力。例如,"数列中的最值问题"习题课就是让学生通过几道典型问题的分析,掌握数列中最值问题的几种解法,总结数列中求最值问题的解题规律,加深对数列与函数关系的深度理解,感受数列的本质。

4. 通过习题课培育学生数学核心素养

数学习题课的教学涉及到问题情境的创设,可能是实际生活情境,也可能是图形、图表或者是数学内部的问题。面对这些问题的情境,需要引导学生理解题意,需要将实际问题转化为数学问题,有利于数学建模思想的建立。通过观察一些图形、图表,分析各因素之间的关联,有利于培养学生的直观想象和逻辑推理能力。在寻找解题思路的过程中,需要对条件与结论之间的关系进行分析,这个过程中依靠逻辑推理能力。在寻找到解题思路之后,需要对具体的解题过程加以描述,即正确地表述解题过程,这有利于逻辑推理能力的培养。对解题方法的归纳总结,则主要是体现了由特殊到一般、由具体到抽象的过程,有利于学生抽象思维能力的培养。在整个解题教学的过程当中,需要重点关注直观想象、逻辑推理、数学运算、数学建模等核心素养的培育。

5.1.2 数学习题课教学存在的问题

经调查研究,中学数学习题教学课存在以下若干误区。

(1) 认为数学习题课教学就是给学生讲几道题目,把数学课上成解题技巧训练课,忽略了数学思维能力的培养以及对数学知识的理解,难以触及数学的本质。

（2）长期徘徊在一招一式的归类，缺少观点上的提高或实质性的突破。有时候，只是解题方法的简单堆积或解题技巧的神秘出现，在解题具体操作与解题策略或数学思想方法之间缺少沟通的桥梁。

（3）多是研究"怎样解"，较少问"为什么这样解"，更少问"怎样学会解"，重结果，轻过程。

（4）更关注现成的、形式化问题的求解，对问题"提出"和"应用"研究不足。

习题课的教学中，经常会出现教师上课时直接给出各种类型的习题，然后教师不加任何分析，有时学生甚至连题目中的条件是什么、结论是什么都没搞清楚，就被教师"牵着鼻子走"，似乎循着老师的思路，整个过程都"明白"了，而实际上什么都没学到。结果出现"上课听得懂、作业做不了"的现象，没有从根本上促进学生理解数学、理解解题的基本方法和思想。笔者认为教师应该进行解题教学研究，通过学习解题学理论来指导学生解题，避免教与学误入"歧途"，真正做到"道而弗牵、强而弗抑、开而弗达"。

5.2　基于数学核心素养的习题课教学的具体要求

5.2.1　习题课教学需重点落实的数学核心素养

对数学教学而言，虽然教无定法，但教学有法，任何一类数学课型都有一些基本的构成要素，都会按照一定的教学流程开展教学活动。数学习题课也不例外，也有基本的结构和流程，如图5-1：

图 5 - 1　数学习题课的基本结构与流程

首先创设问题情境，如果是教师提出的问题，则引导学生正确理解题意，理解题目中条件之间的逻辑关系，条件与结论之间的关联，这有利于培养逻辑推理能力；如果问题是现实应用性问题，则引导学生将现实问题用数学语言表述，建立数学模型，再探究数学问题的解题思路，这有利于数学建模、数学抽象能力的培养。这一过程中，需要重点关注的是逻辑推理、数学建模素养的培育。没有逻辑推理能力，题意无法理解，也无法建立条件与结论之间的思维链；没有数学建模能力，无法将现实问题转化为数学问题。在已有的情境之中，也可以引导学生观察思考，让学生主动地发现问题、提出问题，再进一步提炼出有价值的问题，开展研究活动，有意识地培养学生直观想象、逻辑推理和数学建模能力。

对习题课而言,解题思路的探究过程显得尤为重要,即对一个现实问题或者数学问题,你是怎么想到这样解的?这需要从条件出发,面对多个条件,由条件1可以得出怎样的结论,由条件2可得出怎样的结论……与要求的结果之间还有多远,条件与结论之间的逻辑思维链是怎么建立的?这个过程需要调动学生头脑中储备的知识及解题方法,通过联想和类比,并且将其与该题中的信息进行对照、试误,摸索出一条解决问题的路径。解题思路的探究过程,着眼于联想思维、类比思维,其本质是逻辑推理能力。明确了解题思路以后,将解题过程正确地表达出来,这也是解题中的重要环节。正确的表达需要正确的逻辑推理、正确的数学运算、正确的数学语言,因此这一环节不可忽视,它也是落实数学核心素养、提高解题能力的重要抓手。这是由"听懂"到"会做"的过渡。

对于一节习题课,学会解决几道题目不是它的目的,其目的是通过几道典型例题的分析和解决,掌握分析问题、研究问题的基本方法,同时掌握解决问题的方法,即需要掌握一类问题解题策略,这是习题课教学的重要目标。因此在讲解例题的基础上,必须进行解题方法小结,这一步体现的是由特殊到一般、由具体到抽象的过程,着重于抽象能力的培养,有利于落实数学抽象的核心素养。在总结解题方法的基础上,进一步引导学生利用方法解决更高层次的问题,有利于方法的巩固,加深学生对解题方法的理解,更有利于将学生的思维引向深刻。因此,此时问题的选择必须是具有挑战性的,必须高于原有问题的思维层次,让学生在解决问题的过程中,促进深度学习的开展,经历思维的螺旋式上升的过程,在这一环节中需要关注的是逻辑推理能力和数学建模能力的培养。通过深层次问题的解决,加深对解题方法的理解,课堂小结主要围绕对如何分析问题、提出问题、研究问题、解决问题过程的回顾,感悟其中的数学思想方法,同时加深对本节课所总结的解题方法的认识。整节课从认识论的角度来看,主要是体现"实践、认识、再实践、再认识"的过程,显性的是某类数学问题的解决方法,而隐性的是诸多核心素养的落实,这就是数学习题课的价值所在。

以上过程中体现的主要数学核心素养用图5-2表示。

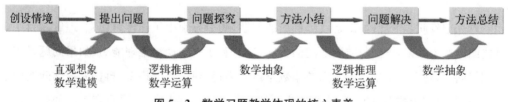

图5-2 数学习题教学体现的核心素养

习题课是数学教学的一种重要课型,在数学习题课的教学中通过分析问题、研究问题、解决问题的过程,进一步落实核心素养的培育。在习题课教学中不仅能有效地增强学生解决问题的能力,提高数学教学质量,而且可以促进学生良好的数学观念的形成。

5.2.2　基于数学核心素养的习题课教学设计

想要上好一堂高质量的习题课,通过习题课教学加深对数学知识的理解,掌握分析问题、研究问题、解决问题的方法,提高数学解题能力,提高思维品质,达到提高数学素养的目的,就必须从准备到实施过程中把握好以下几个关键环节,才能够实现这样的目标。

1. 合理的选题

习题课首先应选择好的数学题目。作为一名数学教师,曾经非常羡慕语文教师:能与学生一起徜徉在文学的殿堂,欣赏感人的名篇,产生心灵的共鸣。语文课堂上,师生在文学的享受中,营造着激情飞扬、诗意流淌的境界⋯⋯笔者常常思考:数学课上,以什么来吸引学生、感染学生,学生在数学课堂上应该得到什么? 数学教学究竟该做什么? 是让学生去熟记一些公式、概念、性质、法则? 还是教会学生做习题、去应付考试? 数学教学应该有更深刻的内涵。数学是科学,数学是艺术,数学是语言,数学蕴涵着人类文化的美。数学教育是面向全体学生的,不同的人会得到不同的发展,我们给孩子的数学应该是那些孩子利用自己的个体经验能够学习的数学,我们与孩子一起营造的数学课堂应该是充满生命活力,促进智慧生成、洋溢生活气息、呈现灵动色彩的课堂,这样的课堂也是魅力无穷的。

学生数学水平如何,归根到底体现在问题解决上,因此学生进行适量习题训练是必须的,也是必不可少的。而习题选编的质量直接影响到习题课效率的高低以及训练效率高低,所以教师在选择例题、编制习题时要多推敲,提高选题的适切性。可以从如下五个方面进行思考。

(1) 习题选择要有针对性。习题课不同于新授课,它是以解数学习题作为课堂教学的主要组成部分,故要达成高效的训练目标,教师在选择相关习题时,要明确教学目标、针对考查知识点、针对学生的学习现状。学生基础好的可少做甚至不做,当场掌握好的可以少做或不做,但学生普遍有缺陷的、常犯错误的则要适当反复及强化,避免随意性和盲目性。

(2) 习题选择要注意适切性。教学中教师总是在探寻学生学习的"最近发展区",总希望在学生的"最近发展区"内开展教学活动。我们把学生的学习分成三类区域:一类区域"舒适区"——特征是"听得懂,会做";二类区域"学习区"——特征是"听得懂,努力才能做";三类区域"恐慌区"——特征是"听不懂,不会做"。第二类即为"最近发展区",如图 5-3。

教师应在学生"最近发展区"内进行习题的选择,过于简单的习题会影响学生思维的质量,思维活动未得到充分的展开,缺乏其应有的激励作用;难度过大的习题易挫伤学生的学习积极性,使学生难以获得成功的喜悦,长此以往,将使学生丧失自信心。所以,习题的选择

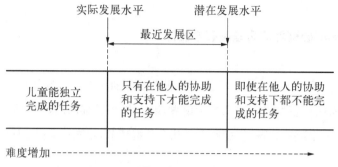

图 5‑3 "最近发展区"学习理论

要把握好适切性。

对题目的设计要有一定的梯度,适当地创设情境,激发学生的学习兴趣。每个班级学生的知识基础、智力水平和学习方法等都存在一定差别。在习题课教学中,对于习题的设计要针对学生的实际进行分层处理,既要创设舞台让学优生表演,发展其个性,又要重视给后进生提供参与的机会,使其获得成功的喜悦。否则,将会使一大批学生受到"冷落",丧失学好数学的信心。题目安排可从易到难,形成梯度,虽然起点低,但最后要求较高,符合学生的认知规律,使得后进生不至于"陪坐",学优生也能"吃得饱",使全体学生都能得到不同程度的提高。

(3)习题选择要有典型性。数学习题的选择要克服贪多、贪全,与某个知识点相关的题目很多,且都很好,但不可能让学生穷尽所有题目,只有选择少量典型问题。既要注意到对知识点的覆盖面,又要能通过训练让学生掌握规律,达到"以一当十"、"解一题通一类"的目的。

(4)习题选择要有研究性。首先,选择习题要精,要有丰富内涵,教师除注重结果之外,更要注重组题方式和质量,达到"一题多解,熟悉常用方法;多解归一,挖掘共同本质;多题归一,归纳一般规律。"再次,尽量设计有实际生活原型、学生感兴趣的习题,强化数学建模,训练学生的自主性和探索性,让学生体验数学在实际生活中的应用,在收集信息的过程中,注重研究,会应用数学知识,提高解决实际问题的能力。

(5)习题选择要注意对课本习题的挖掘。课本习题均是经过专家多次筛选后的精品问题,教师在题目选编中要优先考虑课本中的例题与习题,适当拓展、演变,使其源于教材,又不拘泥于教材。不应"丢了西瓜去捡芝麻"、忽视课本习题去搞大量的课外习题。在实践中我们要精心设计和挖掘课本习题,编制"一题多解、一题多变、一题多用、多题一法"的习题,提高学生灵活运用知识的能力。

2. 适切的教学策略

课堂是一面镜子,教师在课堂上所做的每一教学行为都反映了他的教学思想。充满生命活力的课堂是以人为本的课堂。尊重人的价值是人文精神的起点,人受到尊重,得到了属于自己的"尊严的权利"就会伴随产生责任感,激发出学习的积极性、主动性。通过教学唤醒学生的主体生命意识,课堂便呈现勃勃生机。潜能的开发、精神的觉醒、内心的敞亮是独特个性的彰显和主体性的弘扬。课堂上师生共同的生命历程是世界的融合、体验的共享与心灵的共鸣,这样的课堂也使师生享受到教育的幸福。

"如何使每一个学生在原有基础上获得最大限度的发展,这是全部教育的智慧。"数学课堂上,教师的智慧在于创设开放的情境,给学生思考的空间、表达的机会,让丰富多彩的思考交汇在课堂,让新奇、独特的思维打开创造的心门,让闪烁智慧灵光的思想在课堂上驰骋。教师要认真地倾听,适时地点拨,给学生足够的探索材料,让学生真正成为学习的主体。

课堂上的智慧往往闪耀在主体的创造中,数学只有契合学生的经验系统才能真正走进学生心里。对学生来说,数学是现实的、有趣的、有用的、富有挑战性的。溢满生活气息的数学,解决现实问题的数学,才能让学生感到数学的价值,产生积极愉快的情感。数学知识与生活的链接更让数学学习有了实际意义。如结合统计图、表的教学,可在学生春游之前,布置学生统计人数、预算车辆成本,并制成统计图、表,然后设计合理的租车方案,解决实际问题。

把鲜活的生活题材引入课堂,用生活问题激活课堂,把学生的生活经验巧用于课堂,生动的生活数学事例活用于课堂,既有利于数学建模能力的培养,又让数学课堂有了生活之水的滋润,更加富有情趣和魅力。

习题课的精髓与实质就是教师对习题材料的处理能否发挥习题的功能,能否充分调动学生主体的参与作用,将学生所学的知识"外化",并通过"外化"强化知识的"内化",将数学核心素养的培育落实在每一个教学环节之中,这是一节习题课成功与否的关键。

良好的教学效果是教学活动最终的归宿,如何上好一堂有效率的课对每一名教师来讲都是很重要的。衡量一堂课的教学效率如何,主要看有效教学时间,即在教与学活动过程中学生学习知识、掌握技能、形成能力和提高认识真正起作用的时间。因此,教师在课堂上必须千方百计地提高 40 分钟的效率。

3. 多样化的教学方式

所谓教学,包括两个方面,一是教师的"教",二是学生的"学"。长期以来,中国的传统教学模式都是"老师教学生学",学生习惯了那种只接受知识的学习方式。在当前新课程改革的浪潮中,我们决不能让那种单纯的"填鸭式"的教法延续下去。因为它是与"学生是学习的主体,认知的主体,发展的主体"相背离的。

新课程强调在教学过程中教师是组织者、参与者、指导者、欣赏者,这说明教师在教学活动中的根本任务是"导"，即通过教师的因势利导，唤起学生求知的欲望，给学生创造良好的学习环境，让学生的学习能力在教师的教学中得到提高与升华，同时得到知识的积累。

因此，教法为学法"让路"的出发点是基于学生与教师在教学过程中的地位而言的，教师的任务不但是要指导学生学习，通过各种教学手段促进学生学习能力的提高，还要营造一种学生学习知识的氛围，激发学生探究知识的兴趣，使学生掌握"由已知到求知，从现象到本质"的认识世界的根本方法，它将会使学生受用一生。

习题课教学知识密度大、题型多，学生容易疲劳，如果教学组织形式单一化，会使学生感到枯燥、乏味，这样容易丧失学习的积极性，为了克服这一现象，在习题课教学中一定要体现出教师的教与学生的学的双边、双向活动，将讲、练、思三者有机地结合起来，采取"疑点启发、重点讲授、难点讨论"的方式创造条件让学生多动口、多动手、多动脑，激发学生全方位"参与"问题的解决，有效地减轻学生的"疲劳"，提高课堂教学的效率和质量。

4. 良好的师生关系

良好的师生关系是教学活动中一个不可缺少的因素。良好的师生关系使学生处于宽松、友好的学习氛围之中，学习情绪得到张扬、思维越发敏捷。所谓"亲其师，信其道"便是其中的道理。"兴趣是最好的老师"，若教师能处理好师生关系，再辅以鼓励、激励，学生的"兴趣是可以培养的"，学生便会心甘情愿地接受教师的教育。只有这样，才能使教学效率达到最佳状态。素质教育要求教师必须尊重学生的主体地位和学生的主动精神，把学生的学习过程看作是主体满足内在需求的主动探索过程。学生的学习是一个动态的过程，整个学习过程应该是由参与欲望、参与过程、体验成功组成。在习题课教学中，一定要改变教师"一言堂""满堂灌"的习惯，要创设更多的机会让学生动脑、动口、动手，提出问题应给学生留下充分的思维空间，让他们在主动探索和讨论中达到问题的解决。

同时数学课堂学习的过程应该是一个包含有猜想、错误与尝试、证明与反驳、检验与改进的复杂过程。数学教学是活的、动态的、可能有错的数学活动结果，而不是一成不变的、静态的、封闭的结果。弗赖登塔尔说：学习数学的最好方法，就是学生亲自把这些知识发现出来。数学课堂教学正是要引导学生浓缩地经历当初人们探究这些知识的历程。教师的教案只是课堂教学的预设，每一个学生都是不同的思维主体，他们有着不同的理解能力，会从各自的视角出发，总有一份属于自己的发现。教师在营造的充满欢乐、友谊、合作和渴望的课堂气氛中，让孩子们相互启发，相互竞争，把一次次的再创造演绎得多姿多彩。教师应把这些宝贵的动态生成资源挖掘出来，使课堂在预设中生成，在动态生成中幻化出灵动的美。

听过不少成功的数学课，也在自己的课堂上实践着。数学课虽然不如语文课那么感性，但学生在倾听中产生的灵性，在思考中展现的智慧，在体验中生成的情感，在相互尊重中绽放的灿烂的生命之花,无不让人欣喜和感动。当我们与孩子一起体验互动时,能品味数学课堂的魅力。

5. 积极有效的作业反馈

学生作业的目的在于巩固和消化所学的知识,并使知识转化为技能技巧,发展能力。正确组织学生作业,对于培养学生的独立工作能力和习惯,发展学生的智力和创造才能有着重大意义,因此,教师应重视作业的设计。

然而设计作业并非想象的那么简单。要让作业发挥最大的效益,教师在教学工作中还得讲究一定的方法,在设计作业时应注意以下几方面的原则。

(1)作业的目的性。即作业要体现高中数学课程的总目标、单元教学目标、课时教学目标,学生通过练习能进一步巩固知识,使思维能力得到进一步发展。简单而言,就是作业练习什么,教师心中要有数。对学习难度较大的内容,教师设计作业应侧重放在把握重点、突破难点上。对学生易接受、知识连贯性强的内容,宜设计有关开发智力、提高思维力的作业。这样既能保证让学生能依时完成作业,也能让他们在体会成功喜悦的同时发展他们的智力。

(2)作业的针对性。即作业能体现教学内容的层次,适合思维能力层次不同的学生。针对教材和学生实际,教师要精选设计作业题。设计的作业如不符合学生实际能力和需要,或太难太深,学生不会做,他们的兴趣和情绪就受到影响。作业应是学生在熟练掌握"双基"的前提下力能胜任的,且要考虑多数同学的适应性。

(3)作业的差异性。班级授课制下,由于学生智力与非智力因素的不同会造成学生学习水平的不同,因材施教则可缩小这种差距。当然,它需要贯穿于教学工作的每一个环节,作业设计也不例外。可根据学生水平把学生分开两组或三组,分类布置作业。也可在布置作业时,布置适量选做题。按量力性原则因材施教,显然行之有效。但须注意,不能因此走入降低教学标准的误区。

(4)作业的重现性。不要认为学生做过有代表性、典型性、关键性的作业就完成了学习任务,必须有目的、有计划地安排一定程度的重现性作业,才能保证学生获得牢固的知识和熟练的技能。但要注意重现并不等同于机械的重复,要注意作业数量适当、难易适度,学生能完成。

(5)作业的开放性。作业要有一定的开放性,要让学生有自我发挥的余地。可根据学生的数学知识、技能和能力,结合教材适当设计一些探索性作业,引导鼓励学生提出问题,寻找伙伴完成研究性作业。

课例 12 **函数思想在数列最值问题中的应用**

课　题	函数思想在数列最值问题中的应用
课　型	数 学 习 题 课

1. 教学内容分析

　　数列是特殊的函数,既然是特殊与一般的关系,那么数列与函数就应该有许多的共通性,如在内容上有哪些相关性、思想方法上有哪些相通性,在解决问题方法上有哪些相同性。因此本节课从这些方面考虑,选择了一个角度,利用函数中解决最值问题的方法解决数列中的最值问题。在解决问题的过程中,让学生感悟函数思想在数列中的应用,加深对函数及数列本质的理解,在此过程中提高学生分析问题、解决问题的能力,培养逻辑思维、数学抽象、数学运算等核心素养。

2. 学情分析

　　学生之前已经学习了数列的基本知识,包括等差数列、等比数列的概念、通项公式及前 n 项和公式,虽然学生知道数列是特殊的函数,但数列与函数之间的本质联系并不是很清楚。而函数性质及思想方法为解决数列问题提供了很好的路径,为解决数列中许多问题奠定了基础。通过利用函数的方法解决数列中的最值问题,使学生加深理解数列是特殊函数的内涵,体会函数与数列的相通性。在此过程中提高能力、培育素养。

3. 学习目标

　　(1) 经历利用函数方法解决数列问题的过程,掌握数列最值问题的解决方法;培育分析问题、研究问题的能力,提高逻辑推理、数学运算等素养。

　　(2) 通过问题的解决,进一步体验函数思想、数形结合思想在数列问题中的应用,感悟函数思想在解决数列问题中的应用,加深对数列问题本质的理解,提升数学抽象能力。

4. 教学重点和难点

　　教学重点:利用函数思想探究解决数列最值问题的常用方法。

　　教学难点:理解数列与一般函数定义域的差异对解题的影响。

5. 学习评价设计

　　(1) 通过四类数列最值问题的分析,引导学生从函数的视角思考数列问题,加深对函数思想的认识,关注学生的题意理解过程、解题思路的探究过程以及解题方法的总结过程,及时评价学生对问题的认识,鼓励学生探索创新解法,引导学生正确思考、规范思维,提高解题能力。

　　(2) 教学过程中关注逻辑推理、数学抽象以及数学运算等素养的落实,对学生的学习行为及时评价,引导学生深度学习,提高思维品质。

6. 学习活动设计

教学环节	教 学 活 动
环节一 创设情境	**一、课堂引入** 　　数列可以看成以正整数集(或其子集)为定义域的函数 $a_n = f(n)$,它是一类特殊函数,我们可以借助研究函数的方法来研究数列问题。今天我们就一起从函数的视角来研究数列中的最值问题,体会函数思想在数列最值问题中的应用。

活动设计意图：本环节明确本节课的主题,既然数列是一类特殊的函数,那么函数中的思想方法如何落实在数列问题之中,这就是本节课所要研究的问题,从而将学生的思维聚焦在函数与数列的关系上。

环节二 问题探究、 方法小结 (一)	**二、问题探究** 　　**例 1：**(1)已知数列 $\{a_n\}$ 的通项公式为 $a_n = n^2 - 15n$,则数列 $\{a_n\}$ 中第_____项的值最小,最小项的值为_____。 　　(2)已知数列 $\{a_n\}$ 的通项公式为 $a_n = \dfrac{n}{n^2 + 156}(n \in \mathbf{N}^*)$,当 n 为何值时,a_n 有最大值?并求出该最大值。 　　(3)已知数列 $\{a_n\}$ 的通项公式为 $a_n = \dfrac{3n - 17}{n - 6.5}$,试判断此数列是否存在最大项和最小项。如果存在,求出最大项和最小项的值;如果不存在,请说明理由。 　　学生独立思考:(1)这些数列的通项公式与哪些函数解析式相似? 　　(2)对应的函数问题是如何求最值的? 　　(3)两者的区别在哪里? 　　学生交流解法,师生共同小结: 　　(1)数列通项公式 $a_n = f(n)$ 是关于 n 的函数,本例中三个数列对应着三个常用函数,因此可以借助对应函数的性质解决问题。 　　(2)函数的最值不一定是数列的最值,关键在于定义域不同。 　　引申:(1)已知数列 $\{a_n\}$ 的通项公式为 $a_n = n^2 + kn$,若数列 $\{a_n\}$ 为递增数列,则实数 k 的取值范围是_____。 　　(2)已知数列 $\{a_n\}$ 的通项公式为 $a_n = n + \dfrac{k}{n}$,若对所有的 $n \in \mathbf{N}^*$,不等式 $a_n \geqslant a_3$ 恒成立,则实数 k 的取值范围是_____。 　　小结 1:根据数列通项公式的特点,可以借鉴对应函数的性质,类比解决对应函数最值问题的方法,从而解决数列中的最值问题。

活动设计意图：通过对三种不同类型数列通项公式的分析,它们既不是等差数列也不是等比数列,但它们在函数中都能够找到原型,虽然有所差异,但可以借鉴函数问题的解决方法解决数列问题。通过这类问题拉近函数与数列的距离,同时通过问题的引申,进一步理解数列与函数的区别,培养学生直观想象、逻辑思维能力。

环节三 问题探究、 方法小结 (二)	**例 2：**(1)已知等差数列 $\{a_n\}$ 中,$a_1 > 0$,前 n 项和为 S_n,且 $S_4 = S_9$,则 S_n 取最大值时 $n = $_____。 　　(2)已知等差数列 $\{a_n\}$ 中,$a_1 > 0$,前 n 项和为 S_n,且 $S_9 > 0$,$S_{10} < 0$,则 S_n 取最大值时 $n = $_____。 　　问题分析:(1)这两个问题可以通过等差数列相关公式加以解决。 　　(2)如果从等差数列前 n 项和公式的形式以及相对应的函数思考,对应函数的最值是如何确定的? 　　学生交流解法,师生共同小结。 　　小结 2:等差数列前 n 项和为 $S_n = an^2 + bn$,形式上是关于 n 的二次函数,因此可以利用二次函数的性质解决等差数列前 n 项和的问题。

活动设计意图：由于等差数列的特殊性,其通项公式形式上对应一次函数,前 n 项和公式形式上对应二次函数,因此,通过本题引导学生利用已知函数的性质解决数列最值问题,体现数形结合、函数方程等思想,提高学生逻辑推理、数学运算、直观想象等数学核心素养。

环节四 问题探究、 方法小结 （三）	**例 3**：已知数列 $\{a_n\}$ 的通项公式 $a_n = \dfrac{1}{n+1} + \dfrac{1}{n+2} + \cdots + \dfrac{1}{2n}$（$n \in \mathbf{N}^*$，$n \geqslant 2$），求数列 $\{a_n\}$ 的最小项。 问题分析：（1）该数列既不是等比数列也不是等差数列，对应的函数也不是我们常见的函数。根据函数中解决此类问题的方法，可以先研究其单调性，再求最值。 （2）数列的单调性如何判断？与函数单调性的判断有何区别？ 解答：因 $a_{n+1} - a_n = \left(\dfrac{1}{n+2} + \dfrac{1}{n+3} + \cdots + \dfrac{1}{2(n+1)} \right)$ $\qquad\qquad\qquad - \left(\dfrac{1}{n+1} + \dfrac{1}{n+2} + \cdots + \dfrac{1}{2n} \right)$ $\qquad\qquad = \dfrac{1}{(2n+1)(2n+2)} > 0,$ 对一切 $n \in \mathbf{N}^*$ 都成立，故数列 $\{a_n\}$ 是严格增数列。 因此，当 $n=2$ 时，a_n 取得最小值 $\dfrac{7}{12}$。 **小结 3**：当我们在函数中遇到复杂情况需要求函数最值时，通常考虑函数单调性，这是基本方法。同样，在数列中处理最值问题时，从数列单调性出发，通过研究数列单调性，确定数列的最值，这是一条很好的解题路径。

活动设计意图：这是一个非常规数列，不知它有何性质，直接求最值很困难。通过设计这样一个疑问，激发学生从其他角度分析该问题。从函数的视角，求最值最基本的办法是研究函数的单调性，因此可考虑研究该数列的单调性。并关注数列单调性的判断方法与函数单调性的判断方法的差异，体现"数列回归函数，函数方法启发数列"的过程。

环节五 问题探究、 方法小结 （四）	**例 4**：已知数列 $\{a_n\}$ 的通项公式 $a_n = \dfrac{(n+1) \cdot 9^n}{10^n}$（$n \in \mathbf{N}^*$），求 $\{a_n\}$ 的最大项。 分析：观察数列通项公式结构，可将其视为函数 $f(x) = (x+1)\left(\dfrac{9}{10}\right)^x$，$x \in \mathbf{N}^*$，但不易知其在定义域内的单调性。可利用函数单调性的定义与作差或作商，研究数列的单调性。 解法一：作差研究数列的单调性。 $a_{n+1} - a_n = (n+2)\left(\dfrac{9}{10}\right)^{n+1} - (n+1)\left(\dfrac{9}{10}\right)^n = \left(\dfrac{9}{10}\right)^n \left(\dfrac{-n+8}{10}\right)$。 故当 $0 < n < 8$ 时，$a_{n+1} > a_n$； 当 $n = 8$ 时，$a_9 = a_8$； 当 $n > 8$ 时，$a_{n+1} < a_n$。 所以 $a_1 < a_2 < \cdots < a_7 < a_8 = a_9 > a_{10} > a_{11} > \cdots$。 所以 $\{a_n\}$ 的最大项为 $a_9 = a_8 = \dfrac{9^9}{10^8}$。 解法二：作商研究数列的单调性。 $a_n > 0, \dfrac{a_{n+1}}{a_n} = \dfrac{(n+2)\left(\dfrac{9}{10}\right)^{n+1}}{(n+1)\left(\dfrac{9}{10}\right)^n} = \dfrac{9(n+2)}{10(n+1)}$。

环节五 问题探究、 方法小结 （四）	故当 $0 < n < 8$ 时，$\dfrac{a_{n+1}}{a_n} > 1$，即 $a_{n+1} > a_n$； 当 $n = 8$ 时，$a_9 = a_8$； 当 $n > 8$ 时，$\dfrac{a_{n+1}}{a_n} < 1$，$a_{n+1} < a_n$。 所以 $a_1 < a_2 < \cdots < a_7 < a_8 = a_9 > a_{10} > a_{11} > \cdots$。 所以 $\{a_n\}$ 的最大项为 $a_9 = a_8 = \dfrac{9^9}{10^8}$。 解法三：利用关系式 $\begin{cases} a_n \geqslant a_{n-1}, \\ a_n \geqslant a_{n+1} \end{cases}$ $(n \geqslant 2, n \in \mathbf{N}^*)$ 来求 a_n 的最大值。 $\begin{cases} a_n \geqslant a_{n-1}, \\ a_n \geqslant a_{n+1} \end{cases} \Rightarrow \begin{cases} (n+1)\left(\dfrac{9}{10}\right)^n \geqslant n\left(\dfrac{9}{10}\right)^{n-1}, \\ (n+1)\left(\dfrac{9}{10}\right)^n \geqslant (n+2)\left(\dfrac{9}{10}\right)^{n+1} \end{cases} \Rightarrow 8 \leqslant n \leqslant 9$。 所以 $\{a_n\}$ 的最大项为 $a_9 = a_8 = \dfrac{9^9}{10^8}$。 小结 4：观察数列的结构可将其视为函数，但不易知其在定义域内的单调性。只有利用函数单调性的定义与作差或作商，研究数列的单调性。即：当 $a_{n+1} - a_n > 0$ 时，a_n 严格递增；当 $a_{n+1} - a_n < 0$ 时，a_n 严格递减。若数列各项均为正，也可作商，即：当 $\dfrac{a_{n+1}}{a_n} > 1$ 时，a_n 严格递增，当 $\dfrac{a_{n+1}}{a_n} < 1$ 时，a_n 严格递减。还可利用求数列中最大（小）项的一般方法研究数列的最值问题： （1）若数列 $\{a_n\}$ 中的最大项为 a_k，则 $\begin{cases} a_k \geqslant a_{k+1}, \\ a_k \geqslant a_{k-1}。 \end{cases}$ （2）若数列 $\{a_n\}$ 中的最小项为 a_k，则 $\begin{cases} a_k \leqslant a_{k+1}, \\ a_k \leqslant a_{k-1}。 \end{cases}$ 注意：（1）当 a_1 为数列中的最大或最小项时，此方法不适用。 （2）这个条件只是 a_k 为数列最值的必要不充分条件，不是充要条件，若 k 不止一解时，需要代入检验。
	活动设计意图：本题是例 3 问题的延伸，研究数列的单调性，确定数列的最值。其中特别关注数列与函数的区别，数列是特殊的函数，它的特殊性体现在它的离散性；同时对局部单调的数列，在连接点处的研究也需要认真思考。本题重点关注逻辑推理、数学运算素养的培养。
环节六 课堂小结	**三、课堂小结** （1）通过本节课的学习，你对数列问题有哪些新的认识？ （2）谈一谈你对"数列是特殊的函数"的理解。 （3）通过本节课的学习，你掌握了哪几类数列问题的解法？

课例评析

首先分析一下，为什么要上这节课？也就是说这一节课本身的价值是什么？通常认为数列是特殊的函数,那么数列既然是函数,函数的一些重要的思想方法在数列问题中应该发挥重要的作用,特别是在解决数列问题时,可以类比函数的一些解题方法,解决数列中的问题。在本节课中主要体现在如下几个方面。第一,体现了"由一般到特殊"的思维方法,本节课的目标是要解决数列中的最值问题,并且这几个问题都是一些非常规的数列问题,例1、例3、例4都不是等差数列或等比数列,那么如何加以解决呢? 既然数列是特殊的函数,那么我们是不是可以从函数的角度来对它进行分析? 所以我们看到,在四个问题当中都是通过对对应函数性质的分析,然后借鉴函数当中的解题方法,得出数列问题的解决方法。第二,本节课的教学很好地体现了知识之间的关联性。本节课是从两个不同的视角,一个是数列、一个是函数来分析问题、解决问题,寻求不同类问题之间关联的一种思想方法,这种能力在我们的日常生活当中显得非常的重要。第三,本节课的学习落实了相关的核心素养的培育,包括数学运算和逻辑推理等,在四个例题的分析、研究、解决的过程当中,紧紧围绕提高学生的逻辑推理和数学运算能力展开。这是本节课体现的课程价值。

从具体的知识层面分析,本节课是研究用函数思想解决数列中的最值问题。从具体的解题方法分析,因为数列就是函数的一种特殊情况,所以数列问题一般都可以用函数的方法加以解决。但在解决具体问题时,如果问题呈现的是一个特殊的数列,比如等差数列、等比数列,那么通常是利用这些数列特有的性质解决问题。所以在解决数列问题时,需要仔细分析,选择恰当的方法解题。通常是利用函数的性质来解决一些非常规的数列问题。本节课为解决数列问题打开了一扇窗。在具体问题的解决过程中,例1呈现的三个数列问题,分别对应着二次函数和两类分式函数,可以借助于二次函数以及分式函数的性质,针对数列的特征求出相应数列问题的最值,体现了类比转化的思想。例2呈现的是等差数列求和问题,通常我们利用等差数列求和公式解题,但如果从函数的视角来思考问题,会显得更加直观,简单明了,特别是我们注意到等差数列前 n 项和公式是关于 n 的二次函数(形式上),图像是一条抛物线,因此如果从图像来考虑,可以更直观地反应它的最值。例3、例4中的问题,很难得到直接的解题思路,通过引导学生类比函数中的求最值的方法,从函数的视角求最值最常见的办法是研究函数的单调性,因此想到研究该数列的单调性,体现"数列回归函数,函数启发数列"的过程。根据单调性的定义判断这两个数列的单调性,其中对例3而言,它是一个整体单调,而例4中的数列呈现分段单调,这样明确了数列的变化情况,数列中的最值问题迎刃而解。总之,在利用函数性质解决数列问题时,需要特别关注数列的特殊性。

课　题	归　纳　推　理
课　型	数　学　习　题　课

1. 教学内容分析

　　推理与证明是一种数学的基本思维过程,也是人们学习和生活中经常使用的思维方式。推理与证明思想贯穿于高中数学的整个知识体系,本章内容将推理与证明的一般方法进行了必要的总结和归纳,同时也对后继知识的学习起到引领作用。

　　本章的内容属于数学思维方法的范畴,把过去渗透在具体数学内容中的思维方法,以集中的、显性的形式呈现出来,使学生更加明确这些方法,并能在今后的学习中有意识地使用它们,以培养言之有理、论证有据的习惯。学习这一章,要突出体现数学的人文价值和实际应用价值。

　　本节课所要学习的归纳推理是合情推理的一种形式。归纳推理是由部分到整体、个别到一般的推理,"前提"是其"结论"的必要条件。首先,归纳推理的前提必须是真实的,否则归纳就失去了意义。其次,归纳推理的结论超过了前提所判定的范围,因此在归纳推理中,前提和结论之间的联系不是必然的,而是或然的,重在合乎情理。归纳推理,是人类能够发现新事实、获得新结论、做出科学发现的重要手段,这是每一个公民应该具备的一种基本素养。

2. 学情分析

　　培养和提高学生演绎推理或逻辑证明的能力是高中数学课程的重要目标,学生在之前已经学习了"推理"包括合情推理和演绎推理,本节课所要学习的归纳推理便是合情推理的一种形式。在教学过程中把归纳推理作为一个重要的数学思维的过程,让学生了解归纳推理的含义,着重学会用归纳的方法进行数学推理和猜想。

　　在进行本节课的教学时,学生已经有大量运用归纳推理的生活实例和数学实例,这些内容是学生理解归纳推理的重要基础,因此教学时应充分注意这一教学条件,引导学生多进行归纳与概括。事实上,研究归纳推理的真实目的,就是把几个事实中蕴含的共性,通过变形、语言转换、多角度观察等手段,归纳出"共性",进而提出猜想,并达到利用归纳推理发现新事实、获得新结论的目的。因此,学习这一部分内容可以加深学生对数学发现的过程的认识,也能够让学生更好地体会数学的本质。

3. 学习目标

　　(1)了解归纳推理的概念和归纳推理的作用,掌握归纳推理的一般步骤,能利用归纳进行一些简单的推理,培育直观想象及逻辑推理等素养。

　　(2)经历欣赏一些伟大猜想产生的过程,体会并认识如何利用归纳推理去猜测和发现一些新事实、得出新结论,探索和提供解决一些问题的思路和方向。感受到归纳推理是一个数学发现的过程。

　　(3)通过学生主动探究、合作学习、相互交流,培养不怕困难、勇于探索的优良作风,增强学生的数学应用意识,提高数学思维的品质。

4. 教学重点和难点

　　教学重点:掌握归纳推理的一般步骤,并能简单的应用。

　　教学难点:如何观察才能发现规律。

5. 学习评价设计

　　(1)通过观察学生对教学情境问题的表现,了解学生对推理的认识,做出正确引导。

　　(2)在形成概念的过程中,关注学生的思维过程,特别是通过观察,再进一步归纳,最后形成概念。在这一过程中对学生的表现评价,培养学生良好的思维习惯,保护学生的学习兴趣,激发学习动力。

　　(3)在解决问题的过程中,观察学生对问题的思考方式、思考路径,通过提问、追问等形式引导学生的思维,将学生的思维引向深刻。

6. 学习活动设计

教学环节	教 学 活 动
环节一 创设情境	**一、创设情境，引出课题** 　1. 分析耳熟能详的《狼来了》的故事蕴含的推理；介绍四幅图的大致内容，说明推理在现实生活中是到处存在的。 　2. 以讲故事的形式展现哥德巴赫猜想。

活动设计意图：自然合理地提出问题，让学生体会"数学来源于生活"。创造和谐积极的学习气氛。进而利用章头引言向学生简要介绍本章的主要内容及学生学完后应达到的目标。
　一是吸引学生的注意，二是了解了哥德巴赫猜想中的难点，三是从这些故事中提示了归纳推理的主要内涵。

环节二 形成概念	**二、抽象思维，形成概念** 　1. 归纳推理的思维过程：几个事实→一种观察→一般观点→从头核对→提出猜想。（由哥德巴赫猜想的过程归纳出来） 　2. 归纳推理的概念：由某类事物的部分对象具有某些特征，推出该类事物的全部对象都具有这些特征，或者由个别事实概括出一般结论(简称归纳)。(部分推出整体，个别推出一般) 　3. 学生分小组讨论。将学生划分为两大部分，一部分讨论生活中运用归纳推理例子，一部分讨论学科学习中使用归纳推理的例子。学生举例之后教师总结。

活动设计意图：由哥德巴赫猜想的提出过程感受归纳推理的思维过程，在此基础上总结归纳推理的概念。分组讨论降低了概念学习的难度，使学生能够更多地围绕重点展开探索和研究。提高学生数学抽象、逻辑推理的能力。

环节三 方法应用	**三、初步应用，巩固概念** 　**例1：** (1) 观察规律填数：13，15，18，22，(?)。(答案：B。) (A) 25　　　　　(B) 27　　　　　(C) 30　　　　　(D) 34 (2) 观察所给图形的特征，想一想下面?处应是什么样的图形？(答案：C。) 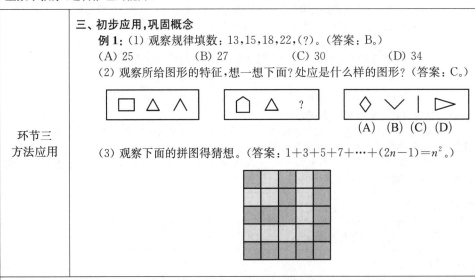 (3) 观察下面的拼图得猜想。(答案：$1+3+5+7+\cdots+(2n-1)=n^2$。)

活动设计意图：利用两道能力测试试题的解决及一个拼图游戏，让学生初步运用归纳推理。前两题分别通过对数、形的观察，可以归纳出下一个结果。拼图游戏让学生从图形语言、文字语言、符号语言等三种常用数学语言的相互转化中观察到共性，发现规律，有利于直观想象、逻辑推理素养的培育。

环节三 方法应用	**例2：**(1) 已知数列 $\{a_n\}$ 的第一项 $a_1=1$，且 $a_{n+1}=\dfrac{a_n}{a_n+1}$（$n=1,2,3,\cdots$），试归纳出这个数列的通项公式。（提醒：观察项与序号的对应关系） 　　(2) 由(1)知 $a_n=\dfrac{1}{n}$，若 $S_n=a_1+a_2+\cdots+a_n$（$n=1,2,3,\cdots$），试归纳出 $\{S_n\}$ 这个数列的通项公式。 　　说明：① 如果不能得出观察结果，可以多列出几项；② 观察要根据题意，要有明确的目标；③ 为了有利于观察，有时需要做适当的变形以突出共性。 　　**例3：**足球有 12 块黑皮子，20 块白皮子，黑皮子是五边形，白皮子是六边形，有人终于数清它有 60 个顶点，可棱数始终没数清楚。"复杂的多面体有许多面、顶点和棱"，这是多面体给人们最初的印象，那么多面体的面数、顶点数、棱数有没有什么关系呢？如果存在关系就可以帮助弄清楚棱数了。 　　师生活动：学生数凸多面体的面数 F、顶点数 V 和棱数 E，然后探求 F、V 和 E 之间的关系。（发现欧拉公式）
	活动设计意图：通过两个例题的解决，让学生体会归纳推理的一般步骤，进一步感受归纳推理的作用。通过第二题让学生感受归纳推理起到了能够提供研究方向的作用，培养学生进行归纳推理的能力。
环节四 方法再应用	**四、感受猜想，完善思维** 　　**1. 练习：** 　　(1) 观察： $$\sin^2 30^\circ+\sin^2 90^\circ+\sin^2 150^\circ=\dfrac{3}{2},$$ $$\sin^2 5^\circ+\sin^2 65^\circ+\sin^2 125^\circ=\dfrac{3}{2}。$$ 　　由上面两式结构规律，你可以归纳猜想：_____。 　　(2) 已知两个圆 $x^2+y^2=1$ ① 与 $x^2+(y-3)^2=1$ ②，则由①式减去②式可得上述两圆的对称轴方程；已知两个圆 $(x-2)^2+(y-3)^2=2$ ③ 与 $(x-1)^2+(y+1)^2=2$ ④，则由③式减去④式可得上述两圆的对称轴方程；已知两个圆 $(x+5)^2+(y-3)^2=7$ ⑤ 与 $(x-2)^2+y^2=7$ ⑥，则由⑤式减去⑥式可得上述两圆的对称轴方程。由上面命题的结构规律，可以归纳猜想一个更一般的命题为_____。 　　(3) 合作学习：对自然数 n，$f(n)=n^2-n+11$，计算 $f(0)$，$f(1)$，$f(2)$，$\cdots$，$f(7)$ 的值，同时作出归纳推理，你有什么猜想？（学生互相讨论）
	活动设计意图：通过学生多角度的观察得到结论并交流，让学生感受数学美和发现规律的喜悦，激发学生更积极地去寻找规律、认识规律。培养学生的数学抽象能力和观察能力，同时感受归纳推理得出的结论不一定正确，培养批判性思维。
环节五 方法小结	**2. 介绍费马猜想。**已知 $2^{2^1}+1=5$，$2^{2^2}+1=17$，$2^{2^3}+1=257$，$2^{2^4}+1=65\ 537$ 都是质数，运用归纳推理你能得出什么样的结论？ 　　半个世纪后欧拉发现 $2^{2^5}+1=4\ 294\ 967\ 297=647\times 6\ 700\ 417$，说明了什么？ 　　后来人们又发现 $2^{2^6}+1$，$2^{2^7}+1$，$2^{2^8}+1$ 都是合数，又能得到什么样的结论？ 　　**3. 归纳推理的作用：**(1) 发现新事实；(2) 提供研究方向。

	活动设计意图：让学生在解决问题的过程中发现归纳推理需要检验的过程，从而自我修正归纳推理的一般步骤。教师生动讲述欧拉发现第五个费马数的过程，激发学生的好奇心与求知欲，让学生知道大数学家的归纳推理猜想也可能是错的，让学生接受数学文化的熏陶，感受归纳推理的魅力。同时，通过"猜想—验证—再猜想"说明科学的进步与发展处在一个螺旋上升的过程。
环节六 课堂小结	**五、课堂小结** （1）谈一谈你对"归纳推理"的认识。 （2）你是如何观察一类事物的特征，归纳出一般性结论的？

课例评析

推理一般包括合情推理和演绎推理。合情推理是根据已有的事实和正确的结论（包括定义、公理、定理等）、实验和实践的结果，以及个人的经验和直觉等推测某些结果的推理过程。归纳、类比是合情推理常用的思维方法。在解决问题的过程中，合情推理具有猜测和发现结论、探索和提供思路的作用，有利于创新意识的培养。演绎推理是根据已有的事实和正确的结论（包括定义、公理、定理等），按照严格的逻辑法则得到新结论的推理过程。合情推理和演绎推理之间联系紧密、相辅相成。证明通常包括逻辑证明和实验、实践的证明，数学结论的正确性必须通过逻辑证明来保证，即在前提正确的基础上，通过正确使用推理规则得出结论。很显然，本节内容主要培养学生逻辑推理、直观想象、数学抽象等核心素养。

教学中设计了让学生通过欣赏哥德巴赫猜想产生的过程，对归纳推理有初步认识，体验数学的一种基本思维过程，经历人们学习和生活中经常使用的思维活动。借助学生已有生活常识，形成推理的直观认识，从而建立了一种数学的基本思维过程，也是人们学习和生活中经常使用的思维方式。

波利亚（G. Poliva，1888—1985）认为，"数学有两个侧面，由欧几里得方法提出来的数学看来像是一门系统的演绎科学，但在创造过程中的数学看来却像是一门实验性的归纳科学。"本节课的教学中紧密地结合学生熟悉的已学过的数学实例和生活实例，让学生体会观察"几个事实"时应该关注的要点，如何观察更能发现"几个事实"中的"共性"。让学生意识到数学不仅仅是演绎的科学，更是归纳的科学。数学史上有一些著名的猜想是运用归纳推理的典范。这一过程不仅可让学生体会归纳推理的过程，感受归纳推理能猜测和发现一些新结论，探索和提供解决一些问题的思路和方向，还可利用著名猜想让学生体会数学的人文价值，激发学生学习数学的兴趣和探索真理的欲望。目标指向逻辑推理及数学抽象能力的培养。

本节课有几个问题值得思考。

思考一：如何发现"几个事实"的"共性"，也就是"如何去观察，才能发现规律"即数学抽象能力。学生可以很顺利地得到几个事实，但是如何去观察，这是学生学习时遇到的第一个教学问题，也是本节课的教学难点。教学时，应通过实例，帮助学生总结出观察的基本方法，即一定要有目标，数式变形、语言的转化等都是有效的途径，并用具体问题让学生练习、体会。

思考二：在充分体会了归纳推理的生活实例和数学实例以及其他学科实例之后，学生充分感受到数学美和发现规律的喜悦，能够自主总结出归纳推理的一般步骤，但是容易忽略归纳推理所得结论的不可靠性，从而忽略检验的步骤。所以本节课设计了费马猜想的产生及推翻过程，让学生充分体会检验的必要性，体会数学发展的螺旋上升过程，培养学生思维的严密性。

思考三：对于归纳推理的作用，不能片面地认为它是"万能"的，也不能由于归纳结论的或然性而否定其在科学中的发现作用，所以通过例题的设置、学生的分析和讨论、教师的必要讲解，让学生对归纳推理有一个全方位的立体认识。

课例 14　刹车距离与行车速度

课　题	刹车距离与行车速度
课　型	数　学　习　题　课

1. 教学内容分析

　　如何利用数学知识解决日常生活中的真问题，这是提出学科核心素养的原因之一。通过日常生活中的问题，引导学生利用数学知识分析问题、研究问题、解决问题，这是提高数学核心素养的有效途径。因此本节课选择了学生几乎每天都会遇到的问题，体现数学的育人价值和应用价值。

2. 学情分析

　　高三学生对高中数学的基础知识已经初步掌握，同时对高中数学中一些常见题型已经具备了一定的解题经验。但面对一个实际问题，学生通过建立数学模型解决实际问题的能力还比较薄弱，因此本节课对学生存在挑战。

3. 学习目标

　　（1）经历对实际问题分析、建模与解决的过程，培养数据处理、数学建模及数学运算的能力，提高数学核心素养。

　　（2）在解决问题的过程中，感受解决问题策略的多样性，以及解题结果的多样性，培养思维的开放性，增强创新意识。

　　（3）增强数学应用意识，提高综合运用数学知识解决实际问题的能力，增强交通安全意识，遵守交通规则。

4. 教学重点和难点

　　教学重点：对数据规律的揭示。

　　教学难点：数学模型的选择。

5. 学习评价设计

（1）倾听学生对问题的理解,关注问题分析的思考方向,并及时给予指导与评价。

（2）分析学生的数学模型的合理性与问题所在,关注学生思维的层次性。

（3）关注学生数据处理的方式方法,评价合理性与正确性。

6. 学习活动设计

教学环节	教学活动
环节一 创设情境、 引入新课	**一、创设情境,引入课题** 　　1. 展示汽车追尾的图片,说明遵守交通规则,保证交通安全的重要性。同时发现,许多交通事故都是由于车辆速度过快引起的,因此保持适当的车距、限定车辆的速度可以有效避免事故的发生。 　　2. 提出本节课研究问题:刹车距离与车辆的速度的关系。

　　活动设计意图:通过创设情境,让学生感受到交通事故的危害,而控制行车速度、保持适当车距是避免交通事故的重要措施。明确本节课研究的问题,激发探究欲望,有利于直观想象素养的培育。

环节二 问题呈现、 分析规律	**二、问题呈现,分析规律** 　　问题:行驶中的汽车,在刹车后由于惯性的作用,要继续向前滑行一段距离后才会停下,这段距离叫刹车距离。为了测定某种型号汽车的刹车性能,对这种型号的汽车在公路上进行测试,测试所得数据如下: 表格 （1）根据以上数据,预测当车辆速度为 100 km/h 时,至少保持多大车距才能保证安全? 　　（2）在一次由这种型号的汽车在发生交通事故中,测得刹车距离为 102.13 m,问汽车在刹车时的速度是多少? 　　思考:（1）这是数学中的哪一类问题? 你认为解决问题的关键是什么? 　　（2）如何分析数据所呈现的规律? 建立怎样的数学模型? 你是如何解决的?

表格内容:

刹车时汽车速度 v（km/h）	30	40	50	60	80
刹车距离 S（m）	7.30	12.2	18.40	25.80	44.40

　　活动设计意图:面对现实问题,引导学生思考,用数学的眼光、数学的知识分析问题、研究问题,目的在于引导学生思考,可以建立相应的数学模型,培养学生数学建模的能力。

环节三 展示交流, 解决问题	**思路一:建立二次函数模型** 　　问题1:选择什么函数拟合? 　　建立函数关系 $S = f(v)$,条件中的 5 组数即为直角坐标系中的 5 个点,$A(30, 7.30)$、$B(40, 12.2)$、$C(50, 18.4)$、$D(60, 25.80)$、$E(80, 44.40)$,作离散点图,用一次函数、指数函数及幂函数等函数作为拟合曲线,则误差很大,而根据点的分布情况可以看出可以选择二次函数作拟合曲线。 　　问题2:选择哪三个点确定二次函数的解析式? 　　学生1:假设变量 v 与 S 之间有如下关系式 $S = av^2 + bv + c$,因为车速度为 0 时,刹车距离也为 0,所以二次函数图像经过（0，0）点。再在离散点图中选择两个点,如 $A(30, 7.30)$,$E(80, 44.40)$,代入上述二次函数,解出 a、b、c 的值,得出 $S = 0.006\,2v^2 + 0.056\,3v$。将 $v = 100$ 代入得 $S = 67.63$。

学生 2：v 与 S 之间有如下关系式 $S = av^2 + bv + c$，二次函数的图像经过点 $(0, 0)$。再在离散点图中选择两个点，如 $B(40, 12.2)$，$C(50, 18.40)$，代入二次函数，解出 a、b、c 的值，得出 $S = 0.006\,3v^2 + 0.053v$。将 $v = 100$ 代入得 $S = 68.3$。还可以选择其他的两个点代入，同样得出相应的数据。

学生 3：可以将 5 个点利用 Excel 表拟合曲线。

最小二乘法估计为 $y = ax^2 + bx + c(a \neq 0)$。

令 $c = 0$，$(30, 7.3)$，$(40, 12.2)$，$(50, 18.4)$，$(60, 25.8)$，$(80, 44.4)$，$(0, 0)$。由 Excel 拟合函数得 $y = 0.006\,2x^2 + 0.055\,8x$。

(1) $f(100) = 67.58(\text{m})$。

(2) $f(x) = 102.13 \Rightarrow 0.006\,2x^2 + 0.055\,8x - 102.13 = 0$

$\Rightarrow x = 123.924\cdots \approx 124(\text{km/h})$。

学生 4：取 A、B 中点，B、C 中点，C、D 中点，D、E 中点中的任意三个点代入二次函数解析式 $S = av^2 + bv + c$，解出 a、b、c 的值，从而求出结果。

可以看出，利用二次函数拟合，无论选择的哪三点，所得到的结果虽然不完全相同，但基本在 67 与 69 之间，因此我们认为至少保持 70 米的车距才能保证安全。

问题 3：以二次函数曲线作为拟合曲线的理论依据是什么？

学生通过物理中运动学公式 $S = \dfrac{v_t^2 - v_0^2}{2a}$ 进行了解释，说明利用二次函数曲线作为拟合曲线符合物理学理论。

根据学生展示交流情况，进行归纳小结：

思路二：建立数列模型

问题 4：观察问题中提供的数据能否发现某些规律？

学生 5：直接观察 $a_{30} = 7.30$，$a_{40} = 12.2$，$a_{50} = 18.40$，$a_{60} = 25.8$，$a_{80} = 44.40$，是乎没有什么规律。但我们注意到 $a_{40} - a_{30} = 4.9$，$a_{50} - a_{40} = 6.2$，$a_{60} - a_{50} = 7.4$，而 $6.2 - 4.9 = 1.3$，$7.4 - 6.2 = 1.2$，因此取二阶偏差平均值为 1.25，则 $a_{70} - a_{60} = 8.65$，$a_{80} - a_{70} = 9.9$，$a_{90} - a_{80} = 11.15$，$a_{100} - a_{90} = 12.4$，$a_{110} - a_{100} = 13.65$，求出 $a_{100} = 67.90$。

学生 6：关注数据中的 a_{40}，a_{60}，a_{80} 数据的变化，$a_{60} - a_{40} = 13.6$，$a_{80} - a_{60} = 18.6$，根据 $18.6 - 13.6 = 5$，估计 $a_{100} - a_{80} = 18.6 + 5 = 23.6$，因此 $a_{100} = 68$。

问题 5：如何保证所得结果的正确性？

由上面可以看出，利用数列模型解决该问题的结果与利用函数模型解决问题的结果基本吻合。我们利用不同的模型解决问题，最终结果可以相互印证、相互检验，保证结果在一定的范围之内。

环节三
展示交流，
解决问题

环节三 展示交流, 解决问题	根据学生展示交流的情况,进行归纳小结: 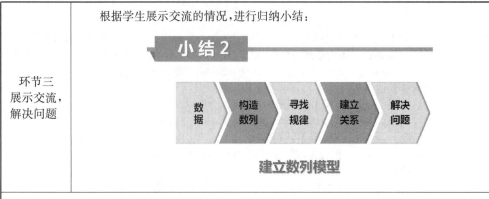
	活动设计意图: 学生在课前研究的基础上进行小组内的交流,各组派代表展示本组的研究成果,在学生讲解的过程中,其他学生可以质疑、提问,教师追问、引导、点拨,引发学生深度思考,把学生的思维引向深刻。
环节四 课堂小结	**三、回顾历程,归纳总结** 　(1)数学的应用性:关注社会,服务社会;用数学的眼光观察现实世界,用数学的思维思考现实世界,建立数学建模解决实际问题。总结建立数学建模解决实际问题的流程图: 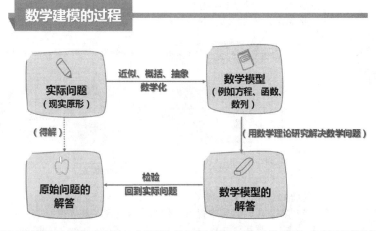 　(2)思维的开放性:对同一个问题,从不同的角度进行分析时,会得到不同的解题思路,也就有不同的结果。 　(3)问题的现实性:交通安全时刻牢记,遵守规则时刻坚守。

课例评析

　　如何利用数学知识解决日常生活中的真问题,这是提出学科核心素养的原因之一,通过日常生活中的问题,引导学生利用数学知识分析问题、研究问题、解决问题,这是提高数学核心素养的有效途径。本节课主要体现了以下三点。

（1）引导学生关注社会,能够用数学的眼光看世界,用数学的知识来解决现实问题,这是数学的价值所在,体现了数学应用的广泛性。本节课基于一个真实的问题"刹车距离与行车速度",引导学生进行研究,从问题本身来讲,这是每一个公民必须关注的社会问题。随着社会的发展,车辆越来越多,交通事故频发,每一位公民都有责任维护交通秩序,保障生命财产的安全。而追尾现象是造成交通事故的一个重要原因,因此保持合理的刹车距离,控制好行车速度,这是每一位驾驶员必须遵守的规则。所以该问题具有很强的现实意义。对学生而言,除了交通安全教育外,这本身又是一节数学课,要解决这样一个现实问题,因为是高三学生,高中数学知识结构已经比较完备,学生可以调用头脑中已有的数学知识,从不同角度对问题进行分析,对给定的数据进行处理,通过建立数学模型,将实际问题转化为数学问题,通过解决数学问题,得到实际问题的结果。

面对这样一个真实的问题,学生充满了挑战。如何找到这些数据之间的关联? 如何与高中所学的知识挂钩? 这是解决问题的难点所在。这一过程中,学生会调动头脑中已有的知识,不断的与该问题进行对照。这一过程是一个很好的梳理知识的过程,有利于建立知识之间的联系,加强对数学知识的深度理解。

（2）培养学生的开放性思维和创新思维。在解决问题的过程中,学生会有很多的困惑。一是不同的数学模型得到的结果不相同,与平时所解的数学题完全不同。由于从不同的角度思考,对数据的不同处理方法,建立了不同的数学模型,会得到不同的结果,这就是开放性问题的特点。这可使学生能够从标准答案的束缚中解脱出来,呈现出思路的多样性和结果的多样性,有利于学生创新思维和开放型思维的培养。而对数学模型解得的结果是否符合实际情况呢? 我们可以通过其他数据加以验证,或者通过不同的模型得到的结果互相验证。二是对这样一个实际问题,在数据处理的过程中,在揭示数据背后的规律时不是那么精确。如建立数列模型时,二阶偏差所得到的值不完全相同,有一定的误差。此时通过大的走势分析作为数据发展的趋势,不需拘泥于个别数据的偏差。当然,也可以先对数据进行处理,使其更贴近模型,误差会更小一些。对数据不同的处理方法,可以建立不同的数学模型,从而得到不同的结果。在此过程中,培养了学生数学建模、数据分析、数学运算、逻辑推理等数学核心素养。

在教学形式上,本节课采用"课堂交流"模式展开教学活动,教师真正成为学习的组织者和引导者。在学生交流的过程中,通过学生提问、教师追问,把学生的思维引向深刻,使得深度学习得以发生。

影响交通事故的因素很多,比如天气情况、汽车本身的性能、车载重量以及公路路面的质量等。本节课只是在学生的知识范围之内,通过建立数学模型,研究这样一个现实问题,这是一个理想化的状态。随着学生数学知识的不断丰富,处理问题的方法会越来越多,精确度也会越来越高。

（3）加强交通安全教育。通过问题解决，对学生加强安全教育，把握好手中的方向盘，做一个遵纪守法、维护交通安全的好公民。这一节课将是学生终生难忘的一节课。

课例 15   **圆锥曲线定义的应用**

课　题	圆锥曲线定义的应用
课　型	数　学　习　题　课

1. 教学内容分析

    本节课是在学习了椭圆、双曲线、抛物线后的一节习题课，主要利用两个例题及其引申，层层深入地探索，强化对圆锥曲线定义的理解。

    圆锥曲线的定义反映了圆锥曲线的本质属性，它是无数次实践后的高度抽象。恰当地利用定义解题，许多时候能以简驭繁。因此，在学习了椭圆、双曲线、抛物线的定义及标准方程、几何性质后，再一次回到定义，熟悉"利用圆锥曲线定义解题"这一重要的解题策略。

2. 学情分析

    学生已经学习了椭圆、双曲线、抛物线的定义及几何性质，并且利用这些知识解决了一些问题。现在又回到圆锥曲线的定义，应该说认识是不一样的，学生会从圆锥曲线的结构上理解圆锥曲线中的问题、理解它们的性质，在解题过程中整体思考每一种曲线与题目的关系。

3. 学习目标

    （1）理解并熟练掌握圆锥曲线的定义，经历应用定义解决问题的过程。能结合平面几何的基本知识求解圆锥曲线的方程。培养直观想象、逻辑推理的能力。

    （2）经历解题思路的探究过程，强化对圆锥曲线定义的理解，初步掌握问题转化的基本方法及联想、类比、猜测、证明等合情推理方法。培养思维的深刻性、创造性、批判性，提高数学抽象及数学运算能力。

    （3）借助多媒体辅助教学，激发数学的兴趣。在民主、开放的课堂氛围中，培养勇于探索、发现、创新的精神。

4. 教学重点和难点

    教学重点：如何将问题与圆锥曲线定义建立联系。

    教学难点：巧用圆锥曲线定义解题。

5. 学习评价设计

    通过例 1 观察学生对圆锥曲线定义掌握情况，特别是一些附加条件对轨迹的影响，及时纠正学生定义理解上的错误。通过例 2 的解决了解学生运用定义解决问题的基本思路，并作出及时评价，在此基础上引导学生总结、完善解题方法，进一步解决新问题，并对学生的解题思路和表述进行评价。

6. 学习活动设计

教学环节	教　学　活　动

环节一
创设情境
	一、解题思路的探究过程
	（一）问题驱动，复习定义
	    例 1：（1）已知 $A(-2,0)$，$B(2,0)$，动点 M 满足 $\lvert MA \rvert + \lvert MB \rvert = 2$，则点 M 的轨迹是（　　）。
	    （A）椭圆　　　　（B）双曲线　　　　（C）线段　　　　（D）不存在

环节一 创设情境	(2) 若双曲线 $C: \dfrac{x^2}{9} - \dfrac{y^2}{16} = 1$ 的左右焦点分别为 F_1、F_2，点 P 在双曲线 C 上，且 $\|PF_1\| = 3$，则 $\|PF_2\|$ 等于（　　）。 　(A) 11　　　　(B) 9　　　　(C) 5　　　　(D) 3 (3) 已知动点 $M(x,y)$ 满足 $5\sqrt{(x-1)^2 + (y-2)^2} = \|3x+4y\|$，则点 M 的轨迹是（　　）。 　(A) 椭圆　　　(B) 双曲线　　(C) 抛物线　　(D) 两条相交直线

活动设计意图：定义是揭示概念内涵的逻辑方法，熟悉概念的不同定义方式，是学习和研究数学的一个必备条件。通过一个阶段的学习之后，学生们对圆锥曲线的定义已有了一定的认识，他们是否能真正掌握它们的本质，是本节课首先要解决的问题。

　　为了加深学生对圆锥曲线定义理解，精心准备了例1中的三道练习题，其中问题(1)、(3)是对照定义判断轨迹，目的在于加深对定义的理解；问题(2)利用定义解决问题，选择了学生容易出现错误的双曲线，已知一个焦半径，求另外一个焦半径。教学中借助于多媒体，通过图形的变化，帮助学生理解题意，解释学生头脑中模糊的概念，使学生对问题有正确的认识，这些问题的解决将有助于培养学生直观想象和逻辑推理能力。

环节二 问题探究	(二) 利用定义，探究思路 　　**例 2**：已知动圆 P 与两个已知圆 $(x-5)^2 + y^2 = 1$ 和 $(x+5)^2 + y^2 = 49$ 都外切，求动圆圆心 P 的轨迹方程。 　　探究过程：(1) 理解题意。动圆与两个定圆外切，存在一个动点和两个定点，根据平面几何知识，首先考虑圆心距与两个圆的半径之间的关系。 　　(2) 建立关系。设两个定圆的圆心为 A、B，动圆半径为 r，则 $\|PA\| = 1+r$，$\|PB\| = 7+r$。 　　(3) 探究思路。$\|PB\| - \|PA\| = 6$，对照双曲线定义，知道点 P 的轨迹是以 A、B 为焦点的双曲线的一部分。 　　（学生完成解题过程，教师点评） 　　**例 3**：已知动圆 A 过定圆 $B: x^2 + y^2 + 6x - 7 = 0$ 的圆心，且与定圆 $C: x^2 + y^2 - 6x - 91 = 0$ 相内切，求△ABC 面积的最大值。 　　（学生在经历例2的探究过程之后，独立完成例3） 　　分析：问题是求△ABC 面积的最大值，由于 $\|BC\|$ 固定，因此必须先求点 A 的轨迹方程。设动圆 A 的半径为 r，则 $\|AB\| = r$，$\|AC\| = 10-r$，故 $\|AB\| + \|AC\| = 10$，所以点 A 的轨迹是以 B、C 为焦点的椭圆，这样△ABC 面积的最大值问题迎刃而解。

活动设计意图：通过对例2的剖析，让学生经历探究解题思路的过程，在过程中学会如何分析题意、如何寻找关系、如何确定思路，以此提高逻辑思维能力。在此基础上学生自行探讨例3，探究解题思路，运用圆锥曲线定义中的数量关系进行转化，使问题化归为几何求最大（小）值的模式，是解析几何问题中的一种常见题型，也是学生们比较容易混淆的一类问题，提高逻辑推理和数学运算能力。例3的设置就是为了方便学生展开辨析。

环节三 方法小结	**二、解题方法的总结过程** 　　通过以上问题的分析、解题思路的探究，引导学生总结利用定义解题的方法，感受解题中定义的使用过程。 　　(1) 在解决圆锥曲线问题时，必须关注动点与定点之间距离的关系，判断其是否具备圆锥曲线定义的条件，若满足，则可以通过定义解题。如何揭示距离关系是利用圆锥曲线定义解题的关键。 　　(2) 距离关系确定后，必须对照圆锥曲线定义判断其是否满足定义的条件，是全部满足、还是部分满足，在此基础上求出动点的轨迹方程。

活动设计意图：通过解决三个例题，引导学生总结利用定义解题的基本方法，由特殊到一般，抽象出一般的解题方法。特别是在复杂环境背景下利用定义解题的基本策略，目的是为了解决更高层次的问题。

环节四 方法应用	三、解题方法的应用过程 　　例4：如下图，设点 Q 是圆 C：$(x+1)^2+y^2=25$ 上动点，点 $A(1,0)$ 是圆内一点，AQ 的垂直平分线与 CQ 交于点 M，求点 M 的轨迹方程。 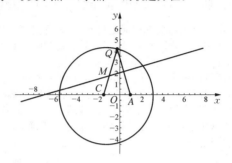 　　问题分析：（1）借助于多媒体，让图形动起来，引导学生观察在运动过程中哪些量是变化的、哪些量是不变的？ 　　（2）根据图形分析，点 M 在半径 CQ 上，也在线段 AQ 的垂直平分线上，因此想到联结 MA，则 $MA=MQ$。而 $MC+MQ=CQ=5$，故有 $MC+MA=5>CA=2$，所以点 M 的轨迹在以 C、A 为焦点的椭圆上。根据此求出轨迹方程。 　　（3）指导学生完成解题过程。 　　引申：若将点 A 移到圆 C 外，点 M 的轨迹会是什么？

活动设计意图：例4设置的目的是为学生自主探究学习提供平台，引导学生分析图像特征，利用平面几何相关知识，得出有关线段之间的数量关系，对照圆锥曲线定义求出轨迹方程。体会从"形"到"数"的过程，在表述解题过程中，培养数学运算及逻辑推理能力。

环节五 课堂小结	四、课堂小结 回顾本节课的学习历程，问答下列问题： （1）什么情况下可以利用圆锥曲线定义解题？ （2）圆锥曲线的定义适应于哪些问题？

课例评析

　　本节课需要重点关注的数学核心素养包括直观想象、逻辑推理、数学运算及数学抽象等，它们在教学过程中都有所体现。教学中引导学生经历了三个过程，在过程中理解题意、在过程中探究解题思路、在过程中总结解题方法。为了能够让学生在面对一个数学问题时想到利用定义解题，首先设计了三个小问题，从两个角度复习圆锥曲线的定义，但不是定义的简单重复，而是在理解定义本质上下功夫，由此培养学生的直观想象和逻辑思维能力。在此基础上面对新问题，探究解题思路。这是本节课的重头戏，为了探究解题思路，设计了三个环节："理解题意"、"建立关系"、"探究思路"，这就是一个人面对新问题的思维过程，让学生真正经历解题思路的探究过程，关注逻辑推理能力的培养。从圆的位置关系确定距离之差，对照定义得出思路、完成解题，由此总结利用定义解题的基本方法。在此基础上引导学生进入第三过程即解题方法的应用。题目中的距离之和关系比较隐蔽、不易发现，通过引导学生回顾平面几何中的相关结论，作出辅助线进行线段之间的转化，最后得出线段之间的关系，再对照定义解决问题。

由于这部分知识较为抽象、难以理解，如果离开感性认识，容易使学生陷入困境，降低学习热情。在教学时，教师有意识地引导学生利用波利亚的一般解题方法处理习题，针对学生练习中产生的问题进行点评，强调"双主作用"的发挥。借助多媒体动画，引导学生主动发现问题、解决问题，主动参与教学，在轻松愉快的环境中发现、获取新知，提高教学效率。

本节习题课的选题具有明显的层次性，由浅入深，所设计的问题以及引导学生进行探究过程的发问，都力求做到"把问题定位在学生认知的最近发展区"。教师通过对问题的引申、变化，形成学生新的认知冲突，将对问题的讨论以及学生的思维引向深入。教学中重点突出、分析到位，基本实现了预期目标。在此过程中，学生对圆锥曲线定义的认识不断深化，而且思维深刻性、创造性、批判性等良好品质得到了很好的训练，分析问题、解决问题的能力大大提高，使得直观想象、逻辑推理、数学运算等核心素养得到了发展。

教学方式的选择合理、高效，符合新课程理念。设计的问题强调了基础性、探究性、层次性。这种"探究—合作"式教学模式，使学生在"知识的获得过程"上不再是简单的"师传生受"，而是让学生依据自己已有的知识和经验，经历主动建构的过程。因此本节课很好体现了习题课教学的要求，体现了对数学核心素养的培育。

第 6 章

基于核心素养的数学复习课教学设计

第6章 基于核心素养的数学复习课教学设计

6.1 对数学复习课教学的理性思考

6.1.1 数学复习课教学的价值

数学复习课的教学目的,在于帮助学生形成"两张网络"——"知识结构网络"和"解题方法网络"。通过复习巩固梳理已学知识、技能,促进知识的系统化,加深对所学知识的结构性理解和本质性的认识,发展学生的思维能力,促进学生头脑中形成"知识结构网络"和"解题方法网络",而数学思想则蕴涵其中。

复习课与新授课及习题课的最大区别表现在所教学的内容形式及方法不同。新授课的内容目标较集中,往往只需要掌握一个知识点或几个知识点;习题课是将某一个知识点或一部分所学的知识转化成技能和技巧;复习课则是对所学的知识点进行系统的整理,把复习前孤立、分散、无序、认识模糊的概念、原理、公式及解题的思路,以再现、整理、归纳等方法串成线、连成片、结成网,使其纵横沟通,形成条理化、系统化的知识网络、知识框架。这也是对已学知识查缺补漏,让学生从数学复习中获得乐趣,从整体上理解和掌握知识间的内在联系,促进学生对知识的重新消化,加深理解和应用。

总之,在进行复习课教学时,教师应以巩固梳理已学的知识、技能为主要任务,精心设计问题,注重练习的有效性,培养学生思维的灵活性和创造性,把复习的主动权交给学生,让学生积极主动地参与到复习的全过程,在过程中体会数学知识的本质,感悟其中的数学思想与方法,这样就一定能够取得良好的教学实效。对数学复习课,由于复习的内容不同,教学策略也各不相同,因此重点落实的数学核心素养也不同,教学过程中可以根据不同的复习内容,培养相应的数学核心素养。

6.1.2 数学复习课教学的一般原则

1. 系统性原则

复习课是使学生进一步理解、掌握、巩固和运用所学知识的系统化过程,其目的是巩固、梳理已学的知识,引导学生把各知识点分类整理,形成知识的网络,构建完整的知识体系,熟练掌握基础知识和基本技能,起到查漏补缺的效果,进一步发展学生的综合能力。由于数学复习课教学时空跨越和容量较大的特点,学生不仅因为时空间隔而容易产生知识遗忘现象,而且还因知识点多、设计面广而容易形成知识散沙现象,因此"回顾与整理"是学生形成知识网络的重要环节。这一环节的教学必须务实,通过教学,使学生在平时学习中掌握得不牢固或者比较含糊的知识清晰化。由于平时的教学都是按一个一个知识点开展,学生没有从整体结构上理解数学知识之间的联系,缺乏整体性和系统性,因此在复习课中,必须引导学生站在高处,俯视所学知识点,看清知识的来龙去脉。

如函数知识的复习,有一条清晰的脉络:函数的概念—简单函数的研究(正比例函数、反比例函数、一次函数、二次函数等)—函数一般性质的研究(单调性、奇偶性、最值、图像等)—幂函数、指数函数、对数函数的研究—三角函数研究—数列研究(特殊函数)。这一过程体现了"实践—认识—再实践—再认识"螺旋式上升的过程。同样"立体几何""解析几何"的复习也是如此。这样,知识系统就能够建立起来,在学生头脑中就不会是零零散散的孤立的知识点。

有些教师在数学复习课中,往往先进行一大段的内容讲解,好比是压缩饼干式的新授课,把前阶段的教学内容放电影似地重新放一遍,结果是教师讲得累,学生听得晕。其实复习课不是简单的知识重复、知识点的堆砌,而应当注重提供学生复习的空间,充分发挥学生的自主性,突出学生的主体地位,不断完善自身的知识结构,让学生积极、主动地参与复习的全过程。

2. 连通性原则

由于数学知识之间的相关性,不同知识块之间存在着各种联系,因此将所学的有关知识进行归纳、整理时,必须考虑知识的横向与纵向的联系,使之"竖成线、横成片",作系统的整体综合,形成结构化的知识,促使学生形成清晰的知识网络。

例题教学是数学复习课中必备的环节,对于如何精选例题,一是要根据复习的内容精选例题,例题涉及的知识点要尽量覆盖复习的内容,要选择能体现最基本的数学思想方法的题目,要注意知识的内在联系;题目要新,但不必追求偏、怪、难;不要贪多,别指望一节课解决所有的问题。二是要考虑本班学生的学情,所选的题目应有不同的层次与梯度。使基础较好的学生能解高档题,基础较差的学生能解低档题、争取中档题。使复习的要求与学生的认知水平相匹配,将知识发生发展的规律与学生的认识规律有机结合,让教学目标指向每个学生的"最近发展区"。三是选题要全面,要紧扣课程标准和考试说明,突出"四基";选题要有针对性,针对复习内容的重点难点、针对学生学习中的易错易混点;发挥课本习题的功能,一题多用,加强变式训练;有计划地渗透综合题,提高综合解题能力;题目不应千篇一律,要有一定的变化,有灵活性,从而达到复习课的目标。

3. 增值性原则

复习课的目的是为了教学的增值,并且能够让每一位学生在原有基础上都能够有所提高,给每一位学生赋能。俗话说:"凡事预则立,不预则废。"

首先必须对数学复习课制定适切的教学目标,如果对数学复习课不确立教学目标,不进行科学规划、合理安排,不去吃透新课程标准精神,不去研究学生的学习方式,不去关注学生的学习效果……这种"只顾低头拉车,不顾抬头看路"式的复习,肯定是耗时多、效果差。其结果直接导致教师教得辛苦,学生学得痛苦,教学效果可想而知。

其次必须了解学生的学习情况。美国教育心理学家奥苏贝尔曾说:"影响学习的最主要原因是学生已经知道了什么,我们应当根据学生原有的知识状况去进行教学"。为此我们在复习课前首先应当收集和了解学生的具体实际情况,再将前面所学的知识做一番综合整理,系统归类,纵横沟通,找出知识的重点、难点和学生易错易混之处。同时要对学生实际掌握知识的情况,做一个切实的估计,学生已经掌握了哪些内容,哪些内容还没掌握,掌握的程度如何,是否形成了能力等。将结果进行整理分析,从而确定哪些知识可以一带而过,哪些知识需要重点复习。结合本节课的内容精心设计出符合学生学习的教学方案,从而使复习课具有针对性、系统性、全面性,提高复习的效率。复习课要达到教学增值的目的,既要做到有对前面知识的巩固梳理,又要兼顾班级各个层次的学生。让学习能力强的同学能有进一步提升的同时,也要照顾后进生,让他们也能听懂,有所思有所获。这就要求教师对例题的设计要作精心准备。教学中应该更注重如何去选好例题,如何从基础出发,层层深入,要有一番思考,一番琢磨……整个过程更多的是去关注如何才能让学生有所思、有所得。

数学是思维的体操,思维活动是数学学科的特征,任何数学教学活动都不能缺少思维活动,复习课也不例外。因此在复习的过程中,不仅要让学生牢固掌握学过的知识,还要培养学生举一反三、触类旁通的能力,同时注重思维的灵活性和创造性,让学生善于运用所学的知识灵活地解决问题。通过设计一题多解、多题一解、一题多变等形式的练习题,在课堂上充分地留给学生思考的时间和空间,鼓励他们发挥自己的创造力,让不同层次的学生的思维能力都得到发展与提高。

4. 自主性原则

每一位教师都应该清楚一个道理,学习是学生自己的事情,教师只是通过各种手段、各种途径促进学习的进行,教师采用的一系列方法效果如何,需要通过学生的表现、学生的成就加以评价。这就要求教师在教学过程中始终把学生的自主学习放在首位,"你的一切工作都是为了促进学生的学习"。不在乎教师做了多少,而在乎学生学了多少,学生提高了多少!在数学复习课中也不例外,教师通过创设学生自主学习的环境,设计教学活动促进学生自主思考,以达到掌握知识、提高数学能力的目的。在复习课中力求做到:知识让学生梳理、规律让学生寻找、网络让学生建构,对错让学生判断、成功让学生体验!

6.2 基于数学核心素养的复习课教学的具体要求

6.2.1 数学复习课应该重点关注的四个过程

为了更好地体现学生的主体性,在数学复习课中倡导"四过程"教学。所谓"四过程"即"知识网络自我构建过程、解题思路自我探究过程、解题方法自我总结过程、数学思想自我体验过程",充分体现学生的自主性,在过程中落实相关数学核心素养。

1. 经历知识网络自我构建过程

当我们对某一单元或者某一章节的数学内容进行复习时,教师首先要引导学生在上复习课之前主动对知识进行回顾梳理,然后在学生自己整理知识的基础上,努力引导学生从整体系统论的视角通过复习整理形成知识整体框架。这种整体系统可以从以下三个方面加以体现:其一,引导学生通过单元章节复习课的知识整理形成单元章节知识的整体框架表,从而建立单元章节知识整体视角;其二,引导学生通过学期复习课对几个单元章节知识框架表进行合并整理,形成学期知识的整体框架表,从而建立学期知识整体视角;其三,引导学生通过学段总复习课对几个学期知识框架进行同类相关知识的合并与整理,形成学段同类相关知识的整体框架表,从而建立学段知识整体视角。

如对"函数专题"的复习,可以让学生自己画出知识结构图(图6-1)。

对"概念统计"部分的复习,可以让学生画出知识结构图(图6-2)。

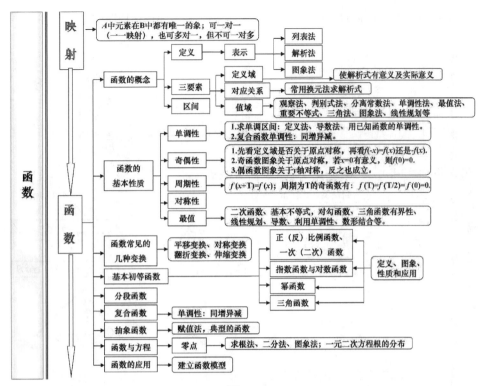

图 6‑1

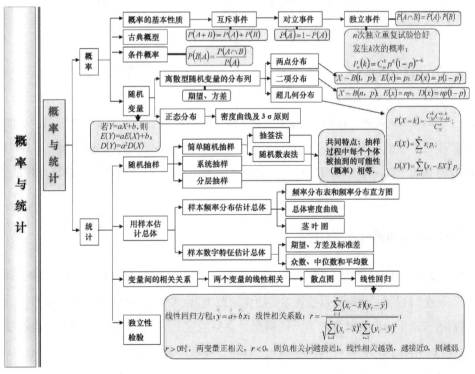

图 6‑2

对"立体几何与空间向量"部分的复习,可以让学生画出知识结构图(图6-3)。

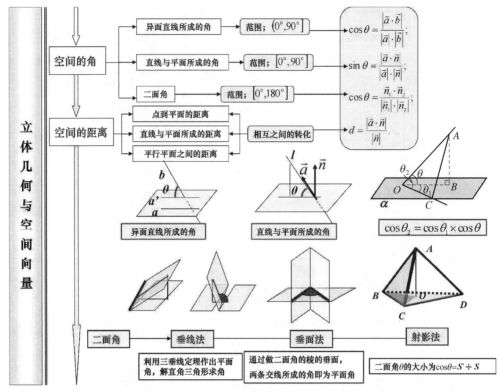

图 6 - 3

学生经历这一过程,通过回忆、查找资料、理清知识之间的逻辑关系,对忘记的或者原来不是很理解的一些知识,经过这一过程不断完善,对内容的理解会更加深刻。因此这一过程不是一个知识简单重复的过程,而是站在新的高度,在原有基础上重新审视所学习过的知识,会产生许多新的认识,对知识的理解更加深刻。因此这是在原有基础上的螺旋式上升的过程,这是认识上的一个新高度。由以上分析可以看出,这一过程重点关注逻辑推理能力的培养。

2. 经历解题思路自我探究过程

数学复习课离不开解题,学生对知识掌握的情况需要通过解题得以反映。选例题很重要,贵在一个"精"字。例题可以是课本中的多题归类,也可以是一题多解,或一题多问,或多题一解,培养学生的发散思维能力。选例题时忌原题重复、没有深度、没有变形、没有新意。用知识框架图进行复习时一定要先选好定点,定点应该是核心的知识点,或是广泛联系的知识点,然后连线,顺着连线向下串,连线不够的地方,可以加备注。其实这样的知识网状结构图,正是学生脑子中的知识结构图,应该能引起学生的共鸣。

复习课不同于新授课,学生对所学知识是清楚的,对解题方法也是知道的,因此在数学复习课上针对教师提出的问题,对绝大多数学生而言是有思路的,因此教学中必须放手让学生自己完成解题思路的探究,这是培养逻辑推理能力的好时机。此时的学生与刚刚学习该内容时的学生认知能力是不一样的,对同一个问题,学生往往会从不同的角度进行分析、产生不同的解题思路。面对形式不同的解法,教师应该引导学生分析比较各种解法的优势与不足,选择最优解法,形成共识,有利于优化学生的解题结构,提高学生的解题能力。面对综合性的问题,往往会涉及到数学建模、数据分析、直观想象等方面。在解题过程中寻找解题思路,逻辑推理及数学运算能力就显得很重要。经历这一过程,学生各抒己见,感受到成功的喜悦和快乐,同时增强了解题方法的选择性,有利于解题方法网络的形成。

3. 经历解题方法自我总结过程

经历了对解题思路的探究过程以及对数学问题的解决过程,联结以往的数学问题解决过程,学生在头脑中已经形成了一定的解题经验。但数学复习课中做几道题目、解决几个数学问题并不是目的,目的是要通过例题的分析掌握一类问题的解决方法,达到"解一题通一类"的目的,这需要学生具备了一定的归纳能力,重点关注逻辑推理、数学抽象素养的培育。为了加深学生对数学知识的理解,提升运用数学知识综合解决问题的能力,对解题方法必须让学生自我总结。总结的过程包括该解题方法适用的范围,对解题方法理论依据的理解,解题中需要关注的问题等,这样才能成为自己的东西,才能够纳入到自身的解题结构中去。

4. 经历数学思想自我体验过程

经历了以上几个过程,从知识网络的构建,到解题方法的总结,让学生在原有基础上对相关知识点有了更加深入的认识和理解,对解题方法已经不拘泥于一题一式,而是从整体上把握数学知识,从结构上理解和掌握解题方法。在此基础上,教师引导学生回顾本节课复习所经历的过程、总结本节课的内容,从中领悟数学思想方法。这是一个自我感悟的过程、自我跨越的过程,更是一个自我提升的过程,通过这一过程才真正感悟数学的真谛。

根据以上分析,教学工作必须是"教师围着学生转"。根据复习课的教学目标及教学原则,数学复习课必须让学生经历知识网络自我构建的过程、解题思路自我探究的过程、解题方法自我总结的过程及数学思想自我体验的过程。这样的课堂教学,才能充分激发学生的学习潜能,真正将所学知识纳入到自己已有的知识结构之中,从而提高数学思维能力。

复习课"四过程"中每一过程需重点关注的数学核心素养如图 6-4:

图 6-4　复习课"四过程"体现的数学核心素养

6.2.2　基于数学核心素养的复习课教学设计

数学复习课可以根据不同的内容采取不同的方式开展教学工作,同时每一位教师的教学风格不同,导致了教学流程、教学方式的差异。但不管从什么角度切入,采用什么路径,教学目标、教学理念是相同的,能够达到异曲同工的效果。

根据复习内容不同,复习课的教学流程也有所不同,但在每个环节都有重点关注的数学核心素养。下面就是复习课的一种结构,如图 6-5。

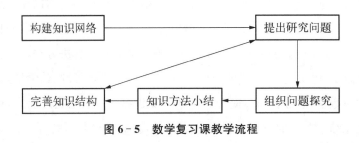

图 6-5　数学复习课教学流程

"构建知识网络"环节是在学生头脑回忆、归纳、连接的过程中,将原有知识点分类连接,构成知识网络。在这个过程中逻辑推理能力显得尤为突出,通过这一过程提高学生分类构建网络的能力,整理清楚知识点之间的逻辑关系,这一个环节重点关注逻辑推理核心素养的培育。

在构建知识网络的基础上,针对本节课复习的知识"提出研究的问题"。问题可以由教师提出,也可以由学生提出。问题可以是学生学习过程中遇到的困难问题,拿出来共同研究,也可以是学生感到有意义的、有价值的问题,分享给大家共同欣赏。但问题必须具有归纳整理知识的功能,具有一定的综合性,能够指向本节课的教学目标,以此激发学生的学习兴趣,培养学生主动提出问题的能力。这一环节重点关注直观想象、数学建模、数学抽象等核心素养的培育。

在"组织问题探究"环节,可以根据具体问题,采取不同的方式开展探究活动,将自主探究、小组合作等学习方式合理地使用,并将解题过程正确表述。通过这个探究过程使学生逻辑推理、数据运算等能力得到锻炼和培养。在此基础上,进行解题方法的小结,以此抽象出一般性的解题策略,充实完善已有的解题方法网络。这一过程体现由特殊到一般、由具体到抽象的过程,发展学生的数学抽象能力。

经历这一过程,使得"知识结构网络"和"解题方法网络"不断得到补充、丰富和完善,在此基础上提出更高层次的问题,开展下一轮的学习。整个过程是一个循环提升的过程,学生的知识结构不断牢固、解题方法不断丰富、解决问题的能力不断提升,数学核心素养在此过程中也逐步得到提高。

6.3　高中数学复习课教学设计课例与评析

课例 16　**空间的距离**

课　题	空 间 的 距 离
课　型	数 学 复 习 课

1. 教学内容分析

　　距离是立体几何中的重要的概念,在初中学习了点到直线的距离、两条平行线之间的距离,在高中又学习了点到平面的距离、直线与平面的距离以及异面直线之间的距离。本节课作为有关距离的专题复习课,目的是引导学生提升对距离本质的理解,系统掌握空间距离的计算方法,并能够在复杂的情境当中解决距离问题,以此来培养学生的空间想象能力以及分析问题、研究问题、解决问题的能力。

2. 学情分析

　　学生通过前期的学习,对点到平面的距离、直线到平面的距离、异面直线之间的距离,已经有了一定的认识,初步掌握了求这些距离的基本方法。本节课以问题解决为主线,将学生对三种距离的认识提升到理性的高度,寻求距离的共通性,提高学生综合解决问题的能力。

3. 学习目标

　　(1) 通过问题解决,进一步理解点到直线的距离的概念,掌握两条直线的距离、点到平面的距离、直线和平面的距离、两平行平面间的距离计算的基本方法,关注数学抽象、直观想象等素养的培育。

　　(2) 掌握求空间距离的通性通法,明确各距离之间的相互转化。提高数学建模、逻辑推理及数学运算的能力。

4. 教学重点和难点

　　教学重点:对距离本质的理解以及对距离计算方法的熟练掌握。

　　教学难点:异面直线之间距离的计算以及在计算距离的过程当中的转换方法。

5. 学习评价设计

　　通过四道课前预习题,了解学生对距离概念的认识以及求距离基本方法的掌握情况。及时纠正解题中的错误,并正确引导学生理解距离的本质,通过多层次问题的解决,使学生熟练掌握不同背景下求距离的方法。在此过程中,关注学生的思维特点,及时评价,正确引导学生养成良好的思维习惯,关注直观想象、逻辑推理,以及数学运算等核心素养的落实。

6. 学习活动设计	
教学环节	教　学　活　动
环节一 知识网络 自我构建	一、课前预习,课上交流 　　1. 在 △ABC 中, AB = 9, AC = 15, ∠BAC = 120°, △ABC 所在平面外一点 P 到三顶点 A、B、C 的距离都是 14, 则点 P 到平面 ABC 的距离是(　　)。 　　(A) 6　　　　　(B) 7　　　　　(C) 9　　　　　(D) 13 　　2. 在四面体 P - ABC 中, PA、PB、PC 两两垂直, M 是面 ABC 内一点, M 到三个面 PAB、PBC、PCA 的距离分别是 2、3、6, 则点 M 到点 P 的距离是(　　)。 　　(A) 7　　　　　(B) 8　　　　　(C) 9　　　　　(D) 10 　　3. 已知 PA ⊥ 矩形 ABCD 所在平面, AB = 3 cm, BC = 4 cm, PA = 4 cm, 则 P 到 CD 的距离为_____ cm, P 到 BD 的距离为_____ cm。 　　4. 已知二面角 α - l - β 的大小为 60°, 平面 α 内一点 A 到平面 β 的距离为 AB = 4, 则 B 到平面 α 的距离为_____。

活动设计意图:通过四个问题的解决,让学生回顾复习有关距离的概念以及求解的基本方法,在头脑中形成整体的距离概念,为下面在复杂情形之中求解距离做好准备。教学过程指向逻辑推理、直观想象及数学运算等素养。

环节二 解题思路自 我探究、解 题方法自我 总结	二、典型例题分析 　　**例1**:如下图,已知二面角 α - PQ - β 的大小为 60°, 点 A 和 B 分别在平面 α 和平面 β 内,点 C 在棱 PQ 上, ∠ACP = ∠BCP = 30°, CA = CB = a。 　　(1) 求证: AB ⊥ PQ; 　　(2) 求点 B 到平面 α 的距离; 　　(3) 设 R 是线段 CA 上的一点,直线 BR 与平面 α 所成的角为 45°, 求 CR 的长。 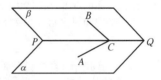 　　分析:(1) 你是如何理解题意的?(学生口答) 　　(2) 对题目中的几个问题你是如何思考的?(学生小组讨论,由学生代表发言交流,开展讨论) 　　(3) 形成共识。(由学生表述解题过程) 　　解答:(1) 证明:作 BM ⊥ PQ 于 M, 联结 AM。 　　∵ ∠ACP = ∠BCP = 30°, CA = CB = a, 　　∴ △MBC ≅ △MAC, AM ⊥ PQ。 　　∵ PQ ⊥ 平面 ABM, AB ⊂ 平面 ABM, 　　∴ AB ⊥ PQ。 　　(2) 作 BN ⊥ AM 于 N。 　　∵ PQ ⊥ 平面 ABM, ∴ BN ⊥ PQ。 　　∴ BN ⊥ α, BN 是点 B 到平面 α 的距离。 　　由(1)知 ∠BMA = 60°。 　　∴ $BN = BM \sin 60° = CB \sin 30° \sin 60° = \dfrac{\sqrt{3}a}{4}$。 　　∴ 点 B 到平面 α 的距离为 $\dfrac{\sqrt{3}a}{4}$。

环节二 解题思路自 我探究、解 题方法自我 总结	（3）联结 NR、BR。 $\because BN \perp \alpha$，BR 与平面 α 所成的角为 $\angle BRN = 45^\circ$，$RN = BN = \dfrac{\sqrt{3}\,a}{4}$，$CM =$ $BC\cos 30^\circ = \dfrac{\sqrt{3}\,a}{2}$， $\therefore RN = \dfrac{1}{2}CM$。 $\because \angle BMA = 60^\circ$，$BM = AM$，$\triangle BMA$ 为正三角形，N 是 BM 中点， $\therefore R$ 是 CB 中点，$CR = \dfrac{a}{2}$。 小结：求点 B 到平面 α 的距离关键是寻找点 B 到 α 的垂线段。
	活动设计意图：在二面角内设计问题，复习二面角的概念、线面角的概念、点到平面距离的概念，从几何角度探究解题方法，即通过构造三角形、解三角形得出结论，培养学生空间想象能力，关注直观想象、逻辑推理、数学运算等核心素养的培育。
环节二 解题思路自 我探究、解 题方法自我 总结	**例 2**：如左下图，在直三棱柱 $ABC - A_1B_1C_1$ 中，底面是等腰直角三角形，$\angle ACB = 90^\circ$，侧棱 $AA_1 = 2$，D、E 分别是 CC_1 与 A_1B 的中点，点 E 在平面 ABD 上的射影是 $\triangle ABD$ 的重心 G。 （1）求 A_1B 与平面 ABD 所成角的正弦值。 （2）求点 A_1 到平面 ABD 的距离。 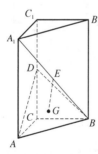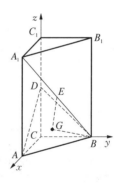 分析：（1）直三棱柱有什么性质？ （2）如何确定直线与平面所成角？ （3）本题中你可以有几种方法求点到平面的距离？ （学生思考，小组交流，教师参与学生的讨论，比较不同思路，选择一种方法，由学生表述解题过程，教师评价） 解：（1）建立如右上图所示的空间直角坐标系。 设 $C(0,0,0)$，$A(a,0,0)$，$B(0,a,0)$，则 $C_1(0,0,2)$，$A_1(a,0,2)$，$B_1(0,a,2)$。 $\because D$、E 分别是 CC_1、A_1B 的中点，$\therefore D(0,0,1)$，$E\left(\dfrac{a}{2}, \dfrac{a}{2}, 1\right)$。 $\because G$ 是 $\triangle ABD$ 的重心，$\therefore G\left(\dfrac{a}{3}, \dfrac{a}{3}, \dfrac{1}{3}\right)$。 $\therefore \overrightarrow{GE} = \left(\dfrac{a}{6}, \dfrac{a}{6}, \dfrac{2}{3}\right)$，$\overrightarrow{BA} = (a, -a, 0)$，$\overrightarrow{AD} = (-a, 0, 1)$。 $\because EG \perp$ 平面 ABD，$EG \perp AB$，$EG \perp AD$，

环节二 解题思路自我探究、解题方法自我总结	$\therefore \overrightarrow{GE} \cdot \overrightarrow{BA} = 0$, $\overrightarrow{EG} \cdot \overrightarrow{AD} = 0$, 解得 $a = 2$。 $\because EG \perp$ 平面 ABD, $\therefore A_1B$ 与平面 ABD 所成角为 $\angle EBG$。 $\because EG = \|\overrightarrow{GE}\| = \dfrac{\sqrt{6}}{3}$, $BE = \dfrac{1}{2}BA_1 = \sqrt{3}$, $\therefore \sin \angle EBG = \dfrac{EG}{BE} = \dfrac{\sqrt{2}}{3}$。 （2）因为 E 是 A_1B 的中点，所以点 A_1 到平面 ABD 的距离等于点 E 到平面 ABD 的距离的两倍，即为 $2EG = \dfrac{2\sqrt{6}}{3}$。 小结：根据线段 A_1B 与平面 ABD 的关系，将点 A_1 到平面 ABD 的距离转化为点 E 到平面 ABD 的距离的两倍来求。
	活动设计意图：以直三棱柱为背景设计问题，复习直三棱柱的有关性质，通过建立空间坐标系复习通过空间向量解决线面所成的角的方法，提高学生从不同的视角分析问题、解决问题的能力，在解题过程中体会转化思想。关注直观想象、逻辑推理、数学运算等核心素养的培育。
环节二 解题思路自我探究、解题方法自我总结	**例 3：**如下图，已知正四棱柱 $ABCD-A_1B_1C_1D_1$，$AB = 1$，$AA_1 = 2$，点 E 为 CC_1 的中点，点 F 为 BD_1 的中点。 （1）证明：EF 为异面直线 BD_1 与 CC_1 的公垂线； （2）求点 D_1 到平面 BDE 的距离。 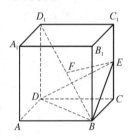 分析：（1）正四棱柱具有什么性质？ （2）证明异面直线的公垂线需要证明什么？ （3）点到平面的距离在哪里？ 学生思考后教师提问，理清楚解题思路，师生共同完成解题过程。 解：（1）以 DA、DC、DD_1 分别为 x、y、z 轴建立坐标系。 则 $B(1, 1, 0)$，$D_1(0, 0, 2)$，$E(0, 1, 1)$，$F\left(\dfrac{1}{2}, \dfrac{1}{2}, 1\right)$。 $\because \overrightarrow{EF} = \left(\dfrac{1}{2}, -\dfrac{1}{2}, 0\right)$，$\overrightarrow{CC_1} = (0, 0, 2)$，$\overrightarrow{D_1B} = (1, 1, -2)$。 $\therefore \overrightarrow{EF} \cdot \overrightarrow{D_1B} = 0$，$\overrightarrow{EF} \cdot \overrightarrow{CC_1} = 0$。 $\therefore EF$ 为异面直线 BD_1 与 CC_1 的公垂线。 （2）设 $\vec{n} = (1, x, y)$ 是平面 BDE 的法向量， $\because \overrightarrow{DB} = (1, 1, 0)$，$\overrightarrow{DE} = (0, 1, 1)$， $\therefore \vec{n} \cdot \overrightarrow{DB} = 1 + x = 0$，$\vec{n} \cdot \overrightarrow{DE} = x + y = 0$，可取 $\vec{n} = (-1, 1, 1)$。 $\therefore$ 点 D_1 到平面 BDE 的距离 $d = \dfrac{\|\overrightarrow{BD_1} \cdot \vec{n}\|}{\|\vec{n}\|} = \dfrac{2\sqrt{3}}{3}$。 小结：由平面的法向量能求出点到平面的距离。

	活动设计意图：复习正四棱柱的性质,通过建立空间直角坐标系,利用向量之间的关系,证明线线垂直关系。复习利用平面的法向量求点到平面距离的方法,体会向量法与综合几何法的异同,进一步提高学生分析问题、解决问题的能力。关注直观想象、逻辑推理、数学运算等核心素养的培育。
环节三 数学思想 自我体验	**三、课堂小结** (1) 谈谈对"距离"的认识;你有哪些方法计算距离? (2) 综合几何法与向量法的优势各是什么? 如何选择? (3) 求距离的方法体现了怎样的数学思想?

课例评析

　　距离是几何中的重要概念,在高中阶段学习了点到直线的距离、点到平面的距离、平行线之间的距离、异面直线之间的距离、直线与平面的距离,以及平面与平面之间的距离。这些距离,定义各不相同,但具有共同的本质,即"最小值"的属性;求法各有差异,但可以通过相互转化,"九九归一"。因此作为数学复习课,选择"空间的距离"作为主题,很有价值。通过本节课的学习,目的是为了进一步了解"距离"的本质,从整体上理解距离计算方法的共通性,进一步完善知识结构;运用距离计算的基本方法,实现在各种几何图形之间的转换;体会解题过程中的数学思想方法,如数形结合数学、化归思想等。在此过程中,培育直观想象、数学抽象、逻辑推理等数学核心素养。

　　为了实现这些教学目标,本节课设计了三个教学环节,每个环节都围绕复习距离的求法、归纳求距离的通法、理解距离的本质而展开。

　　第一个环节中,通过对几个小问题的解决,引导学生回顾有关距离问题的解决方法,初步体会距离的本质属性,归纳总结出不同距离求解的基本方法,这一环节起到自我梳理解题方法的作用,在此基础上进入下一个环节。

　　第二个环节中,利用前面总结的求距离的方法解决更高层次的问题。选择的例题目标明确、层次清晰、方法典型。从背景来看,有求二面角内的距离问题,有直三棱柱中的距离问题,还有正四棱柱中的距离问题;从问题的类型来看,有点到平面的距离,有线线关系、线面关系的论证;从解题方法来看,有综合几何法,也有向量法。特别是教学的组织形式,引导学生理解题意,自我探究解题思路,在此过程中培育直观想象的核心素养,培养学生分析问题、解决问题的能力;在思路清楚的基础上,完成解决问题的表述,有利于培养学生逻辑推理能力和数学表达能力。这一环节从知识内容层面是形式多样、思考多维、方法多种的,有利于进一步完善学生的知识结构,丰富知识的内涵,形成解题方法网络。从数学能力培养的角度来看,距离问题应该是几何中的难题,针对这个难题设计了一系列的问题,层层递进。在解决问题的过程中,充分体现解题思路的探究过程,培养学生的直观想象以及分析问题的能力。同时让学生表述解题过程,培养学生的逻辑思维能力以及数学运算能力,整个教学过程,目标指向数学核心素养的培育。

第三个环节,基于以上解题过程,学生对立体几何中有关距离的概念有了进一步的认识,对距离的计算方法有了更加深入的理解,在此基础上对本节课的学习内容、解题方法、数学思想等进行总结,进一步完善知识结构,感悟数学思想,实现本节课的教学目标。

课例 17 函数的最大(小)值

课 题	函数的最大(小)值
课 型	数 学 复 习 课

1. 教学内容分析

函数的最值是函数的重要性质之一,高中数学中的许多问题都可以转化为函数的最值问题。求函数最值的过程中涉及到函数的诸多性质,如单调性、奇偶性等,因此可以将函数的性质连点成线,有利于形成知识网络,同时函数最值求解过程中涉及到数形结合、分类讨论等重要的数学思想,有利于逻辑推理、数学抽象、数学运算等核心素养的培养。因此选择函数最值作为复习主题是非常有价值的。

2. 学情分析

学生已经掌握了求函数最值的基本方法,通过本节课的学习,可以系统地掌握几类重要函数最值的求法,有利于形成知识结构,加深对函数最值本质的理解,提高解决问题的能力。

3. 学习目标

(1)经历求函数最大(小)值方法的整理过程,熟练掌握二次函数、有理分式函数求最值的方法,并能够解决新的问题,培养逻辑推理、数学运算等核心素养。

(2)通过对具体问题的分析与解决,归纳总结一类问题的解题策略,提高分析问题、研究问题及解决问题的能力,培养数学抽象、逻辑推理等核心素养。

(3)通过解题方法的总结,进一步完善知识结构,同时培养合作交流、自我探究的学习习惯,感悟数形结合、分类讨论、换元化归的数学思想。

4. 教学重点和难点

教学重点:对二次函数、有理分式函数求最值的方法的总结。

教学难点:含字母问题的分类讨论。

5. 学习评价设计

了解学生对课前准备题的完成情况,以此了解学生对函数最值求法的掌握情况,在课堂交流过程中随时了解学生对问题的认识、对方法的掌握情况,引导学生展开思维,在此基础上解决新问题。关注过程性评价,关注学生学习过程中的表现。

6. 学习活动设计

教学环节	教 学 活 动
环节一 知识网络 自我构建	一、课前准备,自我总结 1. 完成下列各题: (1)若实数 x、y 满足 $x^2 + y^2 - 2x + 4y = 0$,求 $x - 2y$ 的最大值。

环节一 知识网络 自我构建	（2）求函数 $y = \dfrac{x^2 - 2x + 3}{x - 1}\,(x > 1)$ 的最小值。 （3）某商店经营甲、乙两种商品，拟投入资金 a 万元，已知经营这两种商品的利润分别为 $P_1 = \dfrac{x}{5}$ 和 $P_2 = \dfrac{3\sqrt{x}}{5}$（其中 x 为投入这种商品的资金且 $0 \leqslant x \leqslant a$）。为获得最大利润，商店投入甲、乙两种商品的资金各为多少？ 2. 归纳总结：求函数最值的基本方法，领悟其中的基本思想。
	活动设计意图：通过课前准备题使学生明确本节课所要复习的内容，同时进行自我查漏补缺工作，这是一个学生主动整理知识的过程。在这一过程中，重点指向数学运算、逻辑推理等核心素养，初步形成知识网络，并对解题过程进行反思。
环节二 解题思路 自我探究	**二、分组交流，自我探究** （以下为课堂教学部分实录） 　师：课前我们布置了本节课的复习内容，并且让大家研究了几个问题，现在请大家在自己的学习小组内交流一下各自的解法及解题体会，有什么问题随时可以提问，各组推荐代表准备班级交流。 　（课堂交流不到两分钟，课堂内争论的气氛便很热烈：第一小组的同学重点总结第一题，经过商讨后急于要公布结果，教师仔细看了他们的解法，发现只有一种，便提示他们可以从几何意义再考虑。第二小组同学举手询问基本不等式中等号成立的条件如何确定？第三小组同学问第二题可用实根判别法解决……教师对同学们这些想法都给予充分肯定，并及时指出其解题要点。特别关心基础较差的学生，使他们跟上整个班级的进程。这一过程，学生全面参与，各抒己见。不久各小组形成共识，在此基础上推选代表进行班级交流。）
	活动设计意图：在课前准备基础上，每位学生都带着自己的问题进入课堂。经过分小组交流（每小组 4—6 人），大家相互讨论，气氛热烈。教师在各小组间巡视或参与学生讨论，了解各小组的情况及进程，及时解答学生的疑问，点拨学生的思维。这一过程重点在于逻辑推理、数学运算等核心素养的培育。
环节三 解题方法 自我总结	**三、班级交流，归纳小结** 　师：下面我们有请各小组代表介绍他们的研究成果。 　（第一小组代表大大方方走上讲台借助实物投影仪，介绍他们的研究情况） 　学生 1：问题 1 条件可化为 $(x-1)^2 + (y+2)^2 = 5$，用三角代换， 　设 $x - 1 = \sqrt{5}\cos\theta,\ y + 2 = \sqrt{5}\sin\theta,\ \theta \in [0, 2\pi)$， 　得 $x = 1 + \sqrt{5}\cos\theta,\ y = -2 + \sqrt{5}\sin\theta$， 　从而 $x - 2y = 5 + \sqrt{5}\cos\theta - 2\sqrt{5}\sin\theta = 5 + 5\sin(\theta - \varphi)$， 　因为 $-1 \leqslant \sin(\theta - \varphi) \leqslant 1$，所以 $x - 2y$ 的最大值为 10。 　（话音刚落，其他小组有多名学生举手发言） 　学生 2：本题可用数形结合的方法解决，$(x-1)^2 + (y+2)^2 = 5$ 表示一个圆，设 $t = x - 2y$，则 $y = \dfrac{x - t}{2}$，$-\dfrac{t}{2}$ 为该直线在 y 轴上截距，通过求 $-\dfrac{t}{2}$ 的最小值可得 t 的最大值。 　师：两位同学讲得非常精彩。 　（未等老师话说完，一位同学已迫不及待地站起来） 　学生 3：我们还有更简洁的方法，由条件可得 $x - 2y = \dfrac{x^2 + y^2}{2}$，而 $\sqrt{x^2 + y^2}$ 表示圆上点 (x, y) 到坐标原点的距离，求出其最大值，即可求出 $x - 2y$ 的最大值。

环节三 解题方法 自我总结	师：非常巧妙，请问你是如何想到的？ 学生 3：因为条件中正好有 $-2(x-2y)$ 这一项，我想试一试。 师：敢于试一试是你获得成功的前提，在学习过程中就要有敢于试一试的精神，从不同的角度对问题进行研究，"无限风光在险峰"，该组同学给了很好的印证。当然，如果条件中不是 $-2x+4y$，而是 $-2x+3y$ 或其他形式，那这种方法就困难了。通过刚才几个小组的讨论交流，大家能否对本题最值问题的解决方法总结一下呢？ 学生 4：三角代换及数形结合是求最值的好方法。 学生 5：若条件可以可化为熟悉的二次曲线，则可以考虑用参数方程或者几何意义解题。 学生 6：…… 到此时此刻，第一题的功能已得到释放。

活动设计意图：这一过程，有如下几方面的功能：① 推选代表将本组学生的思维展现在教师和全班学生面前以求评价，教师可以及时发现思维过程中存在的问题，及时矫正。② 学生讲解是参与课堂教学的体现，学生讲解所用语言符合学生的心理及年龄特征，学生倍感亲切，乐于接受，同时也有利于学生数学语言的发展。③ 学生代表小组发言必然尽其所能，这对学生潜能的挖掘、创造意识及创新能力的培养很有帮助。通过其他几个问题的交流同样归纳出规律性的结论。随着学生发言的结束，对函数最值的基本方法总结已经形成，每位学生大脑中关于函数最值问题的基本框架结构已初步形成。

学生探究过程中都有亲历成功和表现自己才能的机会，既可以看到自己的长处又可以挖掘自己学习的潜能，自我效能感不断增加，更有信心投入学习。对其他两个问题，另外两个小组的同学也圆满地给出了解答，并对方法做出了总结。

这一过程重点关注直观想象、逻辑推理、数学运算等核心素养的培育。

环节四 解题思路 自我探究	**四、方法应用，自我探究** **例 1**：（多媒体演示）如下图，矩形的边长分别为 $EG = 1$ 和 $GF = a(a > 1)$，$ED = EC = AF = BF = x$，求四边形 $ABCD$ 面积的最大值。 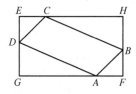 （以下是教学实录） 学生 1：首先建立面积函数，再求最大值。 师：如何建立面积函数关系？ 学生 1：用矩形面积减去四个直角三角形面积，得四边形 $ABCD$ 的面积 $$S = -2x^2 + (a+1)x, (a > 1)。$$ 师：如何求最大值？ 学生 1：当 $x = \dfrac{a+1}{4}$ 时，S 最大。 （话音刚落，立即遭到其他同学的反对） 学生 2：他的解法不对，函数中 x 有范围，是 $(0, 1]$，而 $x = \dfrac{a+1}{4}$ 不一定在这一范围内。（许多同学附和） 师：那应该如何求最大值呢？

环节四 解题思路 自我探究	学生 3：分类讨论，以对称轴 $x = \dfrac{a+1}{4}$ 与区间 $(0，1]$ 的位置关系分类。考虑到 $a > 1，x = \dfrac{a+1}{4} > \dfrac{1}{2}$，故只需要分两类进行：一类是当 $x = \dfrac{a+1}{4} \leqslant 1$ 时，另一类是当 $x = \dfrac{a+1}{4} > 1$ 时，分别求解。 （解题思路已很清晰，在此过程中，学生始终关注自己的思维活动，并不断地自我调节与控制，有效地培养学生的认知能力和学习能力，使学生的思维能够充分展开。） 师：讲得非常精彩，请大家关注两个问题，一是建立函数后定义域问题，二是二次函数对称轴与区间的位置问题，这样才能确保解题的完整、准确。 **例 2**：甲、乙两地相距 S 千米，汽车从甲地匀速行驶到乙地，速度不得超过每小时 C 千米，已知汽车每小时的运输成本（以元为单位）由可变部分和固定部分组成：可变部分与速度（千米/时）的平方成正比，比例系数为 b，固定部分为 a 元。 （1）把全程运输成本 y 元表示为速度 v 千米/时的函数。 （2）为了使全程运输成本最小，汽车应以多大的速度行驶？ 师：那么问题 2 该如何解决？ （学生举手急于发言，学生代表带着本组同学的思考，利用投影仪进行了绘声绘色的讲解） 师：通过刚才大家的研究讨论，是否发现这两个问题解题过程中最明显的特征是什么？ 师：分类讨论。 学生 4：对，分类讨论是重要的数学思想方法，在这两类典型的函数中当图像顶点与对应区间的位置关系不确定时必须进行分类讨论。 （教师引领的作用得以突显，在教师的引导下学生的思维被层层展开，挖掘出解题中蕴涵的数学思想、数学方法，纳入到已有的知识体系之中）
	活动设计意图：学生在总结解题方法的基础上进行第二阶段的实践活动，教师提出更高层次的问题，组织各小组学生研究讨论，找出解决问题的途径。整个过程体现了"实践—认识—再实践—再认识"的过程，进一步提高学生直观想象、逻辑推理、数学运算的素养。
环节五 数学思想 自我体验	**五、课堂总结，体验思想** （1）函数最值问题有哪些主要类型？ （2）求函数的最值有哪些基本方法？ （3）在本节课的解题中你认为体现了哪些数学思想？
	活动设计意图：复习课不仅是对已有结论的巩固，更主要的是在原有基础上的提升，对原有知识体系的完善、理解，因此课题小结就显得尤为重要。引导学生回顾本节课的历程，总结解题方法，感悟数学思想，进一步提高对函数最值问题的认识。在总结的过程中经过大家不断地争辩、补充，最后形成共识。

课例评析

对数学复习课而言，教学目标聚焦在两个方面，一是对已学知识的回顾、整理，将原来的知识点串成线、再将线构成面，即形成知识网络；二是在解决问题的过程中提高能力、感悟数学思想方法,目标指向数学核心素养的培养。本节课以学生的活动贯穿整个教学过程,通过设计四个教学环节实现教学任务。

第一个环节是"知识网络的自我构建",学生在课前完成布置的数学问题,这一过程目的是让学生在课前主动梳理相关知识,自我构建知识网络,自我回顾总结求函数最值的基本方法。这一过程重点关注逻辑推理及数学运算等素养的培养,但这只是学生的自我认识,需要进一步完善。

第二环节是"解题方法的自我总结",通过设计小组交流活动及班级交流活动,建立了学生与学生、学生与教师交流的平台,学生之间相互借鉴、相互启发,在交流中学生模糊的问题得到澄清、困难的问题得到解决、解题策略得到完善。各种解题方法的出现,开扩了学生的视野,拓宽了学生的思路,使学生的思维走向深刻,在此基础上归纳总结求函数最值的基本方法,培养学生抽象概括能力。这一过程有利于数学抽象、逻辑推理等素养的培育。

第三环节是"解题思路的自我探究",利用以上总结的解题方法解决更高一层次的问题,这是一个再实践的过程。在这一过程中以合作学习为主线,通过小组交流、班级交流对问题的研究方法进行总结,强化了学生的参与意识,在对新问题的研究过程中以学生的主动探究代替了老师的灌输,使学生的思维一直处于兴奋状态,对每一问题学生都在热烈地讨论、争辩,最后形成共识,特别是对难点的突破,教师不断引导学生展现自己的思维过程,追问"为什么?""怎么想到的?",这些都有利于加深对问题的理解,对提高学生的思维能力很有帮助。

最后一个环节是"数学思想的自我体验",数学思想是需要自己感悟的,通过引导学生回顾本节课的历程,总结解题思路的探究方法、感悟其中蕴含的数学思想,进一步提高对函数最值问题的认识。在总结的过程中经过大家不断地争辩、补充,最后形成共识。这一环节起到画龙点睛的作用,对学生逻辑推理、直观想象、数学抽象等素养的发展都大有益处。

四个环节有一个共性特征即强调学生的"自我"以及学生的主动参与学习过程,很好地体现了以学生发展为本的教学理念。复习的过程是对已学知识整理、巩固、提高的过程,是认知结构重组的过程,只有通过学生的自我整理,对问题的自主探究,才能激活思维,才能在学生头脑中形成稳定的在不同条件下都能起作用的数学能力。而这种学习方式正是过程性教学所倡导的——学生主动探究、合作学习、主动参与教学的全过程,融情意原理、序进原理、活动原理、反馈原理于一体,构建了数学复习课过程性教学的教学模式。整个教学过程始终遵循实践—认识—再实践—再认识的认知规律,从课堂交流到归纳小结,实现从感性上升到理性的初步过程,再一次通过问题解决用理论指导实践,最后再总结回到理论层面,实现了理性的飞跃。

课　题	数学中的分类讨论
课　型	数学复习课

1. 教学内容分析

　　分类讨论是数学中的重要思想方法,在数学学习过程中许多知识都是分类呈现的,许多的问题都是分类解决的,因此有必要将分类讨论作为一个专题,让学生从个别知识点、个别问题的解决,整体认知分类讨论的思想方法,审视分类讨论的价值。本节课中通过几类数学问题的解决,引导学生进一步明确为什么分类、如何分类等问题,在头脑中形成分类意识,为解决其他实际问题奠定基础。在此过程中培养学生逻辑推理、数学抽象的能力。

2. 学情分析

　　学生在数学知识学习过程中,已经初步知道了分类的方法,在解题过程中通过分类解决问题也积累了一定的经验,本节课的目的是连点成线,将以往零散的分类讨论解题方法,进行系统化的思考,进一步明确分类的价值和方法,特别是复杂问题中分类标准的确定,在头脑中逐步形成分类讨论的思想。

3. 学习目标

　　(1)通过对分类讨论解题过程的分析,领会分类讨论解题方法的实质,体会分类讨论思想的本质。

　　(2)经历数学问题的解决过程,归纳总结需要分类讨论的情况,明确分类讨论的标准,落实分类讨论的步骤,并能够利用这些结论解决复杂的问题。目标指向逻辑推理、数学抽象等素养的提升。

　　(3)通过对数学问题分层次解决,感知实践—认识—再实践—再认识的认知过程,完善知识结构,感悟数学思想、数学方法的本质,提高思维品质。

4. 教学重点和难点

　　教学重点:归纳总结分类讨论的基本方法。
　　教学难点:对分类讨论标准的确定。

5. 学习评价设计

　　仔细观察学生课前练习情况,了解学生对分类讨论解题的认识,通过提问、追问,引导学生总结归纳利用分类讨论解题的一般流程。通过多层次的问题,引导学生在复杂的情境中明确分类的标准、实施分类解题、汇总分类结果,对学生分类中出现的问题,及时给予纠正指导,提高学生思维的严密性,提升思维的品质。

6. 学习活动设计

教学环节	教　学　活　动
环节一 知识网络 自我构建	**一、提出问题,引出课题** 　　教师:前一段时间,我们对整个高中数学进行了系统复习,大家是否发现,虽然高中数学面广量大,习题类型复杂,但是我们在解决许多不同问题时,考虑问题的思想方法有许多是相同的。例如课前布置的一组练习,大家在解题过程中,有没有发现解法上有何共性?(分类讨论) 　　分类讨论是数学中的重要思想方法,今天这节课我们将专门研究数学中的分类讨论问题。

活动设计意图：本环节通过解决课前练习，引导学生发现它们的共同特征——分类讨论，引出今天的课题。同时通过解题活动对分类讨论形成感性认识，也将疑虑和困惑带进课堂，进入下一个环节。

环节一 知识网络 自我构建	二、明确任务，小组交流

二、明确任务，小组交流

教师出示三个课前练习，要求每小组重点交流其中一道题目。

(1) 这一问题为何要分类讨论？

(2) 分类的标准是什么？即怎样分类？

(3) 分类讨论时应该注意什么？

然后各小组推荐一名代表进行班级交流，其他小组纠正、补充。（学生到讲台前，借助投影仪讲解）

练习 1： 设首项为 1，公比为 $q(q>0)$ 的等比数列的前 n 项和为 S_n，又设 $T_n = \dfrac{S_n}{S_{n+1}}$（$n \in \mathbf{N}$），求 $\lim\limits_{n \to \infty} T_n$。

小组 1 的解法： (1) 当 $0 < q < 1$ 时，$S_n = \dfrac{1-q^n}{1-q}$，$S_{n+1} = \dfrac{1-q^{n+1}}{1-q}$，

$T_n = \dfrac{1-q^n}{1-q^{n+1}}$。

$\because \lim\limits_{n \to \infty} q^n = 0$，$\therefore \lim\limits_{n \to \infty} T_n = 1$。

(2) 当 $q = 1$ 时，$S_n = n$，$T_n = \dfrac{n}{n+1}$，$\lim\limits_{n \to \infty} T_n = 1$。

(3) 当 $q > 1$ 时，$S_n = \dfrac{1-q^n}{1-q}$，$S_{n+1} = \dfrac{1-q^{n+1}}{1-q}$，

$T_n = \dfrac{1-q^n}{1-q^{n+1}} = \dfrac{\left(\dfrac{1}{q}\right)^n - 1}{\left(\dfrac{1}{q}\right)^n - q}$。

$\because 0 < \dfrac{1}{q} < 1$，$\lim\limits_{n \to \infty} \left(\dfrac{1}{q}\right)^n = 0$，$\therefore \lim\limits_{n \to \infty} T_n = \dfrac{1}{q}$。

综上所述，$\lim\limits_{n \to \infty} T_n = \begin{cases} 1, & 0 < q \leqslant 1; \\ \dfrac{1}{q}, & q > 1。\end{cases}$

小组 2 的解法： (1) 当 $q = 1$ 时，$S_n = n$，$T_n = \dfrac{n}{n+1}$，$\lim\limits_{n \to \infty} T_n = 1$。

(2) 当 $q \neq 1$，$S_n = \dfrac{1-q^n}{1-q}$，$S_{n+1} = \dfrac{1-q^{n+1}}{1-q}$，$T_n = \dfrac{1-q^n}{1-q^{n+1}}$。

于是当 $0 < q < 1$ 时，$\lim\limits_{n \to \infty} q^n = 0$，$\lim\limits_{n \to \infty} T_n = 1$。

当 $q > 1$ 时，$0 < \dfrac{1}{q} < 1$，$\lim\limits_{n \to \infty} \left(\dfrac{1}{q}\right)^n = 0$，$\lim\limits_{n \to \infty} T_n = \dfrac{1}{q}$。

综上所述，$\lim\limits_{n \to \infty} T_n = \begin{cases} 1, & 0 < q \leqslant 1; \\ \dfrac{1}{q}, & q > 1。\end{cases}$

教师引导两组学生比较解答过程：

(1) 解答结果是否正确？

环节一 知识网络 自我构建	（2）两种解法区别在哪里？如何评价？ （学生展开讨论，学生代表发言） 　　学生：解答结果都是正确的，但小组 1 的解题过程不合理，因为开始解题时根本不知道需要对 q 分三种情况讨论。而小组 2 的解法循序渐进，为了求 T_n，先求 S_n，为了求 S_n，必须分为 $q=1$、$q\neq 1$ 两类分别求和。而在 $q\neq 1$ 时为了求 $T_n=\dfrac{1-q^n}{1-q^{n+1}}$ 的极限，必须对 q 分两种情况讨论即 $0<q<1$、$q>1$ 分别求极限，最后得出结果。 　　教师小结：（1）两组学生都关注了解题中需要对 q 分三种情况讨论，并且最后结果都是正确的。 　　（2）第 1 组学生的分类缺乏合理性，其本质是分类讨论的层次性问题，为了求等比数列前 n 项之和，需要分 $q=1$、$q\neq 1$ 两类，这是第一层次；为了求极限，在 $q\neq 1$ 的条件下分成 $0<q<1$、$q>1$ 两类，这是第二层次。关键在于解题时必须思考"为什么需要分类讨论"。 　　**练习 2**：求函数 $f(x)=kx^2-4x-8$ 在区间 $[5,20]$ 上单调递减，求 k 的取值范围。 　　学生讲述思考过程：对 k 进行分类，分 $k=0$、$k>0$、$k<0$ 进行讨论。 　　答案：$k\in\left(-\infty,\dfrac{1}{10}\right]$。 　　教师说明：本题可以有两种标准的分类，如果按照函数类型分类，则分为 $k=0$ 及 $k\neq 0$ 两大类，对 $k\neq 0$ 的情况即二次函数的情况，考虑单调性再分为 $k>0$、$k<0$ 两类；如果按照 k 的取值分类，则直接分为 $k=0$、$k>0$、$k<0$ 三类分别求解。 　　分类标准不同，则解题的路径也不同。在解题过程中根据函数图像特征列出相应不等式，求出 k 的取值范围。 　　**练习 3**：设 $A(x,y)$ 为曲线 $y=\left\vert\dfrac{1}{2}x^2-1\right\vert$ 上任一点，$B(0,a)(a>1)$，A 与 B 的距离为 d，求 d 的最小值的解析式 $f(a)$。 　　答案：$f(a)=\begin{cases}a-1, & 1<a\leqslant 4;\\ \sqrt{2a+1}, & a>4。\end{cases}$ 　　教师说明：对于含绝对值的问题，常根据绝对值的定义进行分类讨论。
	活动设计意图：通过对课前练习的交流，检测学生的学习准备情况，评价学生利用分类讨论解决问题的思维过程。这是三个不同知识块的问题，但在解题过程中，都使用了分类讨论方法，通过交流，回顾分类讨论解题的一般流程，特别是为什么要分类、如何确定分类标准，让学生头脑中形成初步的结论，为后续的归纳总结做好准备。
环节二 解题方法 自我总结	**三、归纳小结，提高认识** 　　1. 回顾以上问题的解答过程，你认为在什么情况下需要分类讨论？ 　　学生：有些定理、公式、法则在一定条件下才成立，或在不同条件下有不同的结论（如等比数列前 n 项和公式，以及 q^n 极限），这时必须进行分类讨论。有些概念，在下定义时，就对所考虑的对象的范围作了限制（如反三角函数、直线与平面所成角等），解题时常可据此进行分类讨论。 　　2. 师生共同小结需要分类讨论的几种常见情况： 　　（1）根据数学概念的定义、定理、公式、法则的实用范围进行分类。 　　（2）根据函数性质分类。 　　（3）根据图形的位置形状的变化分类。 　　（4）根据参数的变化分类。

环节二 解题方法 自我总结	分类的原则： （1）分类标准明确。 （2）分类不重不漏。 （3）层次分明，先大类，后小类。 分类的步骤：明确目标、适当分类、逐类解题、归纳结论。
	活动设计意图：在前一环节交流的基础上，引导学生回顾解题过程，对分类讨论的解题方法进行归纳总结、形成结论，包括什么情况之下需要分类讨论？分类讨论的原则是什么？分类讨论解题的步骤是什么？等等，在学生头脑中形成稳定的知识结构。
环节三 解题思路 自我探究	**四、课堂反馈，加深理解** 　　1. 如左下图，在函数 $y = 3x^2 (-1 \leqslant x \leqslant 1)$ 的图像上有 A、B 两点，且 $AB // OX$ 轴，点 $M(1, m)(m > 3)$ 是 $\triangle ABC$ 边 AC 的中点。 　　（1）写出用点 B 横坐标 t 表示 $\triangle ABC$ 面积 S 的函数解析 $S = f(t)$。 　　（2）求函数 $S = f(t)$ 的最大值，并求相应点 C 的坐标。 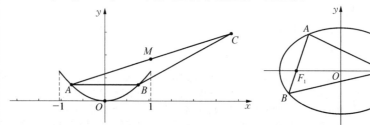 　　2. 如右上图，给定椭圆 $C: \dfrac{x^2}{a^2} + \dfrac{y^2}{b^2} = 1 (a > b > 0)$，线段 AB 是过 C 的左焦点 F_1，倾角为 α 的椭圆的弦，F_2 是 C 的右焦点，求 α 变化时 $\triangle ABF_2$ 面积的最大值。 　　3. 是否存在渐近线方程为 $x \pm 2y = 0$，点 $A(5, 0)$ 到双曲线上动点 P 的距离的最小值为 6 的双曲线？若存在，求出方程；若不存在，说明理由。 　　学生分组讨论解题思路，对照前面分类讨论的总结，说明求最值问题中分类讨论的具体做法，然后再次进行班级交流。 　　分析 1：（1）$S = 2mt - 6t^3 (0 < t \leqslant 1)$。 　　（2）利用导数求最值 $S_{\max} = \begin{cases} \dfrac{4m\sqrt{m}}{9}, & 3 < m \leqslant 9; \\ 2m - 6, & m > 9。 \end{cases}$ 　　说明：对高次函数利用导数求最值，并对极值点与区间的位置关系进行讨论。 　　分析 2：$S = \dfrac{2ab^2 c \sin\theta}{b^2 + c^2 \sin^2\theta} = \dfrac{2ab^2 c}{\dfrac{b^2}{\sin\theta} + c^2 \sin\theta}$，$\sin\theta \in (0, 1]$。 　　下面对基本不等式的等号成立的条件 $\sin\theta = \dfrac{b}{c}$ 在给定范围内能否成立进行分类讨论，得 $S_{\max} = \begin{cases} ab, & b \leqslant c; \\ \dfrac{2b^2 c}{a}, & b > c。 \end{cases}$ 　　说明：对形如 $y = x + \dfrac{A}{x}$，$x \in D$ 的函数，若 A 中含有参数，常需分类讨论，分类标准是基本不等式的等号成立时的 x 值与 D 的关系。

环节三 解题思路 自我探究	分析 3：$\mid AP\mid^2 = (x-5)^2 + y^2 = \dfrac{5}{4}(x-4)^2 + 5 - b^2$，为求 x 的范围，必先确定焦点的位置，故分焦点在 x 轴和焦点在 y 轴分别讨论，从而得双曲线的方程： $$\dfrac{x^2}{(5+\sqrt{6})^2} - \dfrac{y^2}{\left(\dfrac{5+\sqrt{6}}{2}\right)^2} = 1 \text{ 或 } y^2 - \dfrac{x^2}{4} = 1。$$ 说明：分类讨论的全面性。
活动设计意图：该环节是环节二的延续，利用归纳总结的结论解决新问题，通过问题解决促进学生对分类讨论思想的深度理解，在复杂的环境中知道何时需要分类讨论，如何确定正确的分类标准。同时通过这类问题解决，将不同知识块当中的复杂问题形成一类问题的解题方法，有利于构建高中数学解题方法网络。	
环节四 数学思想 自我体验	**五、课堂小结，纳入结构** 　　分类讨论的实质：化整为零，各个击破。 　　当问题解到某一步以后，我们所讨论研究的对象不能再用同一方法处理，或者不能再用同一形式叙述了，这时就要将题设条件的所有对象恰当地划分成若干部分，从而使解题过程在各个部分中继续进行下去。

课例评析

本节复习课要达到两个目标，一是使学生对分类讨论思想有比较清晰的认识，有理性思考，明确为什么要分类？什么情况下需分类？怎样确定分类的标准？解分类问题的基本流程是什么？二是构建以数学思想、数学方法为线索的知识体系，将分类讨论思想纳入到已有的知识结构之中。通过前一段时间的复习，学生的知识结构已经初步形成，现在通过对数学思想方法的专题复习，进一步丰富、完善认知结构，有利于知识网络与解题方法网络的形成，从而提高学生分析问题、解决问题的能力。在此过程中培育逻辑推理、数学运算、数学抽象等核心素养。

为了实现教学目标，本节课围绕数学复习课的"四过程"，设计了五个教学环节。

第一环节是提出问题、引出课题。布置学生在课前自我梳理数学中需要分类讨论的情况，并举出具体的例子，这是一个自我构建的过程。虽然在平时的解题过程中经常会利用分类讨论进行解题，但缺乏整体性思考，因此这一过程目的在于通过回顾高中数学中的分类讨论的情形，在头脑中形成初步的分类讨论方法结构。

第二环节是明确任务、小组交流。在环节一的基础上思考教师提出的三个问题，然后在课堂上组织小组交流、互相启发、形成共识。教师提出问题，由小组代表班级交流，引导学生对两种分类方法进行比较、分析，形成共识，加深对分类讨论方法的理解，这一过程在于明确为什么要分类讨论？如何确定分类标准？对每一类问题如何解决？结论如何表述？等等，这是分类讨论思想的核心所在。通过这一过程加深学生对分类讨论思想方法的理解，以及利用分类讨论思想解决数学问题的基本规范，对提高学生的逻辑推理、数学抽象能力很有帮助。

第三环节是归纳小结、提高认识。通过以上三个问题的解决，学生对利用分类讨论解决问题的意识有了进一步的提高，对具体的操作方法有了更进一步的认识，在此基础上引导学生归纳总结，使其对分类讨论的认识由感性上升到理性，在此过程中培养学生数学抽象的能力。

第四环节是课堂反馈、加深理解。在小结了解题方法的基础上，进一步引导学生解决更高层次的问题，加深学生对解题方法的理解，随着问题难度的加深，学生通过自主探究解题方法、完成解题过程，逐步将思维引向深刻。通过课堂交流，培养学生参与意识与合作精神。学生代表的讲述，不仅提升了数学语言的表达能力，同时也展现了学生的思维过程。这一过程有利于学生逻辑推理、数学运算、数学抽象等核心素养的培育。

第五环节是课堂小结、纳入结构。经历了以上四个环节，在此基础上，对本节课的内容做进一步的总结，充分体现实践—认识—再实践—再认识的过程，后一阶段是前一阶段的升华，从而完成整个教学过程。

总之，在数学复习课中关注"四过程"，引导学生经历过程、参与活动，是一种以学生的发展为宗旨，以学生的主动探究为主线，以数学知识结构的完善为目的的教学形式，对提高学生的综合解题能力很有帮助，可促进学生逻辑推理、数学抽象、数学运算等核心素养的发展。

参考文献

[1] [美] R.柯朗,H.罗宾.什么是数学——对思想和方法的基本研究[M].左平,张饴慈, 译.上海:复旦大学出版社,2017.

[2] 刘月霞,郭华.深度学习:走向核心素养(理论普及读本)[M].北京:教育科学出版社, 2018.

[3] 中华人民共和国教育部.普通高中数学课程标准(2017年版)[M].北京:人民教育出 版社,2018.

[4] 史宁中,王尚志.普通高中数学课程标准(2017年版)解读[M].北京:高等教育出版 社,2018.

[5] 曹才翰,章建跃.中学数学教学概论[M].北京:北京师范大学出版社,2008.

[6] 章建跃,陶维林.注重学生思维参与和感悟的函数概念教学[J].数学通报,2009(6).

[7] 章建跃,陶维林.概念教学必须体现概念的形成过程[J].数学通报,2010(1).

[8] 季苹.教什么知识——对教学的知识论基础的认识[M].北京:教育科学出版社,2009.

[9] 高丽娟.新课改下的高中数学概念教学的设计[J].北京教育教学研究,2012(6).

[10] 沈子兴.教海求索——沈子兴数学教学研究论文集[M].上海:学林出版社,2014.

[11] 李邦河.数的概念的发展[J].数学通报,2009(8).

[12] 李卫琼,王晓红.中学数学教学的过程性目标及实现[J].当代教育理论与实践,2009(6).

[13] 俞泰鸿.高中数学教学中实施过程性目标的实践与思考[J].数学通报,2011(1).

[14] 沈子兴.数学教学中"过程性目标"的确定与实现[J].上海中学数学,2016(6).

[15] 章建跃.数学概念教学中培养创造能力[J].中小学数学(高中版),2009(11).

[16] 何小亚,姚静.中学数学教学设计[M].北京:科学出版社,2012.

[17] 吴亚萍.中小学数学教学课型研究[M].福州:福建教育出版社,2014.

[18] 沈子兴.课堂教学转型的落脚点在哪里[J].现代教学,2013(12).

[19] [美] G.波利亚.怎样解题[M].涂泓,冯承天,译.上海:上海科技教育出版社,2007.

[20] [荷] 弗赖登塔尔.作为教育任务的数学[M].陈昌平,唐瑞芬,等译.上海:上海教育出

版社,1995.

[21]　沈子兴.中学数学过程性教学[M].上海：华东师范大学出版社,2017.

[22]　戴再平.数学习题理论[M].上海：上海教育出版社,1995.

[23]　皮连生.教学设计(第 2 版)[M].北京：高等教育出版社,2009.

[24]　盛群力,等.教学设计[M].北京：高等教育出版社,2005.